Les années de collège
Français

Tout pour réussir

W0399079

6e
5e
4e
3e

+ Tous les corrigés

Ouvrage rédigé par une équipe de professeurs de collège

Fabienne Pegoraro

Sophie Pailloux-Riggi

Illustrations

Laurent Kling : 6e, 5e

Jean-Luc Thouard : 4e

Florence Delclos : 3e

éco responsable

Bordas

www.annee-de.fr

Mode d'emploi

Le livre

Toutes les notions des programmes de français de la 6e à la 3e.
Chaque classe est identifiée par une couleur.
Chaque thème est présenté sur une double page
en trois étapes.

SAVOIR

Les **notions essentielles du cours** à apprendre et à mémoriser

SAVOIR FAIRE

Des **méthodes concrètes** pour mettre en œuvre les connaissances acquises

FAIRE

Des **exercices variés** et progressifs pour s'entraîner

Le site de révisions

Inscrivez-vous gratuitement et retrouvez sur le site :

- Des **exercices supplémentaires**
- Des **activités en anglais**
- Des **quiz** pour réviser en s'amusant
- Des fiches de **conseils** et de **méthodes**
- Et toutes les infos sur le **socle commun**

www.annee-de.fr

 – ISBN 978-204-731957-4

Sommaire

● Les quatre années du collège sont essentielles pour la formation de l'élève et l'acquisition d'un savoir fondamental : à l'issue de ce cycle, il doit être capable de s'exprimer de manière claire et structurée, à l'écrit comme à l'oral. La maîtrise du français est donc indispensable, quel que soit le parcours choisi par la suite.

● L'**étude de la langue** est l'un des premiers objectifs des programmes : connaître et appliquer les règles de grammaire, savoir orthographier correctement et maîtriser le lexique sont les compétences à obtenir grâce à une pratique constante et progressive de l'**écriture** et du **débat oral**.

● Cet apprentissage s'appuie sur **la lecture de textes littéraires et documentaires**, et sur **la lecture de l'image**, qui permettent une initiation à l'étude des genres et des formes littéraires. La mise en correspondance de ces œuvres dans le contexte plus général de l'histoire des arts aura pour finalité, à l'issue des années de collège, l'acquisition d'une véritable culture humaniste.

Français 6e 4

Français 5e 60

Français 4e 110

Français 3e 164

+ Tous les corrigés 216

...FRANÇAIS 6e...

1 Les consignes 6
- Bien lire les consignes

2 Les constituants de la phrase verbale 8
- Savoir reconnaître les constituants
- Retrouver la phrase minimale

3 La phrase nominale 10
- Distinguer phrase verbale et phrase nominale
- Transformer une phrase verbale en phrase nominale

4 Les quatre types de phrases 12
- Savoir passer d'un type de phrase à l'autre sans oublier la ponctuation
- Formuler correctement une question

5 Les fonctions dans la phrase .. 14
- Reconnaître les fonctions dans la phrase

6 Les constituants du groupe nominal 16
- Distinguer *des* (article indéfini) de *des* (article défini contracté)
- Distinguer *du* (article partitif) de *du* (article défini contracté)

7 Les pronoms 18
- Distinguer pronom et déterminant
- Bien orthographier *leur*

8 Les fonctions de l'adjectif ... 20
- Identifier les fonctions d'un adjectif

9 L'infinitif et les trois groupes 22
- Orthographier certains radicaux changeants
- Orthographier l'impératif présent

10 Le présent de l'indicatif....... 24
- Savoir utiliser le présent de l'indicatif

11 Le passé simple et l'imparfait 26
- Employer correctement le passé simple et l'imparfait

12 Le futur et le conditionnel présent 28
- Employer le futur
- Employer le conditionnel
- 1re personne du singulier : futur ou conditionnel ?

13 Les temps composés de l'indicatif 30
- Employer correctement les temps composés

14 L'accord du verbe et de son sujet 32
- Éviter les fautes d'accord

15 L'accord du participe passé 34
- Bien accorder le participe passé

16 La ponctuation 36
- Bien ponctuer
- Employer les majuscules

17 Les familles de mots 38
- Savoir retrouver le radical autour duquel se constitue une famille
- Savoir constituer, à partir d'un radical, une famille de mots

18 Le dictionnaire 40
- Repérer les informations dans un article du dictionnaire

19 Les niveaux de langue 42
- Savoir reconnaître les niveaux de langue
- Passer d'un niveau de langue à l'autre

20 Les champs lexicaux 44
- Savoir retrouver dans un texte différents champs lexicaux
- Savoir constituer soi-même un champ lexical

21 Les types de discours 46
- Identifier un type de discours

22 Le discours narratif 48
- Distinguer narrateur, auteur et personnage
- Reconnaître les modes de narration

23 Le dialogue de théâtre 50
- Lire un texte de théâtre

24 Le poème 52
- Compter les syllabes d'un vers
- Comprendre la disposition des rimes

25 Le sujet d'écriture 54
- Repérer les mots-clés d'un sujet

26 La rédaction d'un récit 56
- Construire son récit

27 Les textes fondateurs de la littérature 58
- Utiliser sa connaissance des grands textes fondateurs

1 Les consignes

OBJECTIF • Comprendre des consignes

SAVOIR

• La différence entre données d'un exercice et consignes

Tu dois faire la différence entre :
– les **données** d'un exercice, qui te fournissent des renseignements,
– les **consignes**, qui t'indiquent ce que tu dois faire.

La France mesure environ 1 000 kilomètres du nord au sud et 1 000 kilomètres de l'est à l'ouest. Calcule les dimensions d'une carte de France aux échelles suivantes : 1/250 000e, 1/100 000e.

– La première partie du libellé indique ici les **données du problème**.
– La seconde partie représente les **consignes**.

• Les étapes d'un exercice

Si tu lis mal une consigne, l'exercice que tu feras sera faux, malgré ton travail. Tu dois donc être certain de ne pas oublier une étape. Dans l'exemple proposé, il faut faire successivement deux calculs : **d'abord** au 1/250 000e, **puis** au 1/100 000e.

SAVOIR FAIRE

• Bien lire les consignes

Après avoir mesuré, avec une règle, la distance en centimètres qui sépare sur la carte Brest de Paris, tu calculeras, en te servant de l'échelle, cette distance en kilomètres.

• **Lis la consigne** plusieurs fois en entier.

• **Souligne les verbes** qui t'indiquent ce que tu dois faire.
Ces verbes peuvent être :
– à l'impératif : *calculez* ou *calcule* ;
– à l'infinitif : *calculer* ;
– au futur : ici, *tu calculeras*.

• Tu dois **reconnaître et numéroter les différentes étapes** d'un exercice.

Après avoir mesuré, avec une règle, la distance en centimètres qui sépare sur la carte Brest de Paris [**étape 1**], tu calculeras, en te servant de l'échelle, cette distance en kilomètres [**étape 2**].

FAIRE

1 ★ **Applique la méthode proposée dans le Savoir faire aux consignes données.**

1. Souligne les verbes qui t'indiquent ce que tu dois faire.
2. Sépare chaque étape par un trait vertical.
3. Numérote les étapes dans l'ordre :

a. Relève tous les verbes à l'infinitif et classe-les suivant leur groupe.

b. En utilisant l'échelle graphique, puis l'échelle numérique, calcule la largeur de la rue de la Victoire.

c. Complète le tableau suivant, après avoir effectué les opérations demandées.

d. Lis une fois le texte, cache-le puis réponds aux questions par oui ou par non.

e. Après avoir dressé la liste des objets qui montrent la puissance du pharaon, tu les dessineras et tu indiqueras leur nom sous chaque dessin.

Ordre des consignes : ....

2 ★ **Retrouve l'ordre des consignes données pour cet exercice.**

1. D'après le classement que tu as établi, quels sont les adjectifs les plus nombreux ? Ceux qui indiquent une couleur, une forme, ou une autre qualité ? Que peux-tu en conclure ?
2. Enfin, invente un petit texte sur le sujet de ton choix en réutilisant les adjectifs de ce texte.
3. Lis attentivement le texte.
4. Puis classe les adjectifs qualificatifs soulignés selon qu'ils indiquent une couleur, une forme ou une autre qualité.
5. Souligne tout d'abord les adjectifs qualificatifs.

Ordre des consignes : ....

3 ★★ **Invente cinq consignes que pourrait donner le professeur de mathématiques avant un contrôle.**

4 ★★★ **Imagine la consigne qui pourrait correspondre à l'exercice suivant.**

Données de l'exercice :

- Le petit boulanger
- Le jeune chat
- Un élève sympathique

Travail effectué par l'élève :

- La petite boulangère
- La jeune chatte
- Une élève sympathique

Consigne : ....

5 ★★★ **Retrouve la consigne que propose ce rébus et applique-la.**

Consigne : ....

Corrigés p. 216

GRAMMAIRE

2 Les constituants de la phrase verbale

OBJECTIF • Identifier les éléments d'une phrase

SAVOIR

● Le noyau de la phrase verbale est un verbe le plus souvent conjugué :

Pierre ÉCRIT une lettre.

C'est aussi parfois un verbe à l'infinitif :

Que DEMANDER de plus ?

● Sauf lorsque le verbe est à l'impératif ou à l'infinitif, une phrase verbale comporte toujours un **groupe sujet (GS)** et un **groupe verbal (GV)** constitué du verbe et des compléments du verbe que l'on ne peut ni supprimer ni déplacer sans changer le sens de la phrase ou la rendre incorrecte. Ce sont les **constituants obligatoires**.

L'élève studieux / ÉCRIT une lettre.

GS GV

● Une phrase comporte souvent un ou plusieurs compléments déplaçables et supprimables, comme les **compléments circonstanciels**. Ce sont les **constituants facultatifs**.

L'élève studieux / écrit une lettre / avec application.

GS GV C. Circ.

● On appelle **phrase minimale** la phrase verbale réduite aux constituants obligatoires : GS + GV.

SAVOIR FAIRE

● Savoir reconnaître les constituants

- Entoure en rouge le verbe et souligne en rouge ses compléments obligatoires.
- Souligne en bleu le GS.
- Souligne en vert les constituants facultatifs (pour les reconnaître, vérifie s'ils sont déplaçables et supprimables).

Dans le verger, des enfants ramassaient, à quatre pattes, des pommes rouges.

CC GS GV CC GV

● Retrouver la phrase minimale

Pour retrouver la phrase minimale, supprime les constituants facultatifs.

Des enfants ramassaient des pommes rouges.

GS GV

1 ★ **Dans les phrases suivantes, souligne les groupes facultatifs de sorte à retrouver la phrase minimale.**

1. Les alpinistes se lancent sans crainte à l'assaut du flanc nord.
2. L'enfant se glissa hors de la maison et resta immobile comme un chat aux aguets.
3. Les enfants répondent avec un agacement non dissimulé à l'appel de leur nom.

2 ★ **Dans les phrases suivantes, supprime les compléments faisant partie du GV. Quel nouveau sens prend alors la phrase ?**

1. Les footballeurs ont perdu leur belle confiance.
2. Delphine conduit ses enfants à Paris.
3. Cette femme buvait du lait.

3 ★★ **Dans les phrases suivantes, souligne en bleu les sujets, et en vert les COD des verbes en gras quand il y en a.**

1. Dans le ciel **volent** des hirondelles, elles **annoncent** le printemps.
2. Claire, qui se tenait accroupie devant le sapin, **ouvrait** des yeux émerveillés. D'innombrables cadeaux **attendaient** la petite fille.
3. Devant moi **s'ouvrait** une étrange galerie sombre dans laquelle je n'osai pas pénétrer.
4. À l'orée du bois, **se tenait**, menaçant, un loup aux yeux inquiétants.

4 ★★★ **En ne choisissant qu'un seul mot dans chaque case, construis une phrase verbale correcte et bien orthographiée. Attention ! Il n'y a qu'une solution possible.**

sous un les	petit le chat	buffet chiens lentement	le la les	grandes vient petite

des les un	précautions prudence vert	un mille miettes	des avec trop	grignote mange cage	très blanche moquent	souris bientôt rangent

chante gros vite	morceau piègent tartines	de vers avec	souris fromage goulûment	FIN

Écris ensuite la phrase minimale correspondante.

....

....

5 ★★★ **Encadre, à l'aide de différentes couleurs, les principaux constituants des phrases suivantes.**

1. Leur téléviseur capte depuis hier la nouvelle chaîne.
2. Le papillon attend l'hiver.
3. Cet hiver, j'ai vu une marmotte.
4. L'avion tourbillonne comme une feuille morte dans le ciel nuageux.
5. Les enfants pénétraient avec prudence à l'intérieur de la caverne.

Corrigés p. 216

GRAMMAIRE

3 La phrase nominale

OBJECTIF • Reconnaître et utiliser phrase verbale et phrase nominale

SAVOIR

- On appelle **phrase nominale** une phrase qui ne comporte pas de verbe principal et qui est construite autour d'un nom.
- Ces phrases sont généralement :
  - **des slogans :** Braderie sur tout le stock disponible.
  - **des titres :** Découverte de trois nouveaux virus.
  - **des phrases exclamatives :** Quelle fraîcheur !
  - **des phrases interrogatives :** Quelle nouvelle ?

SAVOIR-FAIRE

Distinguer phrase verbale et phrase nominale

- **Phrase 1 :**
L'expédition Stern a découvert de nouveaux trésors.

- **Phrase 2 :**
Découverte de nouveaux trésors par l'expédition Stern.

- Dans la phrase 1, le noyau est *a découvert*. C'est un verbe.
Dans la phrase 2, le noyau est *découverte*. C'est un nom.
La phrase 1 est une **phrase verbale**. La phrase 2 est une **phrase nominale**.

Attention ! Une phrase nominale peut comporter un verbe, mais ce verbe n'est pas le noyau de la phrase.

- Le verbe est à l'infinitif et complément du nom. Terrain à vendre.
- Le verbe appartient à une proposition relative qui complète le nom.
Voici un terrain qui est à vendre.

Dans les deux cas, le mot noyau est bien le nom « terrain ».

Transformer une phrase verbale en phrase nominale

- Pour transformer une phrase verbale en phrase nominale, il suffit :
– de trouver le nom correspondant au verbe : « a découvert » → « découverte » ;
– de transformer le sujet en complément : « par l'expédition Stern ».
- Parfois, le verbe disparaît complètement, sans subir aucune transformation :
L'équipe de France <u>remporte</u> une large victoire.
Large victoire de l'équipe de France.

1 ★ **Parmi les slogans publicitaires suivants, lesquels sont des phrases verbales ? lesquels sont des phrases nominales ? Remplis le tableau.**

1. Candia, rien que toi.
2. Buvez, mangez léger, éliminez.
3. Nestlé, c'est fort en chocolat.
4. Peugeot 406, conçue pour coller à la route.
5. Orangina, ça me pulpe.
6. Vittel, à fond la forme.

Phrases verbales	Phrases nominales
N°	N° ....

2 ★★ **Transforme les phrases verbales en phrases nominales, afin d'en faire des titres de journaux.**

1. La France entre en scène.

....

2. Les tricolores triomphent à Athènes.

....

3. Les mutins se sont rendus à l'aube.

....

4. Les députés se réunissent demain à Strasbourg.

....

5. Les bijoux de la reine ont été volés cette nuit.

....

3 ★★★ **Transforme les phrases nominales suivantes en phrases verbales.**

1. Arrestation de deux malfaiteurs à Paris.

....

2. Courageux sauvetage de son camarade qui se noyait par un garçon de 11 ans.

....

3. Invasion de méduses en mer Méditerranée : baignade impossible.

....

4. Miraculeuse naissance de trois éléphanteaux au zoo de Vincennes cette nuit !

....

5. Entrée triomphale des troupes américaines dans Paris.

....

4 ★★★ **Décode le message suivant.**

Tu es journaliste et tu viens de recevoir sous forme de dépêche des nouvelles d'un correspondant en Papouasie. Mais ce message est codé. À l'aide des devinettes suivantes, tu pourras retrouver ce message entièrement fait de phrases nominales.

1. On retarde le plus longtemps possible celui d'un ami.
2. Ce n'est ni aujourd'hui ni hier.
3. On espère celle des amis, mais on n'aime pas celle du docteur.
4. C'est le lieu de culte religieux des protestants.
5. En grande quantité.
6. Les pirates les enterrent dans des îles secrètes.
7. C'est un verbe à l'infinitif qui pourrait être employé dans une phrase où l'on parle de Christophe Colomb et de l'Amérique.
8. Antonyme de *bienveillance*.
9. Celle de la France est de 66 millions.

1 [ ][ ][ ][ ][ ][ ] 2 [ ][ ][ ][ ][ ][ ] 3 [ ][ ][ ][ ][ ][ ]

[D][U] 4 [ ][ ][ ][ ][ ][ ] [D][E] 5 [ ][ ][ ][ ][ ][ ][ ][ ]

6 [ ][ ][ ][ ][ ][ ][ ] [À] 7 [ ][ ][ ][ ][ ][ ][ ][ ][ ] [M][A][I][S]

8 [ ][ ][ ][ ][ ][ ][ ][ ][ ] [D][E] [L][A] 9 [ ][ ][ ][ ][ ][ ][ ][ ][ ][ ]

Corrigés p. 216

4 Les quatre types de phrases

OBJECTIF • Reconnaître et utiliser les types de phrases

SAVOIR

• Les types de phrases

• **La phrase déclarative :** elle énonce simplement quelque chose ; elle se termine par un point à l'écrit. Tu viens demain chez Paul.

• **La phrase interrogative :** elle sert à poser une question ; elle se termine par un point d'interrogation : **?**. Viens-tu demain chez Paul ?

L'interrogation est :
– soit **totale** (on répond par oui ou par non). Viens-tu ?
– soit **partielle** (elle ne porte que sur un élément : le temps, le sujet, le lieu). Quand viens-tu ?

• **La phrase exclamative :** elle sert à exprimer un sentiment ou une émotion ; elle se termine par un point d'exclamation : **!**. Demain, tu viens chez Paul ! Chouette !

• **La phrase injonctive :** elle sert à exprimer un ordre ou une défense ; son verbe est à l'impératif. Viens demain chez Paul.

• Tournures affirmatives et négatives

On peut **transformer chacun de ces types de phrases** en phrases **négatives**.
Tu ne viens pas. Ne viens-tu pas ?
Tu ne viens pas ! Ne viens pas.

• La tournure emphatique

Elle met en valeur l'un des éléments. C'est demain que tu viens chez Paul.

SAVOIR FAIRE

• Savoir passer d'un type de phrase à l'autre sans oublier la ponctuation

Les vacances sont finies.

• **Phrase interrogative :** Les vacances sont-elles finies ?

• **Phrase exclamative :** Quel dommage ! Les vacances sont finies !
Ici, on ne peut pas transformer en phrase injonctive. L'impératif n'existe que pour la deuxième personne du singulier, la première personne et la deuxième personne du pluriel : viens, venons, venez.

• Formuler correctement une question

Je vais demain chez mes parents.

• La question porte sur l'ensemble : c'est une **interrogation totale.**
Vas-tu demain chez tes parents ? Réponse : oui ou non.

• La question porte sur un élément : c'est une **interrogation partielle.**
Quand vas-tu chez tes parents ? Réponse : demain.
Où vas-tu demain ? Réponse : chez mes parents.

1 ★ **Indique si les interrogations suivantes sont partielles ou totales. Coche la bonne case.**

	Interrogation	
	totale	partielle
1. Quelle heure est-il ?		
2. N'as-tu pas faim ?		
3. Quel temps fait-il à Nice ?		
4. Dans quelle région habites-tu ?		
5. M'accompagneras-tu au cinéma cet après-midi ?		
6. As-tu déjà été piqué par une méduse ?		

2 ★★ **Transforme les phrases déclaratives suivantes en phrases interrogatives, en phrases exclamatives, en phrases injonctives, en phrases négatives.**

1. Vous écrivez une lettre.
2. Tu termines ton travail après le déjeuner.
3. Nous allons voir un beau film.

3 ★★ **Un personnage célèbre que tu admires beaucoup vient inaugurer la nouvelle salle de musique (ou de sports) de ton collège.**

Imagine dix questions que tu aimerais lui poser en variant à chaque fois la forme des phrases interrogatives.

4 ★★★ **Certaines questions et certaines réponses de ce dialogue inspiré des *Fables* de La Fontaine ont été effacées. Reconstitue, de façon cohérente, le texte en inventant des questions et des réponses. Attention à la construction des phrases et à la ponctuation !**

Le Renard : Bonjour Corbeau. .... ?

Le Corbeau : Du haut de mon arbre, je domine la campagne.

Le Renard : .... ?

Le Corbeau : Un fromage. Mais n'attends pas que je le laisse tomber comme l'autre jour. Cette fois-ci, je l'ai attaché autour de mon cou.

Le Renard : .... ?

Le Corbeau : Dans le sac d'un paysan.

Le Renard : .... ?

Le Corbeau : Non, je l'ai volé pendant que le paysan dormait. Et toi, n'as-tu donc rien à manger ?

Le Renard : ....

Le Corbeau : C'est étrange ! Moi, j'ai toujours faim. N'aimes-tu plus le fromage ?

Le Renard : ....

Le Corbeau : Et quel plat préfères-tu maintenant ?

Le Renard : ....

Le Corbeau : Mon Dieu ! Mais les poules sont mes proches parentes. Ce sont des volatiles comme moi. Tu pourrais donc me manger.

Le Renard : Oh non ! Tu es si différent, si gracieux, si élégant ! J'aime te voir voler. S'il te plaît, fais-moi la démonstration de ton talent. Prends ton envol et pose-toi près de moi.

Le Corbeau : ....

Le Renard : Mais pourquoi refuses-tu ?

Le Corbeau : ....

Le Renard : Mais, je ne te toucherai pas. Je te le promets. Et pour te donner confiance, vois, je m'éloigne de quelques pas. Es-tu d'accord maintenant ?

Le Corbeau : ....
Mais mon fromage me gêne pour voler .... ?

Le Renard : Bien volontiers. J'en prendrai grand soin.

Et ayant dit ces mots, le Renard attrapa le fromage lancé par le Corbeau et s'enfuit en riant.

5 ★★★ **Transforme les phrases suivantes en phrases emphatiques en mettant en valeur l'élément en gras.**

1. Il m'a offert **un superbe bouquet de roses**.
2. **Il** m'a offert un superbe bouquet de roses.
3. **Je** prendrai tes affaires à la laverie demain.
4. **S'inquiéter de son absence** me paraît ridicule.
5. S'inquiéter de son absence **te** paraît ridicule.

Corrigés p. 216

GRAMMAIRE

5 Les fonctions dans la phrase

OBJECTIF • Reconnaître sujet, verbe, COD, COI, CC, attribut

SAVOIR

Pierre [s'empara] de la raquette. Avec adresse, il [lança] la balle à son ami.

GS — COI — CC — GS — COD — COS

Pierre [est] un grand joueur.

GS — Attribut du sujet

- **Le groupe sujet** (GS) est un élément indispensable.
- **Le complément d'objet** (CO) appartient au groupe verbal.
  - **COD** : il se construit directement derrière le verbe (sans préposition).
  - **COI** : il se construit indirectement (avec préposition).
  - **COS** : on appelle ainsi le COI d'un verbe également construit avec un COD (le COI est placé avant ou après le COD).
- **L'attribut du sujet** représente une qualité, un aspect du sujet. La relation entre sujet et attribut se fait grâce à un verbe d'état (être, sembler, paraître, devenir, rester…).
- **Les compléments circonstanciels** (CC) expriment les circonstances de l'action : **temps, lieu, manière**, ou indiquent le **moyen** nécessaire à l'accomplissement de l'action. Ils sont déplaçables et supprimables.

SAVOIR FAIRE

Reconnaître les fonctions dans la phrase

• Voici comment tu dois réfléchir pour identifier correctement les fonctions dans la phrase :

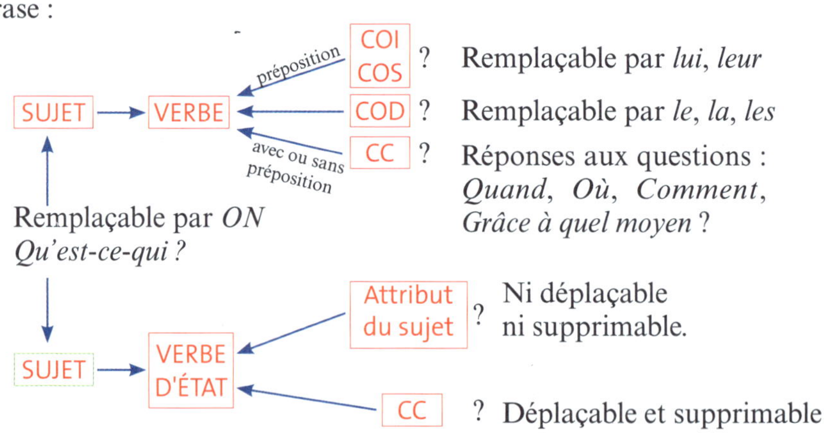

• Il faut aussi être capable de **donner la nature du mot ou du groupe de mots :**
– un **sujet**, un **COD**, un **COI** peuvent être un groupe nominal, un pronom, un infinitif ;
– un **attribut** peut être un nom ou un adjectif ;
– un **CC** peut être un groupe nominal ou un adverbe.

FAIRE

1 ★ Dans les phrases suivantes, indique si le groupe en gras est attribut du sujet ou COD du verbe. Coche la bonne colonne.

	Attribut	COD
1. De l'autre côté du miroir, Alice découvrit **un autre monde.**		
2. Il lui parut **merveilleux et mystérieux.**		
3. Alice voulait **l'explorer.**		
4. Sa curiosité était **sans limites.**		

2 ★★ Analyse chaque groupe souligné et place-le dans le tableau suivant.

Derrière la montagne, s'étendait une immense plaine. Son grand-père habitait là, dans une petite cabane. Pendant des années, il avait semblé robuste, mais maintenant c'était un invalide. Chaque semaine, Colette, à vélo, lui apportait en cachette des gâteaux.

	Sujet	Attribut	COD	COI/ COS	CC
groupe nominal					
pronom					
infinitif					
adjectif					
adverbe					

3 ★★ Dans les phrases suivantes, indique si le groupe en gras est COD du verbe, sujet du verbe, complément circonstanciel ou attribut du sujet. Coche la bonne colonne.

	COD	Sujet	CC	Attribut
1. Derrière la maison, se dressait **une petite cabane en bois.**				
2. Pierre confia à son frère **son grand secret.**				
3. Son grand-père était **un homme compréhensif.**				
4. Mon père travaille **la nuit.**				
5. J'aime **la nuit** : j'aime marcher dans les rues à la lueur des réverbères.				
6. À l'orée du bois, se tenait **le loup** qui observait le petit chaperon rouge.				
7. Lorsque tomba **la nuit**, nous n'avions pas encore atteint le refuge.				

4 ★★★ En t'aidant du schéma proposé, reconstruis le message déchiré.

- Adv. CC de temps + pronom personnel sujet + verbe + groupe nominal COD + CC de lieu.
- Groupe nominal sujet + verbe + préposition + CC de lieu.
- Pronom démonstratif sujet + verbe + adjectif attribut.
- Verbe à l'impératif + pronom COS + CC de temps + groupe nominal COD.
- Infinitif sujet + verbe + GV attribut du sujet.

Corrigés p. 217

GRAMMAIRE

6 Les constituants du groupe nominal

OBJECTIF • Identifier nom, déterminant et adjectif qualificatif

SAVOIR

- Le nom est le **noyau** du groupe nominal (GN). Il est généralement précédé d'un **déterminant**.

Je vois **un chien**. **Ce chien** ressemble à **mon épagneul**.

- Parmi les déterminants, on trouve :

– les **articles définis** (*le, la, les, l'*) et les articles définis contractés (*le* et *les* se contractent avec la préposition *à* pour donner *au, aux* ; et avec la préposition *de* pour donner *du, des*) ;
– les **articles indéfinis** (*un, une, des*) ;
– les **articles partitifs** (*du, de la*). Ils s'emploient avec un indénombrable (Je mange du pain) ou avec un nom abstrait (J'ai du caractère) ;
– les **déterminants possessifs** (*mon, ma, mes, ton, ta…*) ;
– les **déterminants démonstratifs** (*ce, cet, cette, ces*).

- Le groupe nominal peut comporter un **adjectif qualificatif**. Celui-ci peut avoir deux fonctions différentes.

Les **gros** chiens **noirs** aboyaient férocement. *Gros* et *noirs* sont deux adjectifs qualificatifs épithètes du nom *chien*.

Pensive, Claire me croisa sans me voir. *Pensive* est un adjectif qualificatif épithète détaché du nom *Claire*. Une virgule sépare le nom de son adjectif qualificatif.

SAVOIR FAIRE

Distinguer *des* (article indéfini) de *des* (article défini contracté)

Il faut mettre le nom au singulier. Si *des* peut être remplacé par *un* ou *une*, il est article indéfini.

Il y a **des** microbes → Il y a **un** microbe → donc *des* est un article indéfini.

Je suis fatigué **des** bavardages → le remplacement de *des* par *un* est impossible → donc *des* est un article défini contracté.

Distinguer *du* (article partitif) de *du* (article défini contracté)

Si on peut remplacer *du* par l'expression *un peu de, du* est article partitif.

Je bois **du** lait → Je bois **un peu** de lait → donc *du* est un article partitif.

Je sors **du** cinéma → le remplacement de *du* par *un peu de* est impossible → donc *du* est un article défini contracté.

1 ★ **Classe les phrases suivantes selon que *des* est un article indéfini ou un article défini contracté. Reporte leur numéro dans le tableau.**

1. **Des** hommes sont entrés brutalement dans son bureau.
2. Je ne me lasse jamais **des** bains de mers.
3. Il faudrait poser **des** rideaux, le salon serait plus accueillant.
4. Penses-tu que **des** objets aient été volés ?
5. Je suis obligée de prendre **des** médicaments tous les jours.
6. Le prix **des** carburants a augmenté.
7. La sortie **des** élèves est toujours bruyante et joyeuse.

des : article indéfini	*des* : article défini contracté
N°	N° ....

2 ★ **Classe les phrases suivantes selon que *du* est un article partitif ou un article défini contracté. Reporte leur numéro dans le tableau.**

1. Il revient **du** marché.
2. L'arbre centenaire **du** jardin public a été déraciné par l'orage.
3. **Du** nerf ! Tu te complais dans ta paresse. Mets un peu de cœur à l'ouvrage !
4. Il passe son temps à ingurgiter **du** chocolat : il se nourrit mal.

du : article défini contracté	*du* : article partitif
N°	N° ....

3 ★★ **Dans le texte suivant, souligne les GN et classe leurs différents constituants dans le tableau.**

Parfois, les tribus indiennes ennemies se réconciliaient et renonçaient aux terribles guerres qui les opposaient pour s'unir contre les Visages Pâles. Alors leurs forces rassemblées leur permettaient de gagner des batailles. Des fêtes extraordinaires suivaient ces valeureuses victoires.

GN	Nom noyau	Déterminant	Adjectif(s) qualificatif(s)
1	....	....	....
2	....	....	....
3	....	....	....
4	....	....	....
5	....	....	....
6	....	....	....
7	....	....	....

4 ★★ **Dans le texte suivant, souligne les différents adjectifs qualificatifs et, suivant le modèle proposé, reporte-les dans le tableau en indiquant leur fonction.**

Les fêtes, splendides, semblaient ne devoir jamais s'achever. Les hommes allumaient des feux et dansaient au son des tam-tams en poussant des cris de victoire. Les squaws, jeunes et vieilles, cuisinaient durant des jours et des jours d'énormes plats dont les odeurs parfumées planaient au dessus de la tribu, joyeuse.

Adjectif qualificatif	Fonction
splendides	❑ épithète du nom ***fêtes*** ☑ épithète détachée du nom ***fêtes***
....	❑ épithète du nom .... ❑ épithète détachée du nom ....
....	❑ épithète du nom .... ❑ épithète détachée du nom ....
....	❑ épithète du nom .... ❑ épithète détachée du nom ....
....	❑ épithète du nom .... ❑ épithète détachée du nom ....
....	❑ épithète du nom .... ❑ épithète détachée du nom ....

5 ★★★ **Dans le texte suivant, souligne les déterminants et identifie-les.**

Les hommes des cavernes avaient peur que le soleil ne réapparaisse pas. Des prières étaient adressées aux dieux. Du courage et de la ténacité étaient nécessaires à ces hommes pour affronter leurs peurs. Ils craignaient aussi les démons des rêves.

Corrigés p. 217

GRAMMAIRE

7 Les pronoms

OBJECTIF • Reconnaître un pronom et sa fonction

SAVOIR

Qu'est-ce qu'un pronom ?

- Le mot *pronom* vient du latin *pro* (qui signifie « pour ») et *nomen* (qui signifie « nom »).
- Cette origine permet de comprendre ce qu'est un pronom. En effet, **un pronom est un mot qui remplace un nom (ou un GN)**.

Paul regarde le grand arbre. → **Il** le regarde.

Il : remplace *Paul* — le : remplace *le grand arbre*

Les différents pronoms

- **Les pronoms personnels**

Je, moi, tu, te, toi, il, elle, le, la, lui, l', nous, vous, ils, elles, les, leur, eux, se, soi.

- **Les pronoms possessifs**

Mien(s), mienne(s), tien…, sien…, nôtre(s), vôtre(s), leur(s).

Mon chien est moins affectueux que le tien.

- **Les pronoms démonstratifs simples**

Celui, celle, ceux, ce ; ou composés : celui-ci, celui-là…

Range ce livre et celui qui est posé sur la table de la terrasse.

Les fonctions du pronom

Le pronom peut prendre **toutes les fonctions du nom**.

Paul	regarde	le grand arbre.	→	Il	le	regarde.
sujet du V *regarde*		COD du V *regarde*		sujet du V *regarde*	COD du V *regarde*	

SAVOIR FAIRE

Distinguer pronom et déterminant

- ***Le, la, les, l', leur*** peuvent être pronoms personnels **ou** déterminants.
- Devant un nom, ils sont déterminants : **la** pomme, **le** garage, **les** enfants, **leur** livre.
- Devant un verbe, ils sont pronoms : il **la** donne ; je **le** vois ; tu **les** prends ; tu **leur** donnes.

Bien orthographier *leur*

- *Leur* **pronom personnel** est **invariable**.
- *Leur* **pronom possessif** varie en **nombre** : **le** leur, **les** leurs.
- *Leur* **déterminant** s'accorde **en genre et en nombre** avec le nom qu'il accompagne.

Leur fille est malade. **Leurs filles** sont malades.

1 ★ **Dans le texte suivant, relève le nom ou le GN qui est représenté par chaque pronom indiqué en gras et complète le tableau ci-dessous.**

La petite fille marchait dans le bois sombre. **Celui-ci l'**effrayait un peu car **elle** n'avait pas l'habitude de **le** traverser si tard. Les troncs des grands arbres jetaient des ombres qui lui faisaient un peu peur car **elles** prenaient des formes parfois humaines. Alors la fillette se mettait à chanter à tue tête pour éviter de songer à sa peur. Mais il faut avouer que **celle-ci l'**accompagnait jusqu'à sa sortie de la forêt !

Pronom	Nom ou GN représenté par le pronom
Celui-ci	....
l'	....
elle	....
le	....
elles	....
celle-ci	....
l'	....

2 ★ **Coche le pronom possessif qui convient.**

1. Est-ce le professeur de Martine ? Oui, c'est :
❑ a. le mien. ❑ b. la sienne. ❑ c. le sien.

2. Sont-elles les amies de ma sœur ? Oui, ce sont :
❑ a. les miennes.
❑ b. les siennes.
❑ c. les leurs.

3. S'agit-il de la bicyclette de Paul et Virginie ? Oui, c'est :
❑ a. la sienne.
❑ b. la vôtre.
❑ c. la leur.

4. Est-ce que ce sont tes lunettes ? Oui, ce sont :
❑ a. les tiennes.
❑ b. les nôtres.
❑ c. les miennes.

5. Est-ce ta chienne ? Non, ce n'est pas :
❑ a. la sienne.
❑ b. la tienne.
❑ c. la mienne.

6. Est-ce la maison que ton mari et toi avez achetée ? Oui, c'est :
❑ a. la nôtre.
❑ b. la sienne.
❑ c. les nôtres.

3 ★★ **Souligne les mots en gras : en rouge s'il s'agit d'un pronom personnel, en vert s'il s'agit d'un déterminant.**

Parfois, elle se mettait à courir pour que **la** traversée dure le moins longtemps possible. Mais soudain elle s'arrêtait. Immobile, elle tendait **l'**oreille, car elle était persuadée d'avoir entendu **les** pas de quelqu'un qui courait derrière elle ! Elle n'entendait plus rien : **les** avait-elle imaginés ? Ou bien celui qui voulait **la** rattraper s'était-il arrêté en même temps qu'elle ? Elle se remettait à marcher en essayant de ne faire aucun bruit, mais chacun de ses pas faisait craquer **la** branche ou **les** feuilles mortes qui se trouvaient sous ses pieds. **La** peur finissait par **la** submerger.

4 ★★ **Fais l'accord lorsque cela est nécessaire.**

1. Leur.... fils ont campé durant tout l'été.
2. Je ne leur.... rendrai plus jamais de service, ils ne sont même pas capables de dire merci.
3. Mes enfants et les leur.... s'entendent bien.
4. Agathe et Samir sont revenus de leur.... voyage de noces qui ne leur.... a apporté que des plaisirs.
5. Il est vraiment dommage qu'ils aient perdu leur.... cartes et leur.... boussole car ils se sont perdus et n'ont retrouvé leur.... chemin que tard. Heureusement qu'il ne leur.... est rien arrivé de fâcheux !

5 ★★★ **Dans les phrases suivantes, indique la nature et la fonction du pronom en gras.**

1. Cet enfant est turbulent : le professeur **l'**a puni. ....
2. Mes grands-parents sont malades, je pense souvent à **eux**. ....
3. Comme ton vélo est léger ! **Le mien** pèse deux tonnes ! ....
4. C'est l'hiver, les oiseaux n'ont pas grand-chose à picorer. Donne-**leur** quelque chose à manger. ....
5. Ma maison est agréable mais **la vôtre** est beaucoup plus spacieuse. ....
6. Prends ce livre et prête-moi **celui** dont tu m'as parlé. ....

Corrigés p. 217

8 Les fonctions de l'adjectif

OBJECTIF • Distinguer épithète, épithète détachée et attribut du sujet

SAVOIR

L'adjectif qualificatif peut être :

• Épithète

L'enfant inquiet est venu me rendre visite.
Il **appartient au GN**.

• Épithète détachée

Inquiet, l'enfant sortit.
Il **est séparé du GN** par une virgule. Il peut se déplacer dans la phrase.

• Attribut du sujet

L'enfant est inquiet.
Il **qualifie le nom par l'intermédiaire d'un verbe**. Il ne peut être ni déplacé, ni supprimé.

SAVOIR FAIRE

• Identifier les fonctions d'un adjectif

Ébahie, la petite fée resta silencieuse.

- Souligner les adjectifs.
- À l'aide d'une flèche, **relier les adjectifs aux noms qu'ils qualifient**.
- **Étudier la place de l'adjectif par rapport au nom.**
Ébahie : séparé du GN par une virgule, déplaçable dans la phrase.
La petite fée, **ébahie**, resta silencieuse.
- **Conclure : quelle est la fonction de l'adjectif ?**
Ébahie est un adjectif épithète détachée du nom *fée*.
- Refaire les mêmes opérations pour chaque adjectif.
Petite est placé à côté du nom qu'il qualifie, il appartient au GN. C'est un adjectif épithète du nom *fée*.
Silencieuse est séparé du nom *fée* par un verbe d'état, il n'est ni déplaçable ni supprimable. C'est un attribut du sujet *fée*.

Ébahie, la **petite** fée resta **silencieuse**.

Ébahie,	la petite	fée resta silencieuse.
épithète détachée	épithète	attribut

1 ★ **Complète le texte suivant à l'aide d'adjectifs qualificatifs de ton choix dont tu donneras ensuite la fonction.**

Dans la nuit ...., apparurent quatre .... fées. La première fée était très .... ; la seconde fée semblait plus .... et moins .... Les deux dernières fées portaient un .... coffre. ...., un .... garçon surprit leur arrivée dans le village .... Il réveilla ses parents ...., qui ne le crurent pas.

2 ★ **En appliquant la méthode du Savoir faire, souligne chacun des adjectifs qualificatifs et indique leur fonction.**

1. Le merveilleux magicien tendit sa baguette bleue.
2. Attentive, la sorcière donnait de petits coups secs sur les fioles transparentes.
3. Le vilain petit canard devenait de jour en jour un peu plus beau et gracieux.
4. Curieuse, la fillette essayait de surprendre les précieux secrets de la vieille fée.

3 ★★★ **Les adjectifs qualificatifs épithètes suivants n'ont pas le même sens s'ils sont placés avant ou après le nom. Précise le sens de chaque adjectif.**

1. Une ancienne boulangerie. ....
Une voiture ancienne. ....
2. Un grand homme. ....
Un homme grand. ....
3. Un curieux chien. ....
Un chien curieux. ....
4. Sa propre maison. ....
Une maison propre. ....

4 ★★★ **À l'aide des définitions proposées ci-dessous, retrouve les adjectifs qualificatifs du texte suivant et complète la grille.**

En entrant dans le magasin, Céline et Natacha, anxieuses, poussèrent la lourde porte. Il ne s'agissait pas de faire de folles dépenses. Les achats prévus devaient être utiles. Il leur fallait des trousses vertes, de petites pochettes très fines et quelques mines dures qui étaient nécessaires en dessin... Dès le premier rayon, Céline, maladroite, renversa une étagère. La voix de la vendeuse était sèche et peu aimable lorsqu'elle s'adressa aux deux fillettes.

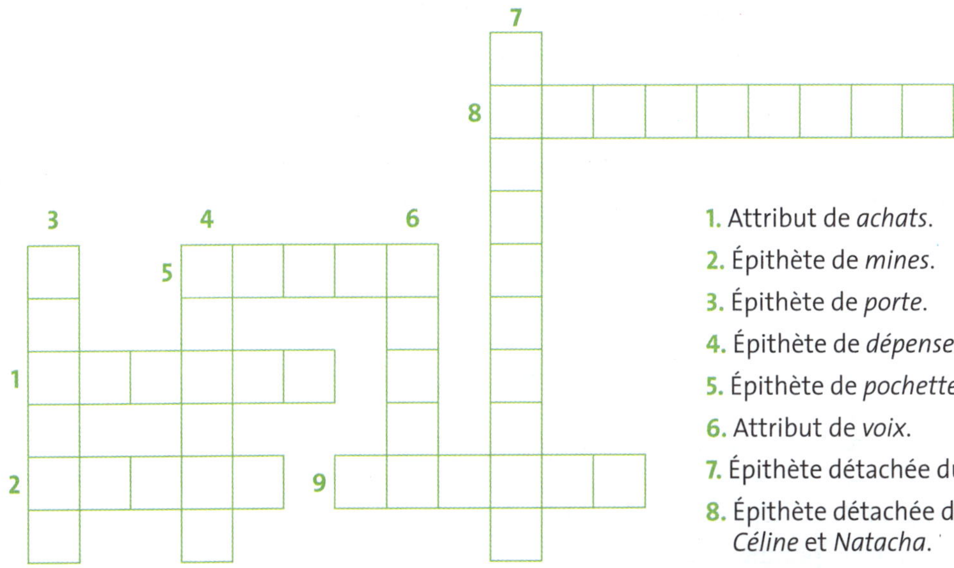

1. Attribut de *achats*.
2. Épithète de *mines*.
3. Épithète de *porte*.
4. Épithète de *dépenses*.
5. Épithète de *pochettes*.
6. Attribut de *voix*.
7. Épithète détachée du nom *Céline*.
8. Épithète détachée des noms *Céline* et *Natacha*.
9. Épithète de *trousses*.

Corrigés p. 218

CONJUGAISON

9 L'infinitif et les trois groupes

OBJECTIF • Connaître les caractéristiques des différents groupes

SAVOIR

● Le 1er groupe

- C'est le groupe le plus vaste. Il réunit les **verbes en *-er***.
- Les conjugaisons se construisent à partir du radical et sont régulières, c'est-à-dire que le radical reste le même (sauf le verbe *aller*). Chant**er** → **chant-** est le radical à partir duquel tous les temps se conjuguent.

● Le 2e groupe

- Le 2e groupe comprend les **verbes en *-ir* dont le participe présent se finit par *-issant***.
- La conjugaison de ces verbes est régulière. Fin**ir** → fin**issant.**

● Le 3e groupe

Le 3e groupe comprend les verbes en ***-oir***, ***-re*** et les verbes en ***-ir*** dont le participe présent ne se forme pas avec *-issant*. La conjugaison de ces verbes est **irrégulière** car ils ont plusieurs radicaux. Recevoir, peindre, partir (→ partant).

● L'impératif

L'impératif est un mode qui permet de donner un ordre, un conseil, de formuler une interdiction. Il se conjugue à la 2e personne du singulier (viens) aux 1re et 2e personnes du pluriel (venons, venez).

SAVOIR FAIRE

● Orthographier certains radicaux changeants

- Ne pas oublier la règle du **-ç-** pour les verbes du 1er groupe en *-cer* ou du 3e groupe en *-cevoir* : je commence, nous commençons / je reçois, nous recevons.
- Ne pas oublier la règle du **-g-/-ge-** pour les verbes du 1er groupe en *-ger* : je man**g**e, nous man**ge**ons.

Cas particulier Les verbes du 1er groupe en *-guer* gardent toujours *-gu-* : je distin**gu**e, je distin**gu**ai, nous distin**gu**ons.

- Pour les verbes du 1er groupe en *-yer*, le *-y-* devient *-i-* devant un *-e* : *noyer* → je me noie.
- Le radical des verbes du 1er groupe en *-eter* et *-eler* change légèrement : *jeter* → je **jett**e, nous **jet**ons ; *appeler* → j'**appell**e, nous **appel**ons.

Mais dans quelques cas, ce changement se fait grâce à un accent grave : *acheter* → j'**achè**te, nous achetons ; *geler* → je **gèl**e, nous gelons.

● Orthographier l'impératif présent

Tous les verbes prennent un **-s** à la 2e personne du singulier sauf les verbes du 1er groupe (et *cueillir, offrir, ouvrir*) : Sors ! Tais-toi ! mais Chante ! Offre-lui des fleurs.

1 ★ Classe les verbes suivants dans le tableau ci-dessous.

avouer – fleurir – mourir – recevoir – grossir - aller – ouvrir – mentir – échanger – voyager – coudre – rejoindre – revoir – revenir – noircir

1er groupe	2e groupe	3e groupe
....	....	....
....	....	....
....	....	....
....	....	....
....	....	....
....	....	....
....	....	....

2 ★ Complète par *-c-* ou *-ç-*.

1. Nous avons re.....u tous les matériaux hier, nous commen.....erons les travaux demain.
2. Je ne con.....ois pas comment on peut se perdre avec une carte et une boussole !
3. Commen.....ons par nous respecter les uns les autres.
4. Paul ber.....a longtemps son petit frère. Celui-ci commen.....ait enfin à s'endormir quand un coup de tonnerre le réveilla.
5. Je re.....ois mes parents ce soir.

3 ★★ Complète par *-g-*, *-ge-* ou *-gu-*.

1. Nous voya..........ons souvent, nous navi..........ons parfois au cours de ces voyages.
2. A..........is rapidement si tu veux être efficace.
3. Nous man..........erons avec Sophie ce soir, nous man..........ons tous les lundis soir en sa compagnie.
4. Je ne distin..........e plus très bien les lettres, j'ai besoin de lunettes.
5. Ils ne déména..........ront pas cette année mais ils nous aideront car nous déména..........rons bientôt.

4 ★★ Transpose les phrases suivantes à l'impératif, selon le modèle proposé.

Ex. : Tu viendras demain → Viens demain !

1. Tu ouvriras la porte.
→ ....
2. Tu mangeras tout ce qui est dans ton assiette.
→ ....
....
3. Tu ne croiras pas ce qu'il dit.
→ ....
4. Tu t'en iras demain.
→ ....
5. Tu prendras tes affaires.
→ ....
6. Tu ne cueilleras pas ces fleurs.
→ ....
....

5 ★★★ Coche la bonne conjugaison.

1. Le gâteau de Mamie .... au four, elle surveille sa cuisson.
   - ❑ a. dors
   - ❑ b. dort
   - ❑ c. dore
2. ....-toi, tout est sur la table.
   - ❑ a. Serre
   - ❑ b. Sers
   - ❑ c. Sert
3. « Ça .... ! » s'exclama Sonia.
   - ❑ a. pue
   - ❑ b. pus
   - ❑ c. put
4. Il fit des efforts mais ne .... finir son assiette.
   - ❑ a. pus
   - ❑ b. put
   - ❑ c. pue
5. Elle .... le sapin de boules scintillantes.
   - ❑ a. pare
   - ❑ b. part
   - ❑ c. pars
6. Repose-toi encore aujourd'hui puisque tu ne .... que demain.
   - ❑ a. pares
   - ❑ b. pare
   - ❑ c. pars

Corrigés p. 218

CONJUGAISON

10 Le présent de l'indicatif

OBJECTIF • Conjuguer et employer le présent de l'indicatif

SAVOIR

● **Pour conjuguer ce temps**, il faut apprendre le tableau suivant par cœur :

	Verbes en *-er*	Verbes en *-ir*, *-oir*, *-re*, *-indre*, *-oudre*, *-tre*	Verbes en *-dre*	vouloir pouvoir valoir
Je Tu Il, elle	-e -es -e	-s -s -t	-ds -ds -d	-x -x -t
Nous Vous Ils, elles	-ons -ez -ent			

Ce qui donne par exemple : je donne, finis, bats, vends, veux,
tu donnes, finis, bats, vends, veux,
il donne, finit, bat, vend, veut.

Cas particulier *battre – mettre* et leurs composés.
Je bats, tu bats, il bat, nous battons, vous battez, ils battent.
Je mets, tu mets, il met, nous mettons, vous mettez, ils mettent.

SAVOIR FAIRE

● **Savoir utiliser le présent de l'indicatif**

Le présent peut avoir différentes valeurs qu'il faut connaître.

• Le présent **d'actualité** sert à exprimer une action qui se déroule au moment où l'on parle (1.).

• Le présent de **vérité générale** permet d'exprimer des vérités qui valent pour toutes les époques (2.).

• Le présent de **narration** remplace le passé simple dans un récit, afin de donner plus de vie à l'histoire racontée (3.).

1.

2.

3.

1 ★ **En t'aidant du tableau de conjugaison de la rubrique Savoir, retrouve à quelles catégories appartiennent les verbes proposés et conjugue-les au présent de l'indicatif.**

découdre	démettre
contribuer	craindre
vouloir	revendre
dépeindre	prendre
secouer	définir

2 ★★ **Complète le texte suivant en utilisant, au présent, les verbes proposés.**

sortir – émettre – paraître – vouloir – s'écrier – perdre – combattre – craindre – montrer – essayer – savoir – résoudre – pouvoir – cacher

Le monstre .... de la caverne. Il .... ses grandes dents et, par instants, il .... de petits grognements fort inquiétants. Nous ne .... pas prendre le risque d'être découverts.
J'.................... de bouger ma main engourdie, et aussitôt il .... tourner sa grosse tête vers le buisson qui nous .... « Tu .... notre mort », ... mes camarades. Je me .... alors à ne plus bouger, je .... autant qu'eux ce féroce animal. Émile .... son envie d'éternuer. Paul .... patience et ne .... que décider.

3 ★★★ **Dans les phrases suivantes, souligne les verbes conjugués au présent, et classe-les dans le tableau en fonction de la valeur qu'ils expriment.**

1. « Il n'en fallut pas plus. Notre souffleur à gage se gorge de vapeur, s'enfle comme un ballon, fait un vacarme de démon. » (La Fontaine.)
2. Les arbres à feuilles caduques se dénudent à l'automne.
3. Rien ne sert de courir, il faut partir à point.
4. Il entra et s'exclama en regardant les mets disposés sur la table : « Je meurs de faim ! »
5. Ne crois-tu pas que tu devrais surveiller ton alimentation ?
6. Le prince se penche sur la Belle au bois dormant et la réveille d'un baiser.

Présent d'actualité	Présent de vérité générale	Présent de narration
....	....	....
....	....	....
....	....	....

4 ★★★ **Retrouve, puis barre, dans la grille les verbes suivants conjugués à la deuxième personne du singulier du présent de l'indicatif. Les lettres restantes te donneront, dans le désordre, le nom d'un célèbre commissaire. Tu peux lire verticalement et horizontalement. Attention ! Une même lettre peut servir deux fois.**

permettre	choisir	aller
prier	couler	coudre
voir	valoir	suivre
punir	louer	ouvrir
débattre	prendre	être
dire	prétendre	

C	H	O	I	S	I	S	P	M	P	C
O	G	R	O	U	V	R	E	S	R	O
U	V	P	R	I	E	S	R	A	E	U
L	O	U	E	S	E	T	M	I	N	D
E	I	N	P	R	E	T	E	N	D	S
S	S	I	D	E	B	A	T	S	S	E
V	A	S	V	A	U	X	S	D	I	S

Nom caché : ....

5 ★★★ **Heure par heure, dresse l'emploi du temps d'une de tes journées (le dimanche, par exemple). Tu dois écrire ce petit texte au présent de l'indicatif.**

Corrigés p. 218

CONJUGAISON

11 Le passé simple et l'imparfait

OBJECTIF • Conjuguer et employer passé simple et imparfait

SAVOIR

• Conjugaison du passé simple

Il faut distinguer deux grands groupes de verbes :

Les verbes en *-er* (demander)		Les verbes en *-ir* (finir), *-oir* (vouloir), *-re* (prendre)		
je	demand-**ai**	fin-**is**	ou	voul-**us**
tu	demand-**as**	fin-**is**		voul-**us**
il	demand-**a**	fin-**it**		voul-**ut**
nous	demand-**âmes**	fin-**îmes**		voul-**ûmes**
vous	demand-**âtes**	fin-**îtes**		voul-**ûtes**
ils	demand-**èrent**	fin-**irent**		voul-**urent**

Attention ! *Venir* et *tenir* se conjuguent différemment : je vins, tu vins, il vint, nous vînmes, vous vîntes, ils vinrent.

• Conjugaison de l'imparfait de l'indicatif

• Tous les verbes conjugués à l'imparfait ont la même terminaison :

je demand-**ais**
tu demand-**ais**
il demand-**ait**
nous demand-**ions**
vous demand-**iez**
ils demand-**aient**

• Dans tous les cas, le radical utilisé est le même que celui de la 1re personne du pluriel au présent.

finir : je **finiss**ais, nous **finiss**ons

prendre : je **pren**ais, nous **pren**ons

naître : je **naiss**ais, nous **naiss**ons

SAVOIR FAIRE

• Employer correctement le passé simple et l'imparfait

• Le passé simple est surtout employé à l'écrit. À l'oral, on choisit le passé composé. **Le passé simple** sert à présenter **l'action passée comme accomplie**, achevée alors que **l'imparfait** est employé pour présenter **une action passée non bornée dans le temps, une action en train de s'accomplir**, de se dérouler. Compare :

Il se dirigeait vers la fontaine : on insiste sur le déroulement de l'action.

Il se dirigea vers la fontaine : on insiste sur le fait que l'action est accomplie, achevée, donc bornée.

Le passé simple peut être employé pour exprimer **une action de premier plan par rapport à un second plan exprimé par l'imparfait** :

Il rêvait à ses vacances quand le professeur l'interrogea.

• **L'imparfait** est également employé dans des **descriptions**, ou pour des **événements qui se répètent :** Ses cheveux frisaient. Il allait tous les jours à l'école.

1 ★ Chaque série regroupe des verbes qui ont un point commun évident. Mais, dans chacune, un intrus s'est glissé. À toi de le barrer en justifiant ton choix !

1. faisions – butaient – allai – régniez
2. criions – pillez – niiez – épiions
3. revins – pins – survins – détins
4. ruina – tria – mangea – semblât
5. parvint – retint – peint – vint
6. mangeai – semblai – courrai – demandai
7. nagions – devions – citions – avions – récitations

2 ★★ Dans les phrases suivantes, souligne les verbes conjugués à l'imparfait, et classe-les dans le tableau en fonction de la valeur qu'ils expriment.

1. Dès que les chiens apercevaient une ombre, ils se mettaient à aboyer férocement.
2. Pierre somnolait quand le téléphone sonna.
3. Les vaches paissaient paisiblement dans le pré fleuri.
4. Les deux enfants se promenaient dans les collines et cueillaient des marguerites.
5. De jolis cheveux blonds et bouclés encadraient son visage d'ange.
6. Il commençait chaque journée par une série de mouvements de gymnastique.
7. Le tonnerre grondait depuis plusieurs heures déjà quand l'orage éclata.
8. Le tableau représentait une scène de chasse.

Action non bornée	N° ....
Description	N° ....
Second plan	N° ....
Répétition	N° ....

3 ★★★ Complète le texte avec les terminaisons qui conviennent.

Un jour, la sorcière sort........... de sa caverne. Elle m........ son plus beau manteau et un grand chapeau. Elle mont..... sur un balai pour se rendre chez sa meilleure amie, une autre sorcière. Hélas ! son balai était usé. Elle ne s'en aperç........... pas, et après quelques mètres, elle tomb... par terre.

À ce moment, une fée appar........... Quand elle v .... la sorcière, blessée, à terre, elle cour........... vers elle et ramass..... son chapeau. La sorcière ne la reconn........... pas, car elle avait pris le visage d'une innocente fillette. La fée déguisée rev........... avec la sorcière qui ne pouvait plus marcher. Elle entr..... dans la caverne. La sorcière referm..... la porte de sa cachette. « Voilà, se di.....-elle, une bien appétissante enfant. » Elle f........... une horrible grimace et s'approch..... de la fée, mais celle-ci s'envol..... vers le haut d'une armoire. Aussitôt, les tables tourn..........., les corbeaux de la sorcière ouvr........... leurs cages, bu........... toutes les potions magiques : ils dev........... d'horribles monstres. Effrayée, la sorcière s'enfu..... à toutes jambes.

4 ★★★ Mets les verbes entre parenthèses à l'imparfait ou au passé simple.

1. Les souris *(danser)* .... une valse, quand le chat *(survenir)* .... et les *(attraper)* ....
2. Tu *(essayer)* .... d'attraper un pot de confiture, quand ta grand-mère *(arriver)* ....
3. Nous *(jouer)* .... tranquillement lorsque l'orage *(éclater)* .... Les vitres se *(briser)* ...., et nous *(courir)* .... nous réfugier sous une table. Cela *(durer)* .... tout l'après-midi.
4. Le temps *(être)* .... affreux. La neige, qui *(tomber)* .... à gros flocons, *(rendre)* .... l'atmosphère lugubre. Tout à coup, un cri *(retentir)* .... et nous *(être)* .... saisis de frissons de terreur.

Corrigés p. 218

CONJUGAISON

12 Le futur et le conditionnel présent

OBJECTIF • Conjuguer et employer le futur et le conditionnel

SAVOIR

Radical du verbe	Futur	Conditionnel présent
pose-	**rai**	**rais**
fini-	**ras**	**rais**
tend-	+ **ra**	+ **rait**
boi-	**rons**	**rions**
reconnaît-	**rez**	**riez**
voud-	**ront**	**raient**

Attention ! au radical de certains verbes.

- ***Apprécier, appuyer* :** j'apprécierai, j'appuierai, j'apprécierais, j'appuierais.
- ***Jeter* :** je jetterai, je jetterais.
- ***Pouvoir, voir, envoyer* :** je pourrai, je verrai, j'enverrai, je pourrais, je verrais, j'enverrais.
- ***Courir, mourir, acquérir, voir* :** je courrai, je mourrai, j'acquerrai, je verrai, je courrais, je mourrais, j'acquerrais, je verrais.

SAVOIR FAIRE

Employer le futur

- Il sert à exprimer des actions qui auront lieu dans l'avenir. **Demain**, j'irai lui rendre visite.
- Il peut exprimer l'ordre comme l'impératif. Vous **serez** sages.

Employer le conditionnel

- Il peut exprimer un **futur hypothétique** ou **imaginaire**.
Si tu voulais, je t'**accompagnerais**. / J'**aimerais** voyager.
- Il permet d'exprimer une **information dont on n'est pas très sûr**.
Un attentat terroriste **serait** à l'origine de la catastrophe.
- Il permet de formuler une **demande polie**. J'**aimerais** que tu obéisses.
- Il permet d'exprimer **un futur dans le passé**.

Il m'annonce	qu'il **viendra**. →	Il m'annonça	qu'il **viendrait**.
présent	futur par rapport au présent	passé	futur par rapport au passé

1re personne du singulier : futur ou conditionnel ?

Pour bien distinguer le futur du conditionnel à la première personne du singulier, on la remplace par la première personne du pluriel.

Je sortir**ai** si je le peux → Nous sortir**ons** si nous le pouvons. C'est un futur.

Je sortir**ais** si je le pouvais → Nous sortir**ions** si nous le pouvions. C'est un conditionnel.

1 ★ **Complète ce poème de Victor Hugo tiré des *Contemplations* en conjuguant les verbes entre parenthèses au futur.**

Demain, dès l'aube, à l'heure où blanchit [la campagne,
Je (*partir*). Vois-tu, je sais que tu m'attends.
J'(*aller*) par la forêt, j'(*aller*) par la montagne.
Je ne puis demeurer loin de toi plus longtemps.

Je (*marcher*) les yeux fixés sur mes pensées,
Sans rien voir au-dehors, sans entendre [aucun bruit,
Seul, inconnu, le dos courbé, les mains croisées,
Triste, et le jour pour moi (*être*) comme la nuit.

Je ne (*regarder*) ni l'or du soir qui tombe,
Ni les voiles au loin descendant vers Harfleur,
Et, quand j'(*arriver*), je (*mettre*) sur ta tombe
Un bouquet de houx vert et de bruyère [en fleurs.

Pourquoi Victor Hugo emploie-t-il ici le futur ?

2 ★★ **Conjugue le verbe souligné au passé simple, puis réécris la phrase en effectuant les transformations nécessaires.**

1. Il demande si tu seras là.
2. Il répond qu'il lui rendra visite.
3. Il sait que tu atteindras ton but.
4. Nous pensons que vous voudrez déjeuner.

3 ★★ **Dans un court récit écrit au futur, imagine la journée d'un élève de sixième en l'an 2050.**

4 ★★ **Complète les phrases suivantes par des propositions au conditionnel présent. Donne les réponses qui correspondent le mieux à ta personnalité.**

Ex. : Si j'étais une fleur, je serais une anémone et je parfumerais ton jardin.

- Si j'étais un animal, ...
- Si j'étais une couleur, ...
- Si je pouvais voyager, ...
- Si j'avais des ailes, ...
- Si j'avais vingt ans, ...
- Si j'étais un poète, ...

5 ★★★ **Souligne les verbes conjugués au conditionnel, et classe-les dans le tableau en fonction de la valeur qu'ils expriment.**

1. Nous partirions immédiatement nous promener si Fabrice était arrivé.
2. Il était perdu : il se demandait sans cesse s'il parviendrait à retrouver son chemin.
3. Nous souhaiterions que vous soyez plus ponctuel.
4. Tu ferais le docteur, je jouerais le malade.
5. Les deux malfaiteurs évadés progresseraient en direction de l'Italie.
6. « Pourriez-vous m'aider à porter mon cabas ? » demanda la vieille dame à son jeune voisin.
7. Le médecin promit qu'il repasserait dès le lendemain pour surveiller l'évolution de la maladie.
8. Si j'en avais les moyens, je passerais ma vie à voyager.

Futur hypothétique ou imaginaire	....
Information certaine	....
Demande polie	....
Futur dans le passé	....

6 ★★★ **Conjugue les verbes entre parenthèses au futur ou au conditionnel selon le contexte proposé.**

1. Je *(courir)* .... plus vite si je n'avais pas tant mangé !
2. *(Accepter)* ....-tu de m'aider à comprendre mon cours de mathématiques ?
3. Nous *(accompagner)* ....-tu, si nous allons voir Mémé demain ?
4. Comme je *(vouloir)* .... que ces soucis soient finis et oubliés !
5. Il était persuadé que son père *(apprécier)* .... son offre.
6. Paul t'*(envoyer)* .... les photographies dès qu'il *(avoir)* .... le temps de le faire.

Corrigés p. 219

CONJUGAISON

13 Les temps composés de l'indicatif

OBJECTIF • Reconnaître et utiliser les différents types de textes

SAVOIR

Pour conjuguer convenablement les temps composés de l'indicatif, il faut :

• Employer le bon auxiliaire : *être* ou *avoir*

• Certains verbes se conjuguent avec l'auxiliaire *avoir* : ce sont les **verbes transitifs**, c'est-à-dire les verbes qui admettent un complément d'objet.

Il **a bu** un grand verre d'eau.
(un grand verre d'eau : COD)

• Les **verbes intransitifs** se conjuguent soit avec *être*, soit avec *avoir*. C'est l'usage qui t'apprendra alors comment les conjuguer.

Il **est venu** ce matin. Il **a dormi** ici cette nuit.
(ce matin : CCT ; cette nuit : CCT)

• Les **verbes pronominaux** (se + infinitif) se conjuguent toujours avec l'auxiliaire *être*.

Il s'**est lavé** comme chaque matin.

• Conjuguer l'auxiliaire au temps convenable

• **Passé composé** : auxiliaire au **présent** + participe passé.
J'**ai** dormi. Je **suis** venu.

• **Plus-que-parfait** : auxiliaire à **l'imparfait** + participe passé.
J'**avais** dormi. J'**étais** venu.

• **Passé antérieur** : auxiliaire au **passé simple** + participe passé.
J'**eus** dormi. Je **fus** venu.

• **Futur antérieur** : auxiliaire au **futur** + participe passé.
J'**aurai** dormi. Je **serai** venu.

SAVOIR FAIRE

• Employer correctement les temps composés

Ils servent à exprimer une action achevée et antérieure (qui s'est déroulée avant) à l'action exprimée par le verbe conjugué au temps simple correspondant.

• Le **passé composé** sert à exprimer l'antériorité par rapport au **présent**.
Quand il a terminé ses devoirs, il rejoint ses amis.

• Le **plus-que-parfait** sert à exprimer l'antériorité par rapport à **l'imparfait**.
Quand il avait terminé ses devoirs, il rejoignait ses amis.

• Le **passé antérieur** sert à exprimer l'antériorité par rapport au **passé simple**.
Quand il eut terminé ses devoirs, il rejoignit ses amis.

• Le **futur antérieur** sert à exprimer l'antériorité par rapport au **futur**.
Quand il aura terminé ses devoirs, il rejoindra ses amis.

FAIRE

1 ★ **Corrige les erreurs commises dans l'emploi des temps composés.**

1. Dès que leurs chambres sont rangées, ils sortirent jouer avec le chien.

....

2. Dès que j'avais terminé mes tâches ménagères, je pars en ballade avec mes amis.

....

3. Quand le réparateur est venu, j'irai vérifier si tout est en ordre.

....

4. Elle allait chercher Pierre, dès que Céline a mangé sa soupe.

....

2 ★★ **Conjugue au temps composé qui convient le verbe entre parenthèses. Pour cela, souligne le verbe conjugué, reconnais à quel temps simple il est conjugué et trouve le temps composé correspondant.**

1. Quand tu *(arriver)* ...., je pourrai enfin te raconter mes vacances.

2. Dès que l'élève *(répondre)* ...., l'instituteur corrigeait l'exercice.

3. Lorsque le chat *(disparaître)* ...., les souris se mirent à danser.

4. J'ai le droit d'aller au cinéma lorsque j'*(travailler)* .... sérieusement.

3 ★★ **Observe les dessins et invente une phrase sur le modèle suivant : Quand *temps composé, temps simple*, ou *temps simple* quand *temps composé*. Attention à l'ordre des actions ! Au cours de l'exercice, tu dois employer au moins une fois chacun des temps composés.**

Ex. : Quand, *temps composé, temps simple*
→ Quand il eut mangé, il s'endormit.

1. Quand, *temps composé, temps simple*

....
....
....

2. *Temps simple*, quand, *temps composé*

....
....
....

3. *Temps simple*, quand, *temps composé*

....
....
....

4. Quand, *temps composé, temps simple*

....
....
....

Corrigés p. 219

ORTHOGRAPHE

14 L'accord du verbe et de son sujet

OBJECTIF • Connaître les principales règles d'accord

SAVOIR

Dans ce tableau sont récapitulées les principales règles d'accord.

Les différents cas	Accord
• Sujet + verbe à un temps simple ou composé avec l'auxiliaire *avoir*.	• Accord en nombre et en personne. Elles ont vu un oiseau.
• Sujet + verbe à un temps composé avec l'auxiliaire *être*. • Plusieurs sujets : masculins, féminins et masculins.	• Accord en nombre, en personne et en genre. Elle est venue. • Accord au masculin pluriel. Les filles et les garçons sont venus.
• Plusieurs sujets féminins.	• Accord au féminin pluriel. Les filles sont venues.
• Sujets : *toi* et *moi*. *lui* et *moi*, *elle* et *moi*.	• Accord à la 1re personne du pluriel. Toi et moi étions venus.
• Sujet : *toi* et *lui*.	• Accord à la 2e personne du pluriel. Toi et lui étiez venus.
• Plusieurs sujets repris par un mot de sens collectif.	• Accord avec le nom collectif. La gamme, le stylo, la règle, toute la trousse m'appartient.
• Sujet : *beaucoup de…*, *peu de…*	• Accord au pluriel. Peu de cadeaux me reviennent.
• Sujet : *une foule de…*, *un ensemble de…*, *un groupe de…*	• Accord soit au singulier (avec une foule) soit au pluriel (avec fourmis). Une foule de fourmis sortit ou sortirent.
• Sujet : groupe nominal antécédent + *qui* relatif.	• Accord avec l'antécédent. C'étaient les fourmis qui sortaient.

SAVOIR FAIRE

• Éviter les fautes d'accord

- **Repérer** le verbe conjugué.
- **Souligner** le sujet et le relier au verbe avec une flèche.
- **Reconnaître** le cas d'accord et faire l'accord du verbe.

Attention ! aux sujets inversés et aux sujets éloignés de leur verbe.
Au-dessus du stade, tournaient deux hélicoptères.
Près de la porte, deux petites filles, fort sages et vêtues avec soin, attendaient leur mère.

1 ★ **Lis le texte suivant. Après avoir souligné les verbes et les avoir relié à leur sujet, accorde-les. Ils sont tous à l'imparfait.**

Le clown, toujours aussi drôle dans ses vêtements multicolores, amusai.................. surtout les enfants. Ses chaussures et son chapeau étai.................. rouges. Sa valise, son parapluie, son échelle, tout cet incroyable attirail étai.................. en carton. Dès qu'il apparaissai.................., dans tout le chapiteau éclatai.................. des rires d'enfants. Beaucoup d'adultes également se laissai.................. séduire par son étonnant spectacle. À la sortie, une foule d'admirateurs enthousiastes l'attendai.................. toujours.

2 ★★ **Repère et corrige les fautes d'accord verbe-sujet dans cette dictée !**

Selon son habitude, le cirque s'était installé sur la place. Les ouvriers, arrivés dès l'aube, avait dressé le chapiteau. Peu avant midi, les huit roulottes avait traversé la petite ville. Les ménagères, accompagnées de bambins qui piétinait d'impatience regardait passer cet étrange cortège. À quatre heures, sur la grande place se dressait les trois tentes du chapiteau. Les accessoires, la ménagerie, la piste, les gradins, tout étaient prêt pour le spectacle du soir.

3 ★★★ **En t'aidant de la liste de verbes proposés, complète le texte suivant en veillant à bien accorder les verbes avec leurs sujets. Le texte est au présent.**

occuper – chasser – représenter – envoler – dresser – rester – attendre

Une nuée de moineaux s'.................................... à mon approche. À droite, un petit piaf, effrayé par le bruit de mes pas et par mes sifflements, ... immobile. Il .... le dernier moment pour prendre gauchement, à son tour, son envol. C'est au détour du chemin que se .... les bâtiments du garde chasse qui, depuis dix ans, s'.................................... de ce vaste domaine. Les cerfs et les biches, les faisans et les perdreaux, tout ce petit monde .... pour lui un trésor à garder, à préserver contre la méchanceté des hommes qui, depuis toujours .... ce gibier recherché.

4 ★★★ **Relie chaque groupe sujet au groupe verbal qui lui correspond en respectant les accords.**

Un groupe de skieurs .... •	• descendaient les escaliers en riant.
Toi et moi .... •	• descendiez la piste.
Devant la grille, deux filles et un garçonnet .... •	• étaient venues l'attendre.
Plus tard, Élisabeth et Isabelle .... •	• étaient venus l'attendre.
Depuis huit jours, les élèves, malgré l'avertissement du proviseur, ... •	• jetait des boules de neige.
C'étaient elle et toi qui .... •	• étions malades.

Corrigés p. 219

6e 5e 4e 3e Corrigés

ORTHOGRAPHE

15 L'accord du participe passé

OBJECTIF • Accorder le participe passé

SAVOIR

• Accord du participe passé conjugué avec l'auxiliaire *être*

Il s'accorde en genre et en nombre avec le sujet du verbe.

Lorsque les garçons sont **arrivés**, les filles sont **reparties**. Puis, vers huit heures, garçons et filles sont **allés** au cinéma.

• Accord du participe passé conjugué avec l'auxiliaire *avoir*

Le participe passé est invariable sauf si le COD est placé avant le verbe. Dans ce cas, le participe passé **s'accorde en genre et en nombre avec le COD**.

Pierre a **acheté** une trousse neuve.

COD

La trousse que Pierre **a achetée** est neuve.

COD : pronom relatif, dont l'antécédent est *la trousse*, donc accord au féminin singulier.

SAVOIR FAIRE

• Bien accorder le participe passé

• Il faut tout d'abord **souligner l'auxiliaire**.

Les élèves sont rentrés en classe.

Les élèves ont cherché leur salle de classe.

• **S'il s'agit de l'auxiliaire *être*, il faut souligner le sujet** et faire l'accord en genre et en nombre avec ce sujet.

Les élèves sont rentr**és** en classe.

• **S'il s'agit de l'auxiliaire *avoir*, il faut souligner le COD.**

– S'il n'y a pas de COD ou si celui-ci est placé après le verbe, le participe passé est invariable.

Les élèves ont cherch**é** leur salle de classe.

Le **COD** est placé **après**, donc le **participe passé** est **invariable**.

– Si le COD est placé avant le verbe, faire l'accord avec ce COD.

La salle de classe que les élèves ont cherch**ée** est fermée à clef.

Le **COD** est placé **avant**, donc le **participe passé s'accorde** avec lui. Ce COD est un pronom relatif ayant pour antécédent *la salle de classe*, donc l'accord se fait au féminin singulier.

6e
5e
4e
3e
Corrigés

1 ★ **Transforme les phrases suivantes selon le modèle proposé.**

Ex. : J'ai mangé une tartelette délicieuse.
→ La tartelette **que** j'ai mangée **était** délicieuse.

1. J'ai surveillé des enfants turbulents.

2. Il a emprunté une route étroite et glissante.

3. Paul a gagné de nombreux points en mathématiques.

4. Grand-père avait construit de solides étagères.

5. Il m'a apporté un magnifique bouquet de roses.

6. J'ai emprunté des revues scientifiques passionnantes à la bibliothèque.

2 ★★ **Réécris les phrases suivantes en mettant les verbes au passé composé.**

1. Elle cueille des fraises et elle les apporte à sa tante.
2. La glace que cet enfant mange fond.
3. Les tuyaux que le plombier change rouillent.
4. Les livres et les cassettes que tu apportes me plaisent.

3 ★★★ **Accorde les participes passés après avoir appliqué la méthode du Savoir faire.**

Depuis que les feuilles étaient tombé.........., l'automne avait paru.......... plus triste. Les oiseaux migrateurs étaient reparti.......... vers les pays chauds qu'ils avaient quitté.......... au printemps. Seule la forêt avait gardé.......... son air de fête. Les couleurs chaudes de l'automne avaient teint.......... les bois de mille nuances rouges et jaunes. Les cerfs et les biches étaient venu.......... profiter des derniers beaux jours. Les premiers chasseurs ne les avaient pas encore traqué.......... Ces pauvres proies ne s'étaient pas encore dissimulé.......... dans ces clairières secrètes, dans ces buissons touffus qui les avaient toujours protégé.......... contre ces adversaires acharnés.

4 ★★★ **Reconstitue le message en plaçant au bon endroit les participes passés qui ont été déchirés. Prends garde à l'orthographe et au sens.**

Corrigés p. 219

ORTHOGRAPHE

16 La ponctuation

OBJECTIF • Utiliser les différents signes de ponctuation

SAVOIR

Un texte non ponctué est un texte illisible et incompréhensible. C'est un peu comme si l'on parlait sans aucune intonation ni aucune pause. Les signes de ponctuation et les majuscules sont donc indispensables dans un texte écrit.

SAVOIR FAIRE

Bien ponctuer

Les signes de ponctuation		Leur utilisation
• Suivis d'une majuscule		
– Le point :	.	– il s'emploie à la fin d'une phrase déclarative ; – il marque une forte pause.
• Suivis d'une majuscule ou d'une minuscule		
– Le point d'interrogation :	?	– il s'emploie à la fin d'une phrase interrogative.
– Le point d'exclamation :	!	– il s'emploie à la fin d'une phrase exclamative.
– Le point de suspension :	…	– il montre que la phrase n'est pas achevée.
• Suivis d'une minuscule		
– Le point-virgule :	;	– c'est une pause moins importante que le point.
– Les deux points :	:	– ils servent à introduire une explication, une énumération, un dialogue.
– La virgule :	,	– elle isole les groupes de la phrase que l'on peut déplacer ; – c'est une faible pause.
– Les guillemets :	« »	– on les utilise dans le dialogue ou pour une citation.
– Les parenthèses et les tirets :	( ) – –	– ils isolent un groupe de mots ajoutés, qui n'est pas essentiel.

Employer les majuscules

- On emploie les majuscules au début de chaque phrase.
- On emploie les majuscules dans les noms propres et les titres.

Pour les titres :

Le Château de ma mère (Le ; Château : premier nom)

Les Nouvelles Légendes (Les ; Nouvelles : premier adj. ; Légendes : premier nom)

FAIRE

1 ★ **Rétablis les majuscules dans le texte.**

monsieur lagrange habitait près de la maison, avenue george sand. pendant les vacances de noël, il partait à paris et nous rapportait des livres. cette année-là, il m'offrit *la gloire de mon père* et *le petit chose*.

2 ★★ **Le dialogue suivant est absurde. Pourtant, tout tient à une virgule oubliée. Trouve l'erreur et ajoute la virgule.**

– Paul !
– Qu'y a-t-il ?
– Sylvain m'a écrit. Tiens ! lis ici. « Léo a vu sa petite sœur tomber de sa fenêtre. »
– Mon Dieu ! mais c'est affreux ! Quand cela s'est-il produit ?
– Hier. Mais calme-toi.
– Est-elle hospitalisée ?
– C'était inutile.
– Oh!
– Elle ne s'était pas fait très mal. Une simple égratignure.
– Mais, c'est totalement impossible. Tomber du cinquième étage sans se blesser !

3 ★★ **Remplace les deux points par l'un des mots suivants : *c'est-à-dire, car, donc*.**

1. Il ne peut venir : il est malade.

....

2. Il a remporté le match : c'est lui qui gagnera le premier prix.

....

3. Elle vide le contenu de son sac : deux stylos, trois cahiers bleus et un vieux livre.

....

4. Le carrelage de la terrasse est mouillé, or il n'a pas plu : tu t'es amusé avec le tuyau d'arrosage malgré mon interdiction !

....

5. J'ai rencontré trois camarades : Eugénie, Fabrice et Marie-Ange.

....

6. La météo semble menaçante : prends ton parapluie, c'est plus prudent.

....

7. J'apprécie beaucoup Marie : elle est toujours serviable et souriante.

....

4 ★★★ **Rétablis la ponctuation dans ce texte, sans oublier les majuscules.**

avez-vous déjà vu une forêt brûler quel spectacle effrayant les arbres semblent se tordre avant de s'effondrer dans un gémissement terrible ainsi une nuit on entendit au feu au feu mon père se leva et par la fenêtre de la chambre aperçut au loin l'incendie devant la maison un paysan gesticulait aucune hésitation il fallait vite avertir les pompiers la gendarmerie et les voisins il fallait aussi agir vite prendre des seaux mouiller la terre empêcher l'incendie de progresser mon père réveilla toute la maisonnée et nous cria vite habillez-vous venez avec moi.

5 ★★★ **Tu décides de rendre visite à ton cousin qui habite Bordeaux. C'est un long voyage puisque, toi, tu habites Grenoble. Pourtant rien ne t'effraie : tu pars à vélo. À l'aide d'une carte routière ou d'un atlas, décris le trajet que tu vas effectuer (régions, villes, rivières, montagnes, mer...) pour te rendre de Grenoble à Bordeaux. Attention ! N'oublie ni les majuscules, ni la ponctuation.**

6 ★★★ **Dans cet extrait de *La Belle au bois dormant* de Charles Perrault, entoure les signes de ponctuation qui conviennent.**

« Que faites-vous là **! ? , ;** ma bonne femme **! ? , :** dit la princesse **; . ? ...**
« ... » Je file, ma belle enfant **; , .** lui répondit la vieille qui ne la connaissait pas.
– Ah **! ; ? :** Que cela est joli **! ; .** reprit la princesse **! ; .** Comment faites-vous **! , ?** Donnez-moi que je voie si j'en fais autant **? . : »**
Elle n'eut pas plus tôt pris le fuseau que **: , ;** comme elle était fort vive **; , :** un peu étourdie et que d'ailleurs l'arrêt des fées l'ordonnait ainsi **, : .** elle s'en perça la main et tomba évanouie.

Corrigés p. 219

17 Les familles de mots

OBJECTIF • Décomposer un mot et constituer une famille

SAVOIR

• Une famille de mots est formée de termes ayant la même origine. Ils ont tous un élément commun : leur radical.

• Ainsi, prénom, surnom, nomination, nommer, renommée, dénommer, pronom appartiennent à la même famille de mots.
Ils ont un radical commun : -nom.

SAVOIR FAIRE

Savoir retrouver le radical autour duquel se constitue une famille

• Il faut d'abord identifier l'élément commun : nom.

• Il faut aussi penser qu'une même famille de mots est parfois construite autour de **deux radicaux légèrement différents** : l'un étant d'origine populaire, l'autre d'origine savante, c'est-à-dire venant directement du latin.
Froideur et frigorifier appartiennent à la même famille, mais l'un est construit sur le radical froid et l'autre sur le radical frig-.

Savoir constituer, à partir d'un radical, une famille de mots

Pour cela, tu peux :
– ajouter au radical un préfixe : **pré**nom, **sur**nom, **re**nom, **pro**nom ;
– ajouter au radical un suffixe : nom**mer**, nom**ination** ;
– ajouter au radical à la fois un suffixe et un préfixe : **dé**nom**mer**, **re**nom**mée**.

Certains préfixes ont un sens précis :

• **Pré-** = avant :
préhistoire = avant l'histoire ;
prédisposer = disposer par avance.

• **Anti-** = à l'opposé de, contre :
antiparlementaire = contre les parlementaires ;
antigel = contre le gel ;
antimite = contre les mites.

• **Multi-** = plusieurs :
multiforme = qui a plusieurs formes ;
multicolore = qui a plusieurs couleurs.

• **Micro-** = petit :
micro-onde = onde de très petite longueur ;
microscope = qui permet de voir ce qui est petit.

• **A-** = privé de :
aphone = sans voix ;
apathique = sans activité, sans énergie.

1 ★ **Chacune des séries suivantes constitue une famille de mots, mais cette famille est construite sur deux radicaux différents, R1 et R2. À toi de les retrouver.**

1. Mots de la famille de *fleur* : *fleurir, floraison, florale, floralies, fleuriste, défleuraison*.

R1 : ....

R2 : ....

2. Mots de la famille de *mer* : *marée, marin, amerrir, maritime, marine.*

R1 : ....

R2 : ....

3. Mots de la famille de *voix* : *vocal, invoquer, vocalises, évoquer, vociférer.*

R1 : ....

R2 : ....

4. Mots de la famille de *chair* : *carnassier, charnu, charcutier, carnivore, charnel, incarner, décharner.*

R1 : ....

R2 : ....

2 ★★ **Dans les mots suivants, distingue le préfixe, le radical, le suffixe et donne leur sens.**

déverrouillage
.... + ... + ...
déraisonnable
.... + ... + ...
reconductible
.... + ... + ...
mécontentement
.... + ... + ...
imbattable
.... + ... + ...
transbordement
.... + ... + ...

3 ★★★ **Trouve le préfixe approprié. Relie d'une flèche la définition au préfixe et forme le mot correspondant à la définition donnée. Attention aux pièges !**

Qui permet de se préserver du brouillard. •	• hyper........................
Qui manque d'ordre. •	• re........................
Qui est situé sous les tropiques. •	• super........................
Espace entre deux lignes. •	• anti ....
Religion qui reconnaît plusieurs dieux. •	• mono........................
Qui est riche de plusieurs milliards. •	• sub ....
Qui est trop sensible. •	• mes........................
Nouvelle édition d'un livre. •	• uni ....
Situation entre deux personnes qui s'entendent mal. •	• dés........................
Ouvrage relatant la vie de quelqu'un. •	• inter ....
Qui va plus vite que la vitesse du son. •	• poly........................
Qui n'a qu'une seule jambe. •	• bio........................
Qui est sur le même ton. •	• multi ....

Corrigés p. 220

VOCABULAIRE

18 Le dictionnaire

OBJECTIF • Comprendre les différentes rubriques d'un article de dictionnaire

SAVOIR

- Le dictionnaire est un outil dont tu dois te servir régulièrement pour vérifier l'orthographe d'un mot et pour enrichir ton vocabulaire.

- Un article de dictionnaire est organisé d'une façon très stricte.
- Il donne l'**écriture phonétique** du mot (prononciation).
- Il indique la **catégorie grammaticale** du mot.
- Il indique l'**étymologie** (science qui étudie l'origine des mots).
- Il donne une définition du mot en distinguant le **sens propre** du **sens figuré** :
  – le sens propre d'un mot est son sens premier : un feu de bois.
  – le sens figuré est un emploi détourné, imagé du mot : le feu de l'action.
- Il propose des **synonymes** et des **antonymes**.

Le synonyme est un mot de même nature qui a un sens équivalent ou proche du mot à expliquer. L'antonyme est un mot de même nature qui a un sens contraire au mot à expliquer.

SAVOIR FAIRE

Repérer les informations dans un article du dictionnaire

Présentation simplifiée d'un article du *Petit Robert*

	①	②	③
Sombre	sɔ̃bRə	adj.	du bas latin *sumbrare*

Sens propre	**I.** Qui est peu éclairé, reçoit peu de lumière. V. noir, obscur. [« *L'église si sombre de Saint Dominique. Il vint deux heures plus tôt tant le ciel était sombre* » (Maupassant)].
Sens figuré	**II.** Fig. Dont les pensées sont pleines de tristesse, de douleur ou d'inquiétude. V. Amer, morne, morose, taciturne, triste. [« *Visage sombre, tempérament sombre* »].
CONTR :	– Éclairé, éblouissant, éclatant, illuminé, clair ; – Gai, enjoué, jovial, joyeux.

① Écriture phonétique
② Catégorie grammaticale
③ Étymologie
V. : voir

[ ] : exemple
(jaune) : définition
(vert) : synonyme
CONTR : antonymes

FAIRE

1 ★ **Classe les mots par ordre alphabétique.**

étude – étui – étrennes – étuve – étrusque – étroitement

1. ....
2. ....
3. ....
4. ....
5. ....
6. ....

2 ★ **Dans les phrases suivantes, souligne en bleu les mots en gras qui sont employés au sens propre, et en rouge ceux qui sont employés au sens figuré.**

1. Un **manteau** de neige immaculée recouvrait le jardin.
2. C'est le **cerveau** du gang qui a dévalisé 25 banques.
3. Les lions ont **dévoré** l'antilope.
4. Le diamant est très **dur**, on s'en sert pour tailler le verre.
5. Des touristes se sont perdus **au cœur** de la forêt tropicale.
6. C'est un grand lecteur qui **dévore** plusieurs livres par mois.
7. Elle a maigri et **nage** maintenant dans son jean.
8. Elle a eu des paroles **dures** pour le réprimander.

3 ★★ **Le dictionnaire peut également t'aider à améliorer l'écriture d'une rédaction. Utilise-le pour enrichir l'expression écrite de ce devoir en suivant les conseils donnés entre parenthèses. Puis compare les deux versions : que remarques-tu ?**

Le collégien suivait la route (*cherche un synonyme plus élégant*) qui menait à son collège (*cherche un synonyme pour éviter la répétition*) et tous les matins, il prenait le même chemin (*remplace ces deux derniers mots par des termes plus précis*). Il ne voyait (*cherche un verbe moins banal*) pas la nature (*remplace ce nom par un autre nom plus précis*) autour de lui, la nature n'était pourtant pas ordinaire (*cherche un antonyme du mot et reconstruis la phrase pour en conserver le sens*), car c'était le printemps. Mais il était trop pressé car il avait peur (*cherche un synonyme*) d'être en retard.

4 ★★★ **Rédige, en respectant scrupuleusement toutes les rubriques (sauf l'étymologie et l'écriture phonétique), un article de dictionnaire pour le mot *clair*. Attention ! Ne recopie pas le dictionnaire !**

5 ★★★ **À l'aide du dictionnaire, cherche une réponse aux définitions proposées ci-dessous et inscris-les au fur et à mesure dans la grille de mots croisés.**

A. synonyme de *drôle*
B. qui n'est pas sociable
C. synonyme d'*avares*
D. qui n'est pas grincheux
E. synonyme de *punir*
F. antonyme de *raccourcir*
G. synonyme de *malin*

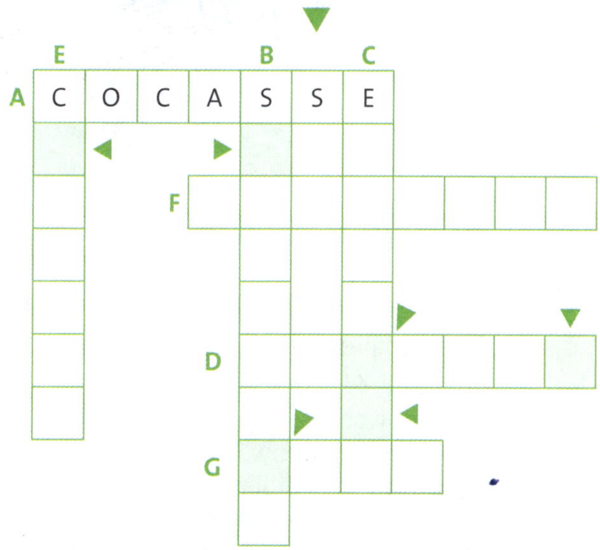

En mettant dans l'ordre les lettres des cases rouges, tu trouveras le nom d'un auteur célèbre.
Pour tout savoir sur cet écrivain, tu peux consulter un dictionnaire des noms propres.

Nom caché : ....

Corrigés p. 220

VOCABULAIRE

19 Les niveaux de langue

OBJECTIF • Reconnaître et utiliser les niveaux de langue

SAVOIR

- On s'exprime différemment suivant : son interlocuteur, le lieu où l'on se trouve, les circonstances.

- Pour cela, on utilise des niveaux de langue différents : le **niveau familier**, le **niveau courant**, le **niveau soutenu**.

- À l'écrit, tu dois éviter d'employer le niveau familier. Toutefois, on peut le trouver dans un dialogue où il correspond à la façon de parler non pas de l'auteur, mais du personnage.

SAVOIR FAIRE

Savoir reconnaître les niveaux de langue

La différence entre les niveaux tient : à la prononciation, à la grammaire, au vocabulaire.
Voici un tableau qui te permettra de te repérer :

Niveau	Prononciation	Grammaire	Vocabulaire
Familier	J'veux pas.	Il s'décide à venir ?	Il s'est planté.
Courant	Je n'veux pas.	Est-ce qu'il a décidé de venir ?	Il est tombé.
Soutenu	Je ne veux pas.	A-t-il décidé de venir ?	Il a fait une chute.

Passer d'un niveau de langue à l'autre

Pour cela, il faut :
- tout d'abord savoir pourquoi la phrase appartient à tel ou tel niveau.

Elle est complètement sonnée appartient au niveau familier par le vocabulaire employé (*sonner* est ici un verbe familier) ;

- puis trouver la tournure de phrase, la prononciation ou le vocabulaire correspondant dans un autre niveau. Pour cela, tu peux utiliser le dictionnaire qui te donne des synonymes dans différents niveaux.

Elle est assommée correspond au niveau courant.
Elle est abasourdie correspond au niveau soutenu.

1 ★ **À quel niveau de langue appartient chacune des phrases suivantes ? Pourquoi ? Reporte le numéro des phrases dans la bonne colonne du tableau.**

1. Il m'a piqué ma trousse.
2. Il m'a volé ma trousse.
3. Il s'est barré.
4. Il s'est esquivé.
5. Une incroyable cacophonie dérange mon oreille délicate.
6. Un boucan pas possible me bousille l'tympan.
7. La musique trop forte me dérange.

Niveau familier	N° ....
Niveau courant	N° ....
Niveau soutenu	N° ....

2 ★★ **Certains mots changent de sens suivant le niveau de langue. Par exemple, une *tarte* peut signifier dans le niveau familier une *claque*. Explique les deux sens des mots soulignés suivant qu'ils appartiennent aux niveaux familier ou courant.**

1. Il n'arrête pas de se mettre en <u>boule</u>.
2. C'est une vraie <u>poire</u>.
3. Elle a ramassé une <u>bulle</u>.
4. Cet engin ne casse pas des <u>briques</u>.
5. Cette fois-ci, il n'a pas pu <u>encaisser</u>.

3 ★★ **Entoure l'expression en italique qui convient en fonction du niveau de langue.**

1. Moi et Pierre, on a soif, on voudrait *boire / se désaltérer / un coup de flotte*.
2. Le jeune homme se rendit prestement dans le restaurant gastronomique pour *manger / se sustenter / casser la croûte*.
3. La *quiétude / tranquillité* régnait dans le grand bureau de mon père.
4. Mère nous *sonna les cloches / fit des remontrances / gronda* quand elle eut compris que nous étions les protagonistes de cette plaisanterie saugrenue.
5. Il *crèche / vit / réside* dans une belle maison.
6. T'as fait *une boulette / une bévue / une méprise* en l'prenant pour son père, c'est son mari !

4 ★★★ **Réécris ce texte familier inspiré du *Petit Chaperon rouge* dans un niveau courant. Attention, tu dois modifier la grammaire et le vocabulaire !**

Y'avait une fois une brave p'tite gamine. Le Chaperon rouge, qu'on l'appelait. Un jour, elle s'met en tête d'aller voir sa grand-mère. « Fais gaffe », lui dit sa mère. Mais la p'tite, elle fait la sourde oreille. « T'en fais pas », qu'elle lui répond. Et la v'là qui s'met en route. Pile au carrefour, elle s'retrouve nez à nez avec le méchant loup. « Salut, ça va ? » La p'tite pense pas à décamper et clac ! le loup la bouffe. Il se pointe chez la grand-mère et la gobe aussi. Coup de bol ! Pas très loin, y'a un chasseur. Il s'amène et flingue le loup. Et coucou ! La p'tite et la grand-mère, qui n'étaient pas très fufutes, ressortent bien vivantes du gros bidon du loup.

5 ★★★ **Complète le tableau suivant.**

Familier	Courant	Soutenu
zieuter	regarder	contempler
....	casser	....
se gourer	....	....
....	manger	....
....	....	duper
....	....	importuner
se balader	....	....

Corrigés p. 220

VOCABULAIRE

20 Les champs lexicaux

OBJECTIF • Reconnaître et composer un champ lexical

SAVOIR

Un champ lexical est **un ensemble de mots qui appartiennent tous au même domaine.**

Femme, épouser, donner naissance à, mari, enfants, descendre de, fils, nièce, tante, oncle, grand-mère, cousin, frère appartiennent au champ lexical de la famille.

Table, chaise, armoire, commode, fauteuil, canapé, lit, tabouret, bureau, décorer, encadrer, meubler appartiennent au champ lexical de l'ameublement.

SAVOIR FAIRE

• Savoir retrouver dans un texte différents champs lexicaux

Un texte est rarement construit autour d'un seul champ lexical. Il en comporte généralement plusieurs. À toi de savoir les identifier.

> L'escalade commença. Les alpinistes semblaient maîtriser leur appréhension. Le jour J était arrivé. Ce n'était plus le moment d'avoir peur. Pourtant, une angoisse sourde étreignait chacun. Le sommet de la montagne se dressait là-haut, à plus de quatre mille mètres. À peine distinguait-on dans la pénombre du petit matin ses crêtes enneigées. Chacun retint son souffle. Il fallait à tout prix ne pas perdre son sang-froid.

• À la première lecture, nous découvrons **deux champs lexicaux** principaux : **celui de la montagne** et **celui de la peur**, qui permettent de comprendre les thèmes du texte. Il faut tout d'abord souligner dans le texte chacun de ces champs lexicaux de deux couleurs différentes, puis relever les termes soulignés.

– **Champ lexical de la montagne** : *escalade, alpinistes, le sommet de la montagne, ses crêtes enneigées.*

– **Champ lexical de la peur** : *appréhension, avoir peur, angoisse sourde, perdre son sang-froid.*

• Savoir constituer soi-même un champ lexical

• Si tu as une rédaction à écrire, tu dois d'abord **constituer les champs lexicaux se rapportant au thème demandé**. Ainsi, ton vocabulaire sera riche et précis.

• **Exemple de sujet :** Comme Ulysse, vous devez affronter sur un bateau, en mer, une terrible tempête. Décrivez la scène.

Ici, tu peux constituer au moins trois champs lexicaux : celui du bateau, celui de la mer, celui de la tempête. Pour cela, réfléchis et utilise le dictionnaire.

– **Champ lexical du bateau** : mâts, hisser les voiles, agrès, proue, cordes, tenir la barre, gouvernail, coque, la cale, être de quart...

– **Champ lexical de la mer** : vague, houle, lame de fond, océan, déferler...

– **Champ lexical de la tempête** : rugir, tornade, bourrasque, le vent qui hurle, ...

1 ★ Dans le texte suivant, souligne les mots appartenant au champ lexical de l'habillement et à celui du corps humain. Ainsi, tu comprendras comment le narrateur réussit à donner l'impression que son parapluie est un être humain.

Le plus grand ami que j'avais à l'époque était un parapluie nommé Arthur que j'avais habillé des pieds à la tête. Je lui avais fait une tête avec un chiffon vert que j'avais roulé en boule autour du manche et un visage sympa, avec un sourire et des yeux ronds, avec le rouge à lèvres de Madame Rosa [...]. Arthur était habillé comme un unijambiste avec un soulier de basket bleu et blanc, un pantalon, un veston à carreaux sur un cintre que je lui avais attaché avec des ficelles et je lui avais cousu un chapeau rond sur la tête. [...] Arthur se cassait de temps en temps. J'ai cloué le cintre et ça lui a fait des épaules et il est resté avec une jambe de pantalon vide, comme c'est normal chez un parapluie.

Émile Ajar, *La Vie devant soi*,
© Le Mercure de France, 1975.

2 ★ Classe les mots et expressions suivants dans le tableau, en identifiant le champ lexical auquel ils appartiennent. Attention ! Un même mot peut appartenir à deux champs lexicaux différents.

tonnerre – éclairs – tarte – obscurité – flan – ruisseau – étang – pluie – rivière – nuages – foudre – religieuses – sablés – cascade – mare – déluge – tonner – zébrer le ciel – couler – ruisseler – crème – tempête – fleuve – flaque – déchirer le ciel – choux

Champ lexical de	Champ lexical de	Champ lexical de ....
....	....	....
....	....	....
....	....	....
....	....	....
....	....	....
....	....	....
....	....	....

3 ★ Barre l'intrus dans ces champs lexicaux.

1. Champ lexical de l'obscurité :
ombre – sombre – nocturne – noir – ténèbres – lueur – nuit – assombrir – foncé

2. Champ lexical de l'amour :
aimer – passionnément – tendresse – baiser – enlacer – soupirer – épris – béguin – tendresse – amorcer – coup de foudre

3. Champ lexical du courage :
téméraire – oser – entreprendre – bravoure – cran – vaillance – intrépide – audacieux – dureté – hardi – héroïque – résolution

4. Champ lexical du printemps :
gazouiller – bourgeons – hirondelles – brise – fleurs – bise – air parfumé – renouveau – douceur – avril – bouton – éclosion

4 ★★ À l'aide de mots appartenant au champ lexical de la peur, complète ce texte.

frayeurs – blême – pétrifiés – la maîtrise de nos nerfs – horrifié – épouvantable – abominable

À longues foulées, cet énorme chien noir bondissait, le nez sur la piste des pas de notre ami. Nous étions si .... que nous lui permîmes de nous dépasser avant d'avoir récupéré .... Puis Holmes et moi nous fîmes feu en même temps ; la bête poussa un hurlement .... : elle avait été touchée au moins par une de nos balles. [...] Au loin sur le chemin, nous aperçûmes Sir Henry qui s'était retourné : il était .... sous le clair de lune ; il leva les mains, ..., regardant désespérément l'.................... créature qui fonçait sur lui. Mais le cri de douleur qu'avait poussé le chien avait dissipé nos ....

D'après Conan Doyle,
Le Chien des Baskerville, 1901.

5 ★★★ Complète le champ lexical de la peur pour écrire une rédaction sur le sujet suivant.

Vous avez certainement déjà vécu une peur, la nuit : les objets semblent changer de forme, les bruits paraissent tous inquiétants. Faites le récit de cette expérience.

Corrigés p. 220

21 Les types de discours

OBJECTIF • Reconnaître les différents types de discours

SAVOIR

Le type de discours dépend des intentions de celui qui parle ou écrit.

Le discours narratif

- Il permet de **raconter une histoire**, des événements.
- Les verbes sont généralement au passé simple (au passé composé à l'oral) et à l'imparfait, parfois au présent de narration.

Le discours descriptif

- Il permet de **montrer des personnages, des lieux, des objets**.
- Les verbes sont à l'imparfait ou au présent.

Le discours argumentatif

- Il permet de **défendre une idée, de convaincre** son interlocuteur.

Le discours explicatif

- Il permet **d'apporter des renseignements**, des explications, de faire comprendre un phénomène.

Le discours injonctif

- Il permet **d'ordonner, de conseiller ou d'interdire**.
- Les verbes sont à l'impératif.

SAVOIR FAIRE

Identifier un type de discours

- Pour identifier un type de discours, tu dois **te poser différentes questions**.

– Quel est l'objectif de celui qui parle ?
– Quelle est la personne grammaticale employée ? Qui représente-t-elle ?
– Quel est le temps des verbes ?

- **Exemple :** La collection « Chair de Poule » me ravit en tant qu'adolescent. On y trouve tous les ingrédients pour séduire le lecteur : la peur, des rebondissements dans l'action, du suspens, des personnages hors du commun.

Dans ce texte, celui qui parle exprime son goût pour une collection de livres et se justifie : Il veut convaincre. La personne employée est le « je » et le texte est au présent. C'est un discours **argumentatif**.

FAIRE

1 ★ Identifie le type de discours auxquels appartiennent les textes suivants.

Texte 1
Allons ! debout, il est l'heure. Tu dois te rendre à l'école.

Texte 2
C'était une douce jeune fille, aux cheveux blonds et aux yeux bleus comme la mer. Seule une ride d'inquiétude barrait parfois son front.

Texte 3
Ils se mirent en chemin, oubliant la fraîcheur matinale. Peu après le panneau indiquant la direction de Tours, ils tournèrent à gauche et se rendirent à la masure que la vieille leur avait indiquée.

Texte 4
Jamais ! Tu entends, jamais je ne t'accompagnerai au cinéma pour voir ce film. L'histoire n'a aucune originalité, puisque c'est la reprise d'un scénario déjà mis en scène ; les acteurs ont vraiment l'air de s'ennuyer et ne mettent guère de conviction à jouer. Et que te dire de la musique : une véritable torture !

Texte 5
Pour aller au château de la Roche Guyon, prendre la route qui longe la Seine ; une fois sur la place, tourner à droite et entrer par la porte donnant sur le parking.

Texte 6
Un ordinateur est une machine dotée d'une mémoire lui permettant d'exécuter des programmes enregistrés. C'est un ensemble de circuits électroniques permettant de manipuler des données sous forme binaire. Cette machine permet de traiter des informations selon des séquences d'instructions prédéfinies, appelées aussi programme.

Texte 7
Pour réussir à l'école, il faut écouter attentivement le cours, poser des questions quand quelque chose n'est pas compris. Il faut aussi apprendre régulièrement ses leçons et faire ses devoirs.

Texte 8
Je ne suis pas d'accord avec la peine réclamée au tribunal contre cet accusé. Certes, il a commis un crime, mais il doit bénéficier de circonstances atténuantes étant donné que son enfance explique en partie sa violence. De plus, on peut considérer qu'il était en état de légitime défense puisqu'il a frappé un être qui ne cessait de l'humilier.

	Type de discours
Texte 1	....
Texte 2	....
Texte 3	....
Texte 4	....
Texte 5	....
Texte 6	....
Texte 7	....
Texte 8	....

2 ★★ Lis le texte argumentatif suivant, extrait du *Supplément au Voyage de Bougainville*, écrit par Diderot et publié en 1772, puis réponds aux questions.

Il s'agit du discours qu'un vieux Tahitien adresse à l'explorateur français Bougainville, qui vient d'arriver à Tahiti.

> Et toi, chef des brigands qui t'obéissent, écarte promptement ton vaisseau de notre rive : nous sommes innocents, nous sommes heureux et tu ne peux que nuire à notre bonheur. [...] Nous sommes libres, et voilà que tu as inscrit dans notre terre le titre de notre futur esclavage. Tu n'es ni un dieu, ni un démon : qui es-tu donc pour faire des esclavages ? [...] Si un Tahitien débarquait un jour sur vos côtes, et qu'il gravât sur une de vos pierres ou sur l'écorce d'un de vos arbres : « Ce pays appartient aux habitants de Tahiti », qu'en penserais-tu ?

1. Que refuse le vieux Tahitien ? Par quelles idées le vieux Tahitien se justifie-t-il ?

....

....

2. Souligne les mots et expressions qui désignent son interlocuteur, Bougainville. Quelle expression montre que le vieux Tahitien méprise Bougainville ?

....

....

3 ★★★ Sur le thème « Aller à l'école », écris cinq petits textes (4 ou 5 lignes) appartenant à des types différents.

Corrigés p. 221

22 Le discours narratif

OBJECTIF • Distinguer auteur, narrateur et personnage

SAVOIR

• Un texte (ou discours) narratif raconte le déroulement d'une action : c'est un **récit**.
Un récit comporte une situation initiale, des péripéties avec des éléments perturbateurs, et un dénouement.

• Des éléments permet tent de repérer que le texte qu'on lit est un **discours narratif** :
– la présence de nombreux **verbes d'action** ;
– l'emploi du **passé simple et de l'imparfait** (mais parfois le récit peut se faire au présent pour rendre l'action plus vivante) ;
– l'emploi de **liens temporels** (*puis, soudain, deux jours plus tard…*), de **compléments de temps**.

• On peut aussi trouver à l'intérieur du récit des passages de description (portrait des personnages, description des lieux ou d'un objet) et des dialogues entre les personnages.

SAVOIR FAIRE

• Distinguer narrateur, auteur et personnage

• **L'auteur** est l'écrivain qui signe le livre : c'est une personne réelle.

• **Le narrateur** est celui qui dans le livre raconte l'histoire : il n'est pas réel, il appartient à la fiction, à l'histoire inventée.

• **Le personnage** est inventé par l'auteur : il vit l'action racontée.

Par exemple, dans un roman intitulé *La Vie devant soi* (1975) de Romain Gary, c'est Momo, un jeune garçon, qui raconte son histoire : il est donc à la fois le narrateur et le personnage principal.
L'auteur est Romain Gary, il ne peut être confondu avec Momo puisqu'il a 61 ans quand il écrit ce livre.

• Reconnaître les modes de narration

• On peut trouver **des récits à la première personne** : le narrateur est celui qui dit *je* ; il peut être en même temps un personnage de l'histoire qu'il raconte.

Attention ! Quand un écrivain raconte sa vie, il emploie le *je* et il devient à la fois l'auteur, le narrateur et le personnage principal de son récit. C'est ce que l'on appelle une **autobiographie**.

• **D'autres récits sont écrits à la troisième personne** (*il*, *elle*, *ils*, *elles*) : le narrateur n'apparaît pas toujours clairement, sauf lorsqu'il fait des commentaires sur l'histoire, sur les personnages ou lorsqu'il intervient pour donner des précisions, des explications.

1 ★ **Souligne et nomme les éléments révélant que l'extrait est un discours narratif.**

Un bel après-midi d'automne, les cinq navires sortirent successivement de la rade toutes voiles dehors. Le Prince Taor se lançait dans l'aventure avec une joie sans mélange. Il n'eut pas un regard pour la cité de Mangalore dont les maisons de briques roses, étagées sur la colline, s'éloignaient et paraissaient se détourner de la petite flottille qui obliquait vers l'ouest.

La navigation fut d'abord simple et facile sous le vent vif et régulier de la mousson d'hiver. Comme on s'éloignait sans cesse des côtes, le danger des récifs des bancs de sable et même des pirates diminua rapidement. Tout se serait donc passé le mieux du monde s'il n'y avait pas eu une révolte des éléphants dès le premier soir. Ces bêtes, vivant en liberté dans une forêt royale, avaient l'habitude de somnoler toute la journée sous les arbres et de se rassembler après le coucher du soleil pour aller boire au bord du fleuve. Aussi commencèrent-elles à s'agiter dès que le crépuscule tomba, et comme les bateaux naviguaient presque bord à bord, le premier barrissement que lança le vieux Bodi déclencha un énorme charivari dans les autres navires.

Michel Tournier, *Les Rois mages*, © Éditions Gallimard, 1983.

2 ★★ **Lis le texte et réponds aux questions.**

Il était une fois au sud de l'Égypte un royaume, le Méroé, dont le souverain s'appelait Gaspard. [...] Or un soir qu'il rêvait sur la terrasse du palais, devant un ciel nocturne tout pétillant d'étoiles, son regard fut surpris par une lueur vague et vacillante qui faisait palpiter l'horizon du sud.

Aussitôt, il manda son astrologue qui s'appelait Barka Maï [...].

– Qu'est-ce donc que cette lueur ? lui demanda Gaspard en pointant vers l'horizon son sceptre en corne de rhinocéros.

– Justement, Seigneur, répondit l'astrologue, je voulais t'en parler. C'est une comète qui nous vient de la source du Nil.

Or, il faut savoir que le Nil, fleuve immense et majestueux, traversait tout le territoire de Méroé, mais jamais un voyageur n'avait réussi encore à remonter assez loin à l'intérieur du continent africain pour découvrir sa source. Il en résultait que cette source du Nil demeurait enveloppée de mystère, et que tout ce qui en provenait se chargeait de prestige.

Michel Tournier, *Les Rois mages*, *op. cit.*

1. Qui est l'auteur ?
2. Qui sont les personnages ?
3. Quel mode de narration observes-tu, 1re ou 3e personne ?
4. Peux-tu dire clairement qui est le narrateur ? Souligne un passage où celui-ci intervient cependant. Pour quelle raison intervient-il ?

3 ★★★ **Parmi les extraits suivants, coche celui qui est tiré d'une autobiographie. Pourquoi les autres ne peuvent être autobiographiques ?**

❑ 1. De ce moment, je fus renfermée dans ma cellule ; on m'imposa le silence ; je fus séparée de tout le monde, abandonnée à moi-même.

Denis Diderot, *La Religieuse*, 1760.

❑ 2. Je grimpais sur mon lit-cage avec *Sans Famille* d'Hector Malot, que je connaissais par cœur et, moitié récitant, moitié déchiffrant, j'en parcourus les pages l'une après l'autre : quand la dernière fut tournée, je savais lire. J'étais fou de joie.

Jean-Paul Sartre, *Les Mots*, © Éditions Gallimard, 1964.

❑ 3. Mon enfant est mort hier ; trois jours et trois nuits, j'ai lutté avec la mort pour sauver cette petite et tendre existence ; pendant quarante jours je suis restée à son chevet, tandis que la grippe secouait son pauvre corps brûlant de fièvre.

Stefan Sweig, *Lettre d'une inconnue*, 1927.

❑ 4. Je suis le diable, le diable. Personne ne doit en douter. Regardez-moi si vous l'osez [...] J'ai des cornes de poils blancs, raides, qui fusent hors de mes oreilles, et des griffes, des griffes, des griffes. [...] Je suis le diable et non un simple chat. Je ne grandis pas. L'écureuil, dans sa cage ronde, est plus gros que moi. Je mange comme quatre, comme six – je n'engraisse pas.

Colette, *La Paix chez les bêtes*, 1916, © Librairie Arthème Fayard, 2004.

4 ★★★ **Réécris le texte de l'exercice 2 (jusqu'à « source du Nil ») en faisant de Gaspard le narrateur. Attention, tu devras employer le *je* et ce *je* représentera Gaspard. Fais au fur et à mesure les transformations nécessaires. Imagine une suite au texte que tu viens de réécrire.**

Corrigés p. 221

LECTURE – ÉCRITURE

23 Le dialogue de théâtre

OBJECTIF • Distinguer dialogue et didascalies

SAVOIR

Le texte de théâtre est fait pour être joué. Il est composé d'un texte A et d'un texte B.

- **Le texte A** est celui des **répliques**, c'est-à-dire des paroles échangées par les personnages.
- **Le texte B** est celui des **indications scéniques** sur le nom des personnages, le lieu, le décor, le ton de la voix, les gestes, les mimiques, nécessaires pour que le texte soit joué devant un public. On appelle ces indications scéniques des **didascalies**.

SAVOIR FAIRE

• Lire un texte de théâtre

Voici un court extrait d'une scène de *La Farce de Maître Pathelin* (v. 1460).

> **Scène II.** *On frappe à la porte. Pathelin disparaît derrière les rideaux du lit en faisant un signe à sa femme pour lui recommander la circonspection. On frappe de nouveau.*
>
> GUILLEMETTE (*elle va ouvrir et à voix basse*). – Ne frappez pas si fort, messire, s'il vous plaît.
> MAÎTRE GUILLAUME. – Dieu vous garde, dame.
> GUILLEMETTE. – Plus bas !
> MAÎTRE GUILLAUME. – Plus bas ? Pourquoi plus bas ?
> GUILLEMETTE. – Le bruit lui donne la fièvre.
> MAÎTRE GUILLAUME. – À qui ?
> GUILLEMETTE. – À qui ? Mais à mon mari donc ! À maître Pierre Pathelin.
> MAÎTRE GUILLAUME. – C'est justement à lui que je veux parler.
> GUILLEMETTE. – À lui, le pauvre homme ! Et comment pourriez-vous lui parler ? Ne savez-vous pas qu'il est au lit et très malade ?
> MAÎTRE GUILLAUME. – Malade ?
> GUILLEMETTE. – Je crois qu'il fait un somme pour l'instant. Il est un peu plus calme.
> MAÎTRE GUILLAUME (*comme ahuri*). – Qui, plus calme ?
> GUILLEMETTE. – Mon mari.
> MAÎTRE GUILLAUME. – Qui est votre mari ?
> GUILLEMETTE. – Je vous l'ai déjà dit : maître Pierre Pathelin.
> MAÎTRE GUILLAUME. – Malade ! je l'ai vu il n'y a pas une heure.

• Distinguer répliques et indications scéniques

Les indications scéniques sont en italiques. Certaines portent sur les gestes, (*on frappe à la porte, elle va ouvrir*), d'autres sur le ton (*à voix basse*), sur la mimique du personnage (*comme ahuri*).

• Comprendre la façon dont parlent les personnages

Ils parlent habituellement d'une façon qui reflète leur condition ou leur caractère (caractère buté de Maître Guillaume, caractère rusé de Guillemette).

• Remarquer l'enchaînement des répliques

– Questions-réponses : « Plus bas ? Pourquoi plus bas ? », « Le bruit lui donne la fièvre. »
– Reprise de mots : « C'est justement à lui que je veux parler. » « À lui, le pauvre homme ! »

1 ★ **Dans l'extrait suivant du *Bal des voleurs* (1938) de Jean Anouilh, relève les didascalies et classe-les dans le tableau proposé. Hector et Peterbono sont deux voleurs. L'un est déguisé en chaisière, l'autre en monsieur très digne.**

LA CHAISIÈRE*. – Un ticket, Monsieur, pour votre fauteuil ?
HECTOR, *magnanime**. – Puisque c'est l'usage.
LA CHAISIÈRE. – C'est soixante-cinq centimes.
(*Pendant qu'il cherche sa monnaie, la chaisière lui vole son portefeuille, puis la grosse montre et le portemonnaie du crieur public qu'il venait lui-même de voler.*)
HECTOR *a saisi la main dans sa poche*. – Hé ! dites donc là, vous !...
(*La chaisière se débat et va se sauver ; elle perd sa perruque.*)
HECTOR *s'exclame*. – Mais tu es fou mon vieux ! (*Il soulève légèrement sa moustache et sa perruque.*) C'est moi.

* loueuse de chaises dans un jardin public.
* d'un air généreux.

Indications sur le ton	Indications sur les gestes	Indications sur les mimiques
....	....	....
....	....	....
....	....	....
....	....	....

2 ★★ **Souligne les didascalies de cet extrait des *Fourberies de Scapin* (1671) de Molière.**

GÉRONTE. – Tiens Scapin, je ne me souvenais pas que je viens justement de recevoir cette somme en or, et je ne pensais pas qu'elle dût m'être aussitôt ravie. Il lui présente sa bourse, qu'il ne laisse pourtant pas aller ; et dans ses transports, il fait aller son bras d'un côté et de l'autre, et Scapin le sien pour avoir la bourse. Tiens ! Va racheter mon fils.

SCAPIN, tendant la main. – Oui, Monsieur.

GÉRONTE, retenant la bourse qu'il fait semblant de vouloir donner à Scapin. – Mais dis à ce Turc que c'est un scélérat.

SCAPIN, tendant encore la main. – Oui.

Acte II, scène 7.

3 ★★★ **Complète le texte suivant en ajoutant les didascalies nécessaires. Celles-ci doivent être logiques par rapport aux répliques.**

La scène se passe à Marseille. Marius, le fils de César, et Panisse viennent de se disputer. Panisse entre dans le bar de César.

CÉSAR (.................). – Ô Panisse, que tu te fais rare ! On ne t'a pas vu depuis hier.
PANISSE (.................). – Puisque tu m'invites, je viens ; il serait bien mal poli de refuser un verre de mousseux.
CÉSAR. – Je comprends !
PANISSE (.................). – Mais j'avais juré de ne plus remettre les pieds chez toi, et c'est une promesse que je tiendrai.
CÉSAR. – Et pourquoi tu ne veux plus mettre les pieds chez moi ?
PANISSE (.................). – Parce que ton fils est un grossier.
CÉSAR. – Mon fils est un grossier ?
PANISSE. – Un véritable grossier.
CÉSAR (.................). – A vouatt !
PANISSE. – Il n'y a pas de vouatt ! Et la prochaine fois que je le rencontre ce sera un coup de pied au derrière.
CÉSAR. – A vouatt !
PANISSE (.................). – Et tu peux remarquer que je ne porte plus les espadrilles. Aujourd'hui, j'ai mis les souliers (.................)
CÉSAR. – Et c'est à moi que tu viens dire ça ?
PANISSE (.................). – C'est à toi.
(César ....)

Marcel Pagnol, *César*, 1946,

Corrigés p. 221

24 Le poème

OBJECTIF • Identifier les différents vers

SAVOIR

L'Adieu

J'ai cueilli ce brin de bruyère
L'automne est morte souviens-t'en
Nous ne nous verrons plus sur terre
Odeur du temps brin de bruyère
Et souviens-toi que je t'attends

Guillaume Apollinaire, *Alcools*, 1913, © Éditions Gallimard, 1993.

- Ce texte est un court poème d'une seule strophe. Pour bien l'apprécier, il faut le lire à haute voix. Alors, on entend sa musicalité. Il est écrit en vers qui ont chacun huit syllabes.
- Le poème comporte deux rimes : *bruyère*, *terre*, *bruyère* et *souviens-t'en*, *attends*.

SAVOIR FAIRE

Compter les syllabes d'un vers

Il faut découper les syllabes du vers : J'ai / cuei / lli / ce / brin / de / bru / yère = 8 syllabes.

- Le *e* final compte quand le mot est au pluriel ou quand le mot qui suit commence par une consonne.
- Dans les autres cas, et lorsque le mot est en fin de vers, on ne compte pas le -*e* final.
L'au / tom / n(e) est / mor / te / sou / viens / t'en = 8 syllabes.
- Un vers de huit syllabes est un **octosyllabe**. Un vers de dix syllabes est un **décasyllabe**. Un vers de douze syllabes est un **alexandrin**.

Comprendre la disposition des rimes

- Quand une rime se termine par un ***-e*** (bruy**ère**, t**erre**), c'est une **rime féminine**.
- Dans tous les autres cas, on parle de **rime masculine** (souviens-**t'en**, att**ends**).
- Les rimes dans les poèmes peuvent être disposées différemment :

Le Temps a laissé son manteau — A
De vent, de froidure et de pluie, — B
Et s'est vêtu de broderie, — B
De soleil luisant, clair et beau. — A
(Charles d'Orléans)

rimes **embrassées**

Soleil, je t'adore comme les sauvages, — A
À plat ventre sur le rivage. — A
Soleil, tu vernis tes chromos, — B
Tes paniers de fruits, tes animaux. — B
(J. Cocteau)

rimes **plates**

C'est la jeunesse et le matin. — A
Vois donc, ô ma belle farouche, — B
Partout des perles : dans le thym, — A
Dans les roses, et dans ta bouche. — B
(V. Hugo)

rimes **croisées**

1 ★ **Fais le décompte des syllabes de cet extrait d'une fable de La Fontaine, en isolant chaque syllabe par un trait vertical, puis indique le nom du vers.**

1. Maître Corbeau, sur un arbre perché,
2. Tenait en son bec un fromage.
3. Maître Renard, par l'odeur alléché,
4. Lui tint à peu près ce langage.

	Nombre de syllabes	Nom du vers
1.	....	....
2.	....	....
3.	....	....
4.	....	....

2 ★ **Indique de quelle nature est la rime des quatre vers de l'exercice précédent. Coche la bonne case du tableau.**

	Rime féminine	Rime masculine
1.		
2.		
3.		
4.		

3 ★ **Quelle est la disposition des rimes des vers de l'exercice 1 ? Coche la bonne réponse.**

- ❑ 1. rimes plates
- ❑ 2. rimes croisées
- ❑ 3. rimes embrassées

4 ★★ **Retrouve la disposition originale de cette suite de la fable précédente en t'aidant des rimes. Tu dois retrouver cinq vers.**

Et Bonjour, Monsieur du Corbeau. Que vous êtes joli ! Que vous me semblez beau ! Sans mentir, si votre ramage se rapporte à votre plumage, Vous êtes le Phénix des hôtes de ces bois.

- Nom du 5e vers : ....
- Nom du 6e vers : ....
- Nom du 7e vers : ....
- Nom du 8e vers : ....
- Nom du 9e vers : ....

5 ★★★ Voici un poème de Claude Roy :

J'ai croisé Dimanche
Tout près de Saint-Leu
Une souris blanche
Portant un sac bleu.

Souris blanche, Souris bleue
in *Enfantasques*, © Gallimard, 1993.

Complète ces poèmes inspirés de celui de Claude Roy, de sorte à composer :

1. Un quatrain à rimes croisées
J'ai croisé Lundi
Tout près d'Amsterdam
....
....

2. Un quatrain à rimes embrassées
J'ai croisé Lundi
Tout près de Marseille
....
....

6 ★★★ **Même exercice que l'exercice 1.**

1. Une Grenouille vit un bœuf
2. Qui lui sembla de belle taille.
3. Elle qui n'était pas grosse en tout comme [un œuf.
4. Envieuse s'étend, et s'enfle, et se travaille.
5. Pour égaler cet animal en grosseur.

	Nombre de syllabes	Nom du vers
1.	....	....
2.	....	....
3.	....	....
4.	....	....
5.	....	....

Corrigés p. 221

25 Le sujet d'écriture

OBJECTIF • Réussir un sujet d'écriture

SAVOIR

Avant de te lancer dans ta rédaction, tu dois être certain d'en avoir bien compris le sujet.
Voici un exemple :

Racontez votre rentrée en classe de sixième.

Ce sujet t'indique :

• Le thème de ton devoir

C'est-à-dire ce que tu dois raconter : la rentrée en 6e.

• Les contraintes d'écriture

C'est-à-dire la façon dont tu dois rédiger :
– la première contrainte est le **type de rédaction** (ici, c'est un récit et non une description ou un dialogue) ;
– la seconde contrainte est la **personne grammaticale** à laquelle la rédaction doit être écrite (ici, tu dois employer la première personne puisqu'il s'agit de ta rentrée).

SAVOIR FAIRE

• Repérer les mots-clés d'un sujet

Sujet :

Racontez votre rentrée en classe de sixième et votre rencontre avec de nouveaux camarades.

Pour bien comprendre le sujet, tu dois :

- **lire plusieurs fois le sujet ;**
- **souligner les mots-clés :**

– en rouge pour **le thème**. Ici, le thème est double : la rentrée en classe de sixième et la rencontre avec de nouveaux camarades ;
– en bleu pour **le type de rédaction**. Pour cela, repère le verbe à l'impératif qui te précise souvent le type de rédaction que l'on attend : il s'agit ici du verbe *racontez*. Tu dois donc écrire un récit ;
– en vert pour **la personne grammaticale**. L'emploi de l'adjectif possessif *votre* indique que tu dois écrire un récit à la première personne du singulier.

FAIRE

1 ★ **Pour chacun des sujets suivants, coche les contraintes correspondantes.**

1. Vous vous êtes égaré dans un quartier que vous ne connaissez pas. Racontez cette expérience en évoquant votre peur.

première personne ❑ dialogue ❑
troisième personne ❑ récit ❑
description ❑

2. Vous avez fait une promenade en forêt en automne. Faites le récit de votre expédition en décrivant le paysage ainsi découvert.

première personne ❑ dialogue ❑
troisième personne ❑ récit ❑
description ❑

3. Un vieux clown rencontre un petit garçon et lui raconte les merveilles du cirque. Imaginez leur rencontre et leur conversation.

première personne ❑ dialogue ❑
troisième personne ❑ récit ❑
description ❑

2 ★★ **Dans les sujets suivants, souligne en rouge le thème et en vert les contraintes. Sois vigilant !**

1. Décrivez une vieille dame.

2. Vous vous êtes égaré dans un quartier que vous ne connaissez pas. Racontez cette expérience en évoquant votre peur.

3. Deux jeunes gens décident de faire le tour du monde. Racontez les préparatifs de leur voyage.

4. Un rat des villes rencontre un rat des champs. Racontez les circonstances de leur rencontre et imaginez leur conversation.

3 ★★ **À quel le sujet l'extrait de rédaction proposé correspond-il ? Coche la bonne réponse.**

Lorsque je sortis du vaisseau que j'avais mis vingt ans à construire, et que l'atterrissage n'avait pas trop abîmé, j'aperçus un champ de fleurs à quelques mètres de moi : des fleurs dont la couleur et la forme m'étaient inconnues. Je m'approchai, curieux et excité à l'idée de découvrir une variété nouvelle. Les fleurs bleu-gris brillaient d'un éclat étrange. Quand je me penchai pour en cueillir une, je découvris, stupéfait, qu'il s'agissait d'une fleur de métal !

❑ **Sujet 1 :** Un savant voyage dans le temps et atterrit quelque part en l'an 3000. Racontez son extraordinaire aventure et le monde qu'il découvre.

❑ **Sujet 2 :** Votre père est un savant qui a inventé une machine à remonter le temps. Vous profitez de son absence pour lui emprunter son vaisseau et atterrissez quelque part en l'an 3000. Racontez votre expérience et le monde que vous découvrez.

❑ **Sujet 3 :** Vous voyagez dans le temps et atterrissez quelque part en l'an 3000. Racontez votre expérience et décrivez le monde que vous découvrez.

4 ★★★ **À partir des sujets proposés, complète le tableau suivant.**

Sujet 1 : Vous êtes le Chaperon rouge. Racontez votre rencontre avec le loup et imaginez votre conversation.

Sujet 2 : Un savant voyage dans le temps et atterrit au cœur de Paris en l'an 3000. Racontez son extraordinaire expérience et décrivez le monde qu'il découvre.

Sujet 3 : Vous rendez visite à un vieux cousin qui habite sur une île perdue en Bretagne. Imaginez votre séjour chez lui.

	Quel est le thème ?	À quelle personne grammaticale dois-je écrire ?	Quel(s) type(s) de rédaction dois-je choisir ?
Sujet 1	....	....	....
Sujet 2	....	....	....
Sujet 3	....	....	....

Corrigés p. 221

26 La rédaction d'un récit

OBJECTIF • Construire un récit

SAVOIR

- Lorsque tu écris une rédaction, tu dois déterminer les étapes de ton récit.
- **À chaque étape correspond un paragraphe.**
La construction de ton récit apparaît donc très clairement.
- **Ton récit doit être complet.** Tu ne dois pas sauter une étape et tu ne dois pas oublier de présenter la situation finale.

SAVOIR FAIRE

Construire son récit

Voici un sujet de rédaction qui t'invite à construire un récit :
Au cours d'une promenade en forêt, tu rencontres un vieux garde forestier qui te sert de guide et te fait découvrir le monde des arbres. Raconte cette aventure.

• Avant de te lancer dans ta rédaction, et après avoir compris le sujet, **tu dois établir le plan de ton récit**. Celui-ci comporte :
– une **introduction** où tu fixes le cadre et les circonstances de ton aventure.
Pourquoi décides-tu de faire cette promenade ?
À quel moment de l'année ?
Es-tu seul ou accompagné d'amis, de parents ?
– un **développement** en trois temps :
1. ce qui s'est passé avant la rencontre avec le vieux garde : le chemin que tu as suivi, les découvertes que tu as faites... ;
2. la rencontre elle-même ;
3. les conséquences de cette rencontre : la visite de la forêt avec le garde et ce qu'il te fait découvrir ;

– une **conclusion** : ce que t'a apporté cette aventure (par exemple, l'amour de la nature).

• **Tu dois enchaîner logiquement chaque étape avec des mots de liaison** qui montrent la progression de ton récit. Par exemple :
– début de l'introduction : Par un beau matin d'automne...
– développement :
1. Dès que j'eus pénétré dans la forêt, ...
2. Soudain, au détour d'un sentier, apparut ...
3. Puis, le vieil homme me proposa de me servir de guide ...

– conclusion : Depuis ce jour ...

• Enfin, n'oublie pas de **consacrer un paragraphe à chaque étape,** de **respecter un alinéa** (= retrait) au début de chaque paragraphe, de **sauter une ligne** entre l'introduction, le développement et la conclusion.

FAIRE

1 ★ **Voici l'introduction et la conclusion d'un récit, ainsi que le début de chaque étape du développement. Imagine le contenu de chacune de ces étapes, de façon à passer logiquement de la situation initiale à la situation finale.**

Introduction
Enfin mon rêve se réalisait. C'était ma première traversée de l'Atlantique. J'avais quitté mon village, ma famille, mes amis pour vivre cette grande aventure. Par un petit matin brumeux, j'embarquai donc sur L'*Invincible*, un trois mâts qui avait déjà accompli deux fois la traversée. J'y rencontrai mes compagnons de navigation ainsi que le Capitaine, un homme solide et puissant. Tout s'annonçait pour le mieux.

Développement
1. Cela faisait huit jours que nous étions à bord ....
....
2. Brusquement, ...
....
3. Alors, nous essayâmes ....
....

Conclusion
Quelques jours plus tard, un cargo, qui croisait au large, aperçut nos signaux. Nous étions sauvés. Malgré le danger, malgré la peur, je ne regrettais pas mon aventure et je me fis la promesse de repartir un jour, en voilier, vers des rivages lointains.

2 ★★ **Voici un sujet de rédaction. Complète le tableau qui te permet d'obtenir le plan de ton récit.**

Pim et Pam sont deux jumeaux pleins de malice. Un jour, ils décident de jouer un bon tour à un membre de leur famille. Fais le récit de cette farce.

Étapes	Idées essentielles	Mots de liaison
Introduction	....	....
Développement		
Avant la farce	....	....
La farce	....	....
Ses conséquences	....	....
Conclusion	....	....

3 ★★★ **Un vieil homme te révèle l'existence d'un fabuleux trésor. Avec quelques amis, tu décides de suivre le plan donné par le vieil homme pour parvenir à la cachette du trésor. Raconte ton aventure, en suivant le parcours de chasse au trésor proposé par le dessin. Ton récit doit tenir compte de chacune de ces étapes.**

Corrigés p. 222

LECTURE – ÉCRITURE

27 Les textes fondateurs de la littérature

OBJECTIF • Découvrir les textes fondateurs

SAVOIR

Certains textes, à l'origine de la littérature et de la culture européenne, ont une importance considérable sur le plan culturel.

- La **Bible**, texte religieux, comprend l'Ancien Testament et le Nouveau Testament.
  - L'Ancien Testament (écrit globalement en hébreu et achevé au Ier siècle av. J.-C.) raconte l'histoire et la religion du peuple juif.
  - Le Nouveau Testament (écrit en grec) est consacré davantage à la vie de Jésus et aux origines de l'Église chrétienne.

- L'***Odyssée***, grand poème grec attribué à Homère, qui a peut-être vécu au IXe siècle av. J.-C., est un récit mythologique. Il raconte les aventures d'Ulysse après la guerre de Troie jusqu'à son retour à Ithaque, où l'attend sa femme Pénélope.

- L'***Énéide***, écrit par Virgile, auteur latin du Ier siècle av. J.-C., raconte l'installation des Troyens en Italie et annonce la fondation de Rome. Son personnage principal est Énée, un prince légendaire troyen.

- ***Les Métamorphoses*** d'Ovide (auteur latin du Ier siècle av. J.-C.) reprennent et racontent à leur manière les grandes histoires de la mythologie grecque et latine.

SAVOIR FAIRE

Utiliser sa connaissance des grands textes fondateurs

- Les textes fondateurs, que ce soient **la Bible** ou les textes de la mythologie grecque et latine, sont des **repères culturels**.

- Les connaître permet, par exemple, de **comprendre** :

– **certains mots entrés dans la langue française.**
Ainsi, une odyssée désigne aujourd'hui un voyage tumultueux, rempli d'aventures ;
– **certaines allusions dans un texte, un film.**
Ainsi, dans une fable de La Fontaine, le roi Lion envoie un ours, dont la grimace lui a déplu, « chez Pluton faire le dégoûté ». Tu ne peux comprendre cette expression que si tu sais que Pluton désigne le dieu des Enfers dans la mythologie. Cela signifie donc que le lion tue l'ours ;
– **une certaine organisation des récits que l'on retrouve ensuite dans toute la littérature.**
Par exemple, l'épopée – qui caractérise l'*Odyssée*, l'*Énéide* et *Les Métamorphoses* – est un genre qui montre le héros en lutte avec le monde ou des forces qui le dépassent et fait souvent intervenir le merveilleux.

1 ★ **Trouve le sens des phrases suivantes en faisant des recherches sur les mots en caractères gras. (Utilise un dictionnaire des noms propres et des noms communs.)**

1. La révision de ce cours fut un vrai **chemin de croix**.

....

2. Ce vin est délicieux. Un véritable **nectar** !

....

3. Ce jeune homme est d'une rare beauté ! Quel **Apollon** !

....

4. Arrête de pleurer comme une **madeleine**.

....

5. Son **narcissisme** est insupportable.

....

6. On s'y perd dans cette forêt. C'est un véritable **labyrinthe**.

....

7. Il échoua à cause de sa gourmandise. C'était son **talon d'Achille**.

....

8. Elle était attendue comme le **messie**.

....

2 ★★ **Lis cet extrait des *Métamorphoses* d'Ovide (traduction de Frédéric Leblay), puis réponds aux questions.**

Le crime règne désormais sur toute l'étendue de la terre, et Jupiter décide de punir le genre humain.

Aussitôt il enferme Aquilon dans les antres d'Éole, et tous les vents qui font fuir les nuages amassés, et il lâche Notus. Ce dernier s'envole de ses ailes humides ; son terrible visage est couvert d'un obscur brouillard, sa barbe est chargée de nuages, l'eau s'écoule de ses cheveux blancs, des brumes couvrent son front et ses ailes et sa poitrine ruissellent. Et lorsqu'il a pressé de sa large main les nuées suspendues, un fracas se fait entendre ; d'épais nuages répandent ensuite leurs pluies du haut de l'éther. La messagère de Junon, Iris, revêtue de diverses couleurs, rassemble les eaux et alimente les nuages.

1. Recherche dans un dictionnaire la définition des noms soulignés.

Aquilon : ....

....

Éole : ....

....

Notus : ....

....

éther : ....

....

Junon : ....

....

2. À quel épisode de **la Bible** correspond ce récit ?

....

3. Que désigne aujourd'hui le mot *déluge* ?

....

3 ★★★ **Réponds aux questions suivantes.**

1. Qu'appelle-t-on une métamorphose ?

....

2. Imagine en quoi ou en qui tu souhaiterais te métamorphoser et raconte cette expérience.

....

4 ★★★ **Fais le portrait de ton héros mythologique préféré en une dizaine de lignes.**

Corrigés p. 222

...FRANÇAIS 5e...

1 Les classes de mots 62
- Distinguer un nom et un verbe
- Distinguer un adverbe et un adjectif qualificatif

2 Les homonymes 64
- Distinguer les homophones par leur classe
- Distinguer les homophones par substitution

3 La phrase complexe 66
- Délimiter les propositions
- Ne pas confondre *que* pronom relatif et *que* conjonction de subordination

4 Le groupe nominal 68
- Orthographier les déterminants numéraux
- Reconnaître un groupe nominal

5 L'accord de l'adjectif 70
- Bien accorder l'adjectif

6 Les degrés de l'adjectif 72
- Reconnaître les comparatifs et les superlatifs irréguliers

7 Les GN compléments dans la phrase 74
- Comprendre la relation entre cause et conséquence
- Exprimer la cause
- Exprimer la conséquence
- Reconnaître le complément d'agent

8 Les temps composés de l'indicatif et leurs valeurs 76
- Employer les temps composés

9 L'accord du participe passé 78
- Bien accorder le participe passé

10 Futur et conditionnel 80
- Employer le futur
- Employer le conditionnel

11 Le subjonctif présent et ses valeurs 82
- Reconnaître l'indicatif et le subjonctif

12 Voix active, voix passive 84
- Reconnaître le temps du verbe de la voix passive
- Distinguer temps composé de l'indicatif et voix passive

13 **Les modes non personnels du verbe** 86
- Distinguer participe présent et adjectif verbal

14 **L'histoire et le sens des mots** 88
- Bien utiliser le dictionnaire

15 **Lire un sujet** 90
- Comprendre les contraintes d'un sujet

16 **Structurer une narration** 92
- Situer les étapes d'un récit dans le temps
- Des erreurs à éviter

17 **Les temps dans un récit au passé** 94
- Employer le passé simple et l'imparfait

18 **Le dialogue** 96
- Présenter un dialogue

19 **Le discours direct et le discours indirect** 98
- Passer du discours direct au discours indirect

20 **Le théâtre : farce et comédie** 100
- Comprendre la composition d'une pièce de théâtre
- Passer du texte à la représentation
- Analyser les effets comiques

21 **La description** 102
- Réussir une description

22 **Le portrait** 104
- Composer un portrait physique
- Composer un portrait moral

23 **La lecture de l'image** 106
- Analyser une image

24 **La poésie** 108
- Compter les syllabes

1 Les classes de mots

OBJECTIF • Reconnaître la nature grammaticale des mots

SAVOIR

- **Le verbe** exprime une action ou un état et s'accorde avec le sujet.
- **Le nom** désigne un être, une chose ou une notion abstraite : un homme, une table, la liberté.
- **Le pronom** remplace le nom. Il existe plusieurs catégories de pronoms :
  – pronoms personnels : *je, tu, il, …, me, te, se…* ;
  – pronoms relatifs : *qui, que, quoi, dont, où…* ;
  – pronoms possessifs : *le mien, la mienne, le tien…* ;
  – pronoms démonstratifs : *celui, celle…* ;
  – pronoms interrogatifs : *qui ?…*
- **Le déterminant** introduit les noms ou groupes nominaux (GN).
  Il en existe plusieurs catégories :
  – articles : *le, la, les, un, une, des, du…* ;
  – déterminants démonstratifs : *ce, ces, cette* ;
  – déterminants possessifs : *mon, ma, ton, ta, son, sa…* ;
  – déterminants interrogatifs et exclamatifs : *que… ? quel… !*

- **L'adjectif qualificatif** accompagne le nom avec lequel il s'accorde en genre et en nombre.
- **L'adverbe** donne une information concernant le verbe : Il combat **courageusement**.
- **La préposition** introduit un complément : *à, de, par, dans, avant…*
- **La conjonction** réunit deux mots ou deux propositions de même nature :
  – conjonction de coordination : *mais, ou, et, donc, or, ni, car.*
  – conjonction de subordination introduisant une proposition subordonnée : *quand, lorsque, bien que, parce que…*

SAVOIR FAIRE

Distinguer un nom et un verbe

- Pour reconnaître un nom, vérifie si le mot est précédé d'un déterminant :
  Une **pousse** apparaissait sur la branche. Ici, *pousse* est un nom.
- Pour reconnaître un verbe, vérifie si on peut changer le temps :
  Le vent **pousse** les feuilles mortes. Ici *pousse* est un verbe : le vent poussait…

Distinguer un adverbe et un adjectif qualificatif

- L'adverbe accompagne un verbe : Il parle **fort**.
- L'adjectif qualifie un nom : Pierre est **fort**.

1 ★ Dans ces listes de mots appartenant à la même classe, souligne le ou les intrus.

1. marcher – retenir – aboyer – vendre – étranger – humilier – loyer
2. heureusement – divinement – courageusement – ameublement – violemment

2 ★★ Inscris les mots soulignés dans le tableau et coche la case correspondant à la classe de mots à laquelle ils appartiennent.

1. Ce scientifique possède un savoir très étendu.
2. La marche est un sport agréable.
3. Il s'est livré à une expérience scientifique dangereuse.
4. Je marche vite : je parcours huit kilomètres en une heure.
5. Le parcours que l'autobus effectue fait un long détour.
6. Il respire fort quand il dort.
7. Cette tâche est au-dessus de mes forces.
8. C'est un homme fort : il fait de la musculation.
9. Tâche de t'appliquer : cet exercice exige de la concentration.

	Mots soulignés	Verbe	Nom	Adj.	Adv.
1.	....				
2.	....				
3.	....				
4.	....				
5.	....				
6.	....				
7.	....				
8.	....				
9.	....				

3 ★★★ Classe les mots suivants dans les cases selon qu'ils appartiennent à la classe des noms, adjectifs, verbes à l'infinitif ou conjugués, adverbes.

demande – peureux – vert – laboureur – mange – fort –
savoir – rose – regarder – cours – généreusement – hurlement

Attention ! Un même mot peut appartenir à deux classes différentes. Dans ce cas, tu dois l'inscrire dans l'une ou l'autre intersection.

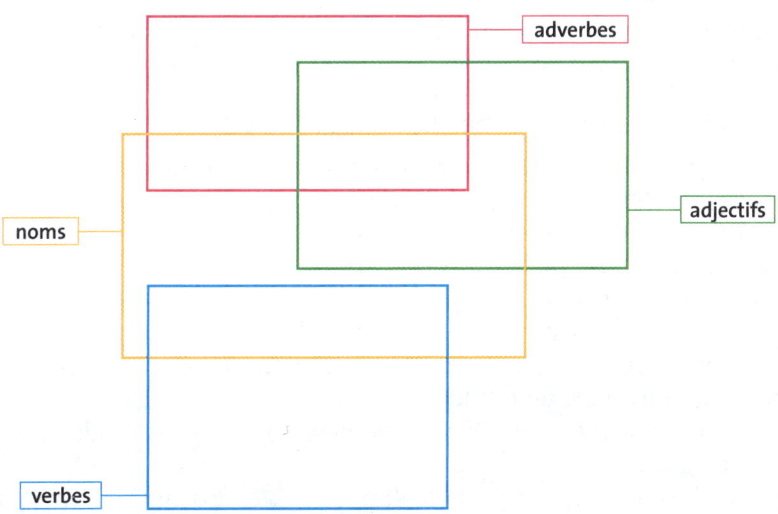

Corrigés p. 223

6e
5e
4e
3e
Corrigés

ORTHOGRAPHE

2 Les homonymes

OBJECTIF • Orthographier correctement les homophones

SAVOIR

• Définitions

• On appelle **homonymes** des mots ayant la même prononciation ou la même orthographe, mais dont les sens diffèrent.
• Les **homographes** sont des mots ayant la même orthographe mais pas forcément la même prononciation.
La façade du **couvent** est très décorée. / Les poules **couvent** un œuf.
• Les **homophones** sont des mots dont la prononciation est identique, mais pas l'orthographe.
J'aime regarder la **mer**. / Sa **mère** est gentille.

• L'accent

Il arrive que seul un accent permette de distinguer deux homographes. Au cours de l'histoire de la langue, un accent a été volontairement ajouté pour que des homographes puissent être distingués : Il va **à** l'école. / Il **a** mangé.
Autre exemple : Il part **dès** l'aube. / Il regarde **des** enfants jouer.

SAVOIR FAIRE

• Distinguer les homophones par leur classe

Pour distinguer des homophones et bien les orthographier, il faut comprendre à quelle classe grammaticale les mots appartiennent.
Sa est un déterminant possessif / **ça** est un pronom démonstratif équivalent à *cela*.
Sur est une préposition / **sûr(e)** est un adjectif qualificatif.

• Distinguer les homophones par substitution

Pour distinguer des homophones, on peut faire des substitutions.
• Pour reconnaître un verbe, on le conjugue à un autre temps :
C'**est** moi qui **ai** accepté. / C'**était** moi qui **avais** accepté.
→ La conjugaison est possible : donc ***est*** est un verbe.
Paul **et** toi êtes arrivés tard.
→ La conjugaison est impossible : donc ***et*** n'est pas un verbe.
• Pour reconnaître un adjectif, on le remplace par un autre adjectif :
Il est **sûr** de lui. / Il est **content** de lui.
→ Le remplacement est possible : donc ***sûr*** est un adjectif qualificatif.
Il avance **sur** la route.
→ Le remplacement est impossible : donc ***sur*** n'est pas un adjectif qualificatif.

1 ★ Complète les phrases en choisissant l'un des homonymes de chaque liste.

1. des – dès – dés

a. .... fleurs couvrent les branches du cerisier .... l'arrivée du printemps et nous cueillons .... fruits .... qu'ils sont bien mûrs.

b. Il jeta les ...., ferma les yeux et pria pour qu'un 6 sortît. .... qu'il entendit .... camarades s'exclamer, il ouvrit les yeux : les 4 .... s'ornaient d'un 6 !

2. sur – sûr – sûre

.... de son bon droit, Jérôme pénétra dans le bureau de son chef, posa .... lui un regard de triomphe et jeta son tablier .... le sol. Il était .... et certain que quelqu'un l'avait manipulé.

3. a – as – à

a. ....-tu remarqué combien Marie .... maigri ? Elle n'......... plus que la peau sur les os.

b. Nous avons rencontré Rifka .... Marrakech. Elle .... été généreuse et nous .... accueillis .... bras ouverts.

4. près – prêt – prête

a. Le chat se tenait .... du trou, ... à attraper l'animal qui en sortirait.

b. Es-tu .... Antoine ? Dépêche-toi, je t'attends .... du portail !

5. plutôt – plus tôt

« Viens vers 18 heures », lui dit Fantine. « Non, je viendrai ...., répondit Sonia. Vers 15 heures, ..., car j'ai un rendez-vous à 18 heures. »

6. l'ai – les

a. .... as-tu trouvées ? Je .... ai laissées dans ta chambre.

b. Je .... surpris, endormi, la tête posée parmi .... cubes avec lesquels il jouait.

2 ★★ Même exercice.

1. ni – n'y – nid

a. .... va pas ! Tu ne verras .... Papy .... Mamie. Tu risques de .... trouver qu'un .... de vipères : les cousins que tu détestes .... seront pas tous mais presque !

b. « .... a-t-il pas quelqu'un ici ? » Il n'entendit rien : .... réponse .... aucun bruit.

c. Je sais, je sais ! Tu .... peux rien ! .... toi .... ta sœur .... pouvez rien.

2. sans – c'en – s'en

a. « .... est fait de moi », songea le chevalier face au dragon. Pourtant il sortit du combat .... une égratignure. Il .... félicita.

b. Il marchait .... regarder où il mettait les pieds ; il .... repentit quand il tomba.

3. si – s'y – ci

a. Il était dans l'allée devant la tombe, ... accroupit et lut : ....-gît un pauvre diable. Il fut .... étonné qu'il resta bouche bée. Une telle formule : il ne .... était pas attendu !

b. .... tu rentres tard, prends tes clefs, je suis .... fatigué que je risque de ne pas t'entendre frapper.

4. on – on n'

.... a frappé, mais .... a entendu personne. Alors .... a poussé la grille. .... avait pas l'intention de se montrer grossier, ... avait juste envie de se reposer un peu sur l'herbe.

3 ★★★ Choisis la forme qui convient dans les listes proposées entre parenthèses.

Farid aperçut un (peu – peut – peux) .... de (cent – s'en – sans – sang – c'en) .... (sur – sûr(e)) .... (ses – ces – c'est – s'est) .... baskets. « (Cent – S'en – Sans – Sang – C'en) .... (ai – es – est – et) .... fini de mes belles baskets, (ce – ceux – se) .... lamenta-t-il. (Et – Ai – Es – Est) .... maman va me gronder. » Il (ce – ceux – se) .... demanda (ou – où) .... il avait bien pu (ce – ceux – se) .... tacher.

Il était (sur – sûr) de ne pas avoir saigné. Tout (a – as – à) coup, il comprit : (ce – ceux – se) .... n'était pas du (cent – s'en – sans – sang – c'en) .... ! (Ses – Ces – C'est – S'est) .... en cueillant des (murs – mûrs – mûres) .... qu'il (s'était – c'était) .... taché !

Corrigés p. 223

3 La phrase complexe

OBJECTIF • Reconnaître les différentes propositions subordonnées

SAVOIR

Il faut distinguer la **proposition principale** des **propositions subordonnées.**

• La proposition subordonnée relative

• Elle est introduite par un **pronom relatif** : *qui, que, quoi, dont, où, lequel...*

• Elle détermine le nom qu'elle a pour antécédent et appartient au GN.

Le livre **dont vous m'avez parlé** est intéressant.

• La proposition subordonnée conjonctive

Elle est introduite par une **conjonction de subordination** :

– *quand, dès que, parce que, afin que, bien que...* quand elle est circonstancielle ;

Dès que le jour se lève, les randonneurs quittent le refuge.

– *que* quand elle est COD et complète un verbe de déclaration, de perception, d'opinion (*croire, dire, penser, estimer, entendre...*), ainsi que les verbes exprimant la volonté, l'ordre (*vouloir, exiger, attendre...*).

Je crois **que son père est maçon.**

• La proposition subordonnée interrogative

• Elle permet de faire passer une interrogation directe en interrogation indirecte.

• Elle complète des verbes exprimant un questionnement (*(se) demander...*) ou une ignorance (*ne pas savoir, ignorer...*).

• Elle est introduite par :

– la conjonction *si* : Paul viendra-t-il ? → Je me demande **si Paul viendra**.

– un adverbe interrogatif : Comment va Luc ? → Il ignore **comment Luc va**.

– un déterminant interrogatif : Quelle heure est-il ? → Je me demande **quelle heure il est**.

SAVOIR FAIRE

• Délimiter les propositions

Le nombre de verbes conjugués permet de délimiter les propositions.

Je **pense**	**que Paul a compris**.	L'enfant	**qui chante**	**semble** joyeux.
prop. ppale	prop. subordonnée	prop. ppale	prop. subordonnée	prop. ppale

• Ne pas confondre *que* pronom relatif et *que* conjonction de subordination

• Le pronom relatif ***que*** remplace un nom : il a donc un sens et une fonction grammaticale.

L'homme **que j'observe** semble bizarre.

prop. subordonnée relative :
que remplace *l'homme* et est COD du verbe *observe*

• La conjonction de subordination ***que*** est un simple outil.

Il croit **que papa est occupé**.

prop. subordonnée conjonctive :
que relie simplement les deux propositions

FAIRE

1 ★ **Quelle est la nature de *que* dans les phrases suivantes ? Coche la bonne colonne du tableau.**

	Pronom relatif	Conjonction de subordination
1. Je pense que nous irons pique-niquer demain.		
2. Éric, que je vois tous les dimanches, est très drôle.		
3. Mon père, que j'ai revu récemment, a perdu la mémoire.		
4. La colline qui domine la ville et que nous arpentons souvent est parfumée au printemps.		
5. Sandrine pensait que son devoir était réussi.		

2 ★★ **Délimite les différentes propositions par des crochets, puis souligne en bleu les propositions relatives, en rouge les propositions subordonnées conjonctives, en vert les propositions subordonnées interrogatives.**

1. Il se demanda toute la journée comment il avait pu se perdre malgré son sens de l'orientation.
2. Il soupira d'aise : son cousin que l'ambition dévorait s'en allait enfin !
3. Céline ne savait vraiment pas pourquoi Franck ne lui parlait plus.
4. Marie n'avait jamais imaginé que sa sœur bouderait aussi longtemps.
5. Quand elle aura fini de déménager, tout ira mieux.

3 ★★ **Remplace chaque GN complément circonstanciel en gras par une proposition subordonnée conjonctive de même sens.**

1. **Le soir,** la ville allume les lampadaires.

....

....

2. **Dès la sonnerie du réveil,** il saute de son lit.

....

....

3. Les caves sont inondées **en raison du violent orage.**

....

....

4. **Malgré son grand âge,** il reste sportif.

....

....

4 ★★★ **Remplace chaque groupe en gras par une proposition subordonnée conjonctive de même sens.**

1. Je crois **à sa réussite.**

....

....

2. J'entends **le claquement de la pluie sur le toit de la voiture.**

....

....

3. Le Président annonce **une augmentation des prix.**

....

....

4. Les fans attendent **la sortie de leur chanteur préféré.**

....

....

Corrigés p. 223

GRAMMAIRE

4 Le groupe nominal

OBJECTIF • Reconnaître les constituants d'un GN

SAVOIR

Le GN regroupe le nom, son déterminant ainsi que les expansions du nom qui enrichissent ce dernier.

• Les déterminants

Aux déterminants étudiés en 6e, s'ajoutent :

• les **déterminants numéraux cardinaux** : ils définissent un nombre exact (**dix-huit** élèves, **quatre** pommes…) et sont invariables (sauf vingt et cent) ;

• les **déterminants numéraux ordinaux** : ils précisent le rang (le **premier** jour, la **douzième** ligne…) et s'accordent en genre et en nombre avec le nom qu'ils accompagnent.

• L'expansion du nom

Elle peut être :

• un adjectif qualificatif épithète : L'élève **studieux**…

• un participe passé ou un adjectif qualificatif épithète détachée (c'est-à-dire séparé du nom par une virgule) : **Assis à son bureau,** l'élève…

• un complément de détermination : L'élève **de Terminale**…

• une proposition subordonnée relative : L'élève **dont les résultats sont en progrès**…

SAVOIR FAIRE

• Orthographier les déterminants numéraux

• Le pluriel de *vingt* et *cent*

Cent et *vingt* prennent un *-s* quand ils sont multipliés et s'ils ne sont pas suivis par un autre chiffre : cent pommes, deux cent**s** pommes mais deux cent trois pommes ; vingt ballons, quatre-vingt**s** ballons mais quatre-vingt-trois ballons.

• Le trait d'union

Les **numéraux composés inférieurs à cent** prennent un trait d'union sauf s'ils sont liés par la conjonction *et* : soixante-dix-huit, vingt et un, quatre cent, cent soixante-treize…

• Reconnaître un groupe nominal

• Un GN peut être enchâssé dans un autre GN.

[La femme dont j'ai connu [le dernier fils]] est gravement malade.

[ ] = délimitation d'un GN

—— = nom

—— = expansion du nom

• N'oublie pas d'accorder les participes passés ou adjectifs qualificatifs quand ils sont épithètes détachées.

Abandonn**és** par des maîtres ingrats dont la cruauté n'avait pas de borne, les chatons miaulaient.

1 ★ **Écris en lettres les nombres suivants.**

1. 427 : ....
2. 71 : ....
3. 800 : ....
4. 722 : ....
5. 97 : ....
6. 1 900 : ....
7. 612 : ....

2 ★ **Enrichis les noms en respectant les consignes.**

1. une robe (deux adjectifs qual. épithètes) :

....

2. un bruit (complément de détermination) :

....

3. l'enfant (participe passé épithète détachée) :

....

4. un navire (adj. qual. épithète + prop. sub. relative) :

....

5. le manteau (adj. qual. épithète + compl. de détermination) :

....

6. les spectateurs (participe passé épithète détachée + adj. qual. épithète + prop. sub. relative) :

....

3 ★★ **Accorde, quand il le faut, les adjectifs et les participes passés épithètes détachées.**

1. **Irrité**.................. par le bruit incessant que faisaient les deux enfants depuis le début de l'après-midi, Marie les chassa dans le jardin.

2. **Assommé**.................. par la chaleur des tropiques, les deux vacanciers s'endormirent sur la plage **ombragé**.................. par les cocotiers.

3. **Attentif**.................. à tous les bruits, le visage **tendu**.................. et les muscles **bandé**.................., les policiers s'avancèrent dans le couloir sombre.

4. **Endormi**.................. par le chant que fredonnait sa mère, l'enfant respirait calmement.

5. **Arrivé**.................. tôt, Sophie et Georges attendirent dans le jardin que leurs parents se réveillent.

4 ★★★ **Souligne les noms et reporte les expressions dans le tableau ci-dessous en cochant la case correspondant à leur catégorie grammaticale.**

1. Le chien qui gardait la propriété aboya furieusement.

2. Le vase de Chine a été brisé par Marc.

3. Appuyée à la balustrade de son balcon, la jeune femme qui fumait rêvassait.

4. L'homme dont le chapeau était rabaissé sur le front marchait rapidement dans la rue sombre.

Expansions du GN	Adjectif qualificatif épithète	Participe passé ou adjectif épithète détachée	Complément de détermination	Proposition subordonnée relative
....				
....				
....				
....				
....				
....				
....				
....				

Corrigés p. 223

ORTHOGRAPHE

5 L'accord de l'adjectif

OBJECTIF • Accorder les adjectifs qualificatifs en genre et en nombre

SAVOIR

L'adjectif s'accorde en genre et en nombre avec le nom qu'il accompagne.

● Accord en genre

• Certains adjectifs ont la même forme au masculin et au féminin : un chapeau pratique, une casquette pratique (confortable, rare...).

• L'opposition entre le masculin et le féminin peut n'être marquée qu'à l'écrit. Dans ce cas, la marque du féminin à l'écrit est *-e*.

Adjectifs terminés par : – une voyelle : un joli manteau, une jolie robe ;
– le son [r] : un lit dur, une chaise dure.

Appartiennent à cette série : extérieur, inférieur, intérieur, majeur, meilleur, mineur, postérieur, supérieur.

Adjectifs terminés par : ***-c* → *-que*** : public–publique ;
-l* → *-lle : nul–nulle ;
-t* → *-tte : coquet–coquette.

• L'opposition peut être marquée à l'oral comme à l'écrit : grand–grande ; paresseux–paresseuse ; long–longue ; brun–brune ; blanc–blanche ; séducteur–séductrice ; menteur–menteuse...

● Accord en nombre

La marque du pluriel est *-s*, mais :

• Certains adjectifs ont la même forme au masculin singulier et au pluriel.
C'est le cas des adjectifs en *-x* : heureux, peureux, doux ;
-s : gras.

• Les adjectifs beau, jumeau, nouveau, hébreu ont un pluriel en *-x*.

• Les adjectifs en ***-al*** ont un pluriel en ***-aux*** : amical–amicaux sauf bancal, fatal, glacial, natal, naval qui ont un pluriel en ***-als***.

● Les adjectifs de couleur

L'adjectif de couleur est invariable :
– quand il est issu d'une chose dont la couleur est caractéristique (sauf rose, bien que l'adjectif vienne de la fleur) : des chaussettes **orange**, des robes **cerise** ;
– quand il est précisé par un 2e adjectif : des chemises **jaune pâle**, des sapins **vert foncé**.

SAVOIR FAIRE

● Bien accorder l'adjectif

• Dans un groupe nominal, tu dois veiller à accorder **tous** les adjectifs.
Les gentil**s** petit**s** **enfants** blond**s** étaient attentif**s**.

• Si tu hésites sur la terminaison d'un adjectif au masculin, pense au féminin.
muet (car muette), gras (car grasse), étranger (car étrangère).

1 ★ **Complète les phrases suivantes en accordant correctement les adjectifs proposés entre parenthèses.**

1. Marie a offert deux chemises (*blanc*) .... à pois (*rose*) (*vif*) ....
2. Ces chaussettes (*marron*) .... ne me plaisent pas, je préfère la paire (*bleu*) ....
3. Cette robe (*blanc*) (*cassé*) .... te va à ravir.
4. Ces jupes (*noir*) .... seront portées avec des chemises (*rouge*) (*éclatant*) .... par les musiciennes lors du concert.
5. Ces meubles (*orange*) .... sont affreux !
6. Ces vestes (*crème*) .... sont parfaites pour les beaux jours !
7. Elle posa ses yeux (*émeraude*) .... sur lui.
8. Cette voiture (*bleu*) (*foncé*) .... me plaît.

2 ★ **Parmi les adjectifs proposés, choisis ceux qui conviennent pour compléter chacune des phrases suivantes.**

1. **beau – belle – bel – belles – beaux**
C'est un .... édifice entouré de .... statues et de .... parterres de fleurs.

2. **vieux – vieille – vieil – vieilles**
Ce .... homme s'efforce malgré son âge de soutenir sa .... femme quand elle se déplace : c'est un .... couple charmant.

3. **nouveau – nouvelle – nouvelles – nouvel – nouveaux**
La .... année est arrivée ! Chacun veut prendre de .... résolutions, se lance dans de .... projets ; chacun souhaite entamer une .... vie. Toutes ces promesses seront bien vite oubliées ! Mais c'est un rituel du .... An !

3 ★ **Replace ces adjectifs dans le texte : bleue – gris – sombres – noirs – fleuries – noir – vives.**

Depuis plusieurs heures déjà, Marie déambulait dans le dédale du marché aux Puces et fouillait dans des cartons pleins de vêtements aux couleurs .... ou .... Elle essaya quelques gilets.........................., une robe.........................., des chemises .... et enfin se laissa séduire par un chapeau .... entouré d'un ruban ....

4 ★★ **Dans le texte suivant, souligne les adjectifs et corrige les fautes d'accord, s'il y en a.**

Les nouveaux élèves attendaient dans la cour après avoir franchi le grand portail bleue. Les conversations étaient tantôt gais tantôt anxieuse. Le Principal, un homme grand et carré, s'avança au milieu des élèves et fit un geste théâtral pour demander le silence. Le joyeu brouhaha cessa aussitôt : les regards attentif, timide ou excitées se tournèrent vers le visage barbu du Principal.

5 ★★ **Construis un GN masculin en reprenant l'adjectif utilisé dans le GN féminin. Attention à la lettre finale !**

Ex. : une crème fraîche – un gâteau frais

1. une joue arrondie
2. une enfant pâlotte
3. une pâte molle
4. une rue interdite
5. une robe salie
6. une assemblée dissoute
7. une chevelure rousse
8. une peau douce
9. une séance publique
10. une pièce unique
11. une potion amère
12. une plante verte

6 ★★★ **Relie chaque adjectif au(x) nom(s) qu'il peut qualifier.**

	• habile
	• efficace
homme •	• glaciale
	• célèbre
femme •	• public
	• énergique

Corrigés p. 223

GRAMMAIRE

6 Les degrés de l'adjectif

OBJECTIF • Distinguer comparatif et superlatif

SAVOIR

• Le comparatif

• Il permet de comparer deux éléments grâce à un adjectif qualificatif précédé d'un adverbe d'intensité. Trois formes existent :
– le comparatif d'**infériorité** : la pièce est **moins sombre** ;
– le comparatif d'**égalité** : la pièce est **aussi sombre** ;
– le comparatif de **supériorité** : la pièce est **plus sombre**.

• Le **complément du comparatif** désigne l'élément par rapport auquel se fait la comparaison.
Il est introduit par *que* : Cette pièce est plus sombre **que l'autre**.

• Le superlatif relatif

• Il se compose d'un déterminant, d'un adverbe d'intensité et d'un adjectif. Deux formes existent :
– le superlatif relatif de **supériorité** : **le plus grand** (de tous) ;
– le superlatif relatif d'**infériorité** : **le moins grand** (de tous).

• Il exprime le degré le plus haut ou le plus bas d'une qualité par rapport à un ensemble, exprimé ou non.
Quand l'ensemble est exprimé, il s'agit du **complément du superlatif** : Il est l'élève le plus agréable **de la classe.**

• Le superlatif absolu

Il exprime une qualité à son plus haut degré, sans comparaison avec autre chose.
Il se construit grâce à un adverbe d'intensité : Il est **extrêmement gentil**.

SAVOIR FAIRE

• Reconnaître les comparatifs et les superlatifs irréguliers

Certains adjectifs ont un comparatif et un superlatif de supériorité irréguliers.

Adjectif	Comparatif de supériorité	Superlatif de supériorité
bon	meilleur	le meilleur
mauvais	pire	le pire
petit	moindre	le moindre

FAIRE

1 ★ **Complète les comparatifs suivants avec l'adverbe d'intensité qui convient. Souligne : en bleu ceux qui expriment la supériorité, en vert ceux qui expriment l'égalité, en rouge ceux qui expriment l'infériorité.**

1. Ces deux enfants me paraissent .... turbulents l'un que l'autre.
2. Les pamplemousses sont .... amers que les oranges.
3. Les oranges sont .... acides que les citrons.
4. Les élèves trouvent souvent .... agréable de bavarder que de travailler.
5. Un chien est .... heureux dans une maison que dans un petit appartement.
6. Il fait .... froid que je ne le pensais, je me suis trop couverte.

2 ★ **Classe les phrases suivantes en ordre croissant selon le degré d'intensité de l'adjectif.**

1. Il s'est montré extrêmement chaleureux.
2. Cette pièce est vraiment peu chaleureuse.
3. Cet homme m'a paru assez chaleureux.
4. Ce chalet est fort chaleureux.

Ordre : ....

3 ★★ **Construis une phrase comparant les deux éléments proposés à l'aide des adjectifs au comparatif entre parenthèses.**

1. cigale / fourmi (comparatif de supériorité)

....

....

2. chêne / roseau (comparatif d'infériorité)

....

....

3. rose / tulipe (comparatif d'égalité)

....

....

4. chien / chat (comparatif d'infériorité)

....

....

4 ★★ **Complète les phrases suivantes en mettant les adjectifs entre parenthèses au superlatif de supériorité ou d'infériorité.**

1. Parmi les musiciens, Mozart n'est-il pas (*connu*) .... ?
2. Certains airs qu'il a composés sont parmi (*célèbre*) .... qui existent.
3. L'araignée fait partie des insectes (*apprécié*) ....
4. Il est déjà arrivé ! C'est le coureur (*rapide*) .... du groupe.
5. Antoine est (*paresseux*) .... de la classe, il s'est mis au travail alors que les autres préféraient bavarder encore un peu.

5 ★★★ **Construis une phrase avec chaque adjectif proposé en respectant le degré indiqué entre parenthèses.**

1. délicieux (superlatif absolu)

....

....

2. grand (comparatif de supériorité)

....

....

3. avare (superlatif relatif d'infériorité)

....

....

4. célèbre (comparatif d'égalité)

....

....

5. féroce (superlatif relatif de supériorité)

....

....

6. drôle (superlatif absolu)

....

....

7. facile (comparatif d'infériorité)

....

....

Corrigés p. 223

GRAMMAIRE

7 Les GN compléments dans la phrase

OBJECTIF • Distinguer complément circonstanciel et complément d'agent

SAVOIR

• Les compléments circonstanciels (CC)

Ils sont le plus souvent facultatifs et déplaçables. Ils indiquent les **circonstances** de l'action (temps, lieu ou manière) ou :

– la **cause** : **En raison de la pluie**, le match a été interrompu.

– le **but** : Il s'entraîne **pour réussir son examen**.

– la **conséquence** : Il neige **au point de retarder notre départ**.

• Le complément d'agent

• Le mot *agent* appartient à la famille étymologique de *agir*, *agissement*…

• Dans une phrase à la voix passive, le complément d'agent indique celui qui fait l'action subie par le sujet du verbe.

L'homme a été renversé **par une voiture**.

• Il est introduit par *par* ou *de*.

Il est aimé **par ses parents** / **de ses parents**.

SAVOIR FAIRE

• Comprendre la relation entre cause et conséquence

Cause et conséquence sont inséparables car elles représentent les deux faces complémentaires d'une relation entre deux faits : toute cause a une conséquence, toute conséquence a une cause. La phrase met l'accent sur l'un ou l'autre aspect.

Il neige **au point de retarder notre départ**. → L'accent est mis sur la conséquence.

Notre départ a été retardé **à cause de la neige**. → L'accent est mis sur la cause.

• Exprimer la cause

• Par une conjonction de coordination : Je reste chez moi **car** il pleut.

• Par une proposition subordonnée conjonctive : Je reste chez moi **parce qu'il pleut**.

• Exprimer la conséquence

• Par une conjonction de coordination : Il pleut **donc** je ne sors pas.

• Par une proposition subordonnée conjonctive : Il pleut **si bien que je ne sors pas**.

• Reconnaître le complément d'agent

Ne pas confondre le complément d'agent avec d'autres compléments introduits par les mêmes prépositions :

• le CCL : Il est tombé **par la fenêtre.** / **De ma fenêtre**, j'observe la rue.

• le CC de manière : Je l'ai rencontré **par hasard**.

• le COI : Il parle **de son travail**.

FAIRE

1 ★ Quelle est la fonction des compléments en gras ? Coche la bonne colonne du tableau.

	CCL	CC de manière	Compl. d'agent	COI
1. Il est sorti **par la porte du garage**.				
2. Ce livre a été lu **par des millions de personnes**.				
3. Il n'a pas gagné **par malchance**.				
4. Il se souvient **de ses vacances** avec nostalgie.				
5. Ce chanteur est admiré **de tous**.				
6. Il a reçu des félicitations **de tous les coins de France**.				

2 ★★ Souligne et identifie les compléments circonstanciels dans les phrases suivantes.

1. En raison du mauvais temps, il n'est pas sorti. → CC de ....
2. Il reste chez lui cet après-midi afin de finir ses exercices de mathématiques. → CC de ....
3. Il s'est cassé le bras en glissant sur une plaque de verglas. → CC de ....
4. De la lucarne du grenier, il observe la lune. → CC de ....
5. Puisque tu es de mauvaise humeur, je m'en vais ! → CC de ....
6. Il a bu un litre d'eau d'un trait tellement il avait soif ! → CC de ....
7. Elle aime tant les roses que tout son jardin en est recouvert. → CC de ....

3 ★★ *Tellement* et *tant* peuvent exprimer la cause ou la conséquence selon la construction de la phrase. Pour chacune des phrases suivantes, coche la bonne réponse.

	exprime la cause	exprime la conséquence
1. Il s'est effondré sur la ligne d'arrivée à la fin de son marathon tant il était fatigué.		
2. Il s'est tant fatigué lors du marathon qu'il s'est effondré sur la ligne d'arrivée.		
3. Il était tant affamé qu'il dévora toute la tarte.		
4. Il dévora toute la tarte tant il était affamé.		

4 ★★★ Relie les deux faits proposés dans deux phrases distinctes : la 1re phrase doit exprimer la cause, la 2e phrase doit exprimer la conséquence. Varie les moyens d'exprimer cause et conséquence.

Ex. : avoir faim / se jeter sur le plat
→ Comme il a faim, il se jette sur le plat.
→ Il avait tellement faim qu'il s'est jeté sur le plat.

1. neiger / descendre la butte en luge
→ ....
→ ....

2. être de bonne humeur / être patient
→ ....
→ ....

3. être en retard / se dépêcher
→ ....
→ ....

Corrigés p. 224

8

CONJUGAISON

Les temps composés de l'indicatif et leurs valeurs

OBJECTIF • Maîtriser l'expression de l'antériorité

SAVOIR

• Formation

Les temps composés de l'indicatif sont formés avec les auxiliaires ***être*** ou ***avoir*** conjugués aux temps simples.

- **Passé composé**

  être ou *avoir* au **présent** + participe passé du verbe

- **Plus-que-parfait**

  être ou *avoir* à **l'imparfait** + participe passé du verbe

- **Passé antérieur**

  être ou *avoir* au **passé simple** + participe passé du verbe

- **Futur antérieur**

  être ou *avoir* au **futur** + participe passé du verbe

• L'auxiliaire

- Les verbes **transitifs** se conjuguent avec l'auxiliaire ***avoir***.

  Il **a vu** un loup affamé.
  COD

- Les verbes **intransitifs** se conjuguent soit avec l'auxiliaire ***être*** soit avec l'auxiliaire ***avoir***.

  Il **est parti** ce matin. Il **a soupiré** profondément.

- Les verbes **pronominaux** se conjuguent toujours avec l'auxiliaire ***être***.

  Elle **s'est levée** de bonne heure.

SAVOIR FAIRE

• Employer les temps composés

Les temps composés servent à exprimer une action achevée et antérieure à l'action exprimée par le verbe conjugué au temps simple.

- Le **passé composé** exprime l'antériorité par rapport au présent.

  Quand il **a fini** de travailler, il **écoute** de la musique.

- Le **plus-que-parfait** exprime l'antériorité par rapport à l'imparfait.

  Quand il **avait fini** de travailler, il **écoutait** de la musique.

- Le **passé antérieur** exprime l'antériorité par rapport au passé simple.

  Quand il **eut fini** de travailler, il **écouta** de la musique.

- Le **futur antérieur** exprime l'antériorité par rapport au futur.

  Quand il **aura fini** de travailler, il **écoutera** de la musique.

1 ★ **Corrige les erreurs commises dans l'emploi des temps composés.**

1. Quand il aura rangé sa chambre, il sortit rendre visite à un ami.

....

2. Dès que ma moto est réparée, je partirai en balade.

....

3. Grand-père arrosait ses plantes dès qu'il s'est levé.

....

4. Il bricole quand il eut fini sa journée de travail.

....

5. Dès qu'il eut terminé ses devoirs, il téléphonera à son ami pour aller au cinéma.

....

2 ★★ **Conjugue les verbes suivants au temps composé qui convient. Pour cela, souligne le verbe conjugué au temps simple et sers-toi de la concordance des temps de la rubrique Savoir faire.**

1. Il *(achever)* .... ses devoirs quand tu arriveras.

2. Tous les soirs, il faisait une partie de poker quand il *(revenir)* .... du bureau.

3. Quand le valet *(entendre)* .... les consignes, il se retira pour les exécuter.

4. J'ai l'autorisation d'organiser une boum lorsque j'*(obtenir)* .... de bons résultats.

5. Il *(ne pas finir)* .... les travaux quand le déménagement aura lieu !

3 ★★★ **À l'aide des éléments proposés, compose des phrases suivant le schéma ci-dessous.**

Attention ! Choisis, pour chaque exemple, l'un des quatre temps composés vus dans la rubrique Savoir faire. Tu dois employer un temps différent à chaque fois.

> QUAND temps composé + temps simple
> ou
> temps simple + QUAND temps composé

Ex. : Il mange trop vite. / Il a mal au ventre.
→ Quand il a mangé trop vite, il a mal au ventre. (passé composé)
ou → Quand il avait mangé trop vite, il avait mal au ventre. (plus-que-parfait)
ou → Quand il eut mangé trop vite, il eut mal au ventre. (passé antérieur)
ou → Quand il aura mangé trop vite, il aura mal au ventre. (futur antérieur)

1. Il finit son année scolaire. / Il part en vacances.
→ Quand ....
....

2. Il travaille mal. / Sa mère le punit.
→ Quand ....
....

3. Il se lève. / Il éteint son réveil.
→ ....
quand ....

4. Mardi gras arrive. / Ils se déguisent.
→ Quand ....
....

Corrigés p. 224

ORTHOGRAPHE

9 L'accord du participe passé

OBJECTIF • Accorder le participe passé selon les auxiliaires

SAVOIR

• Avec l'auxiliaire *être*

Le participe passé s'accorde toujours avec le sujet.

Pierre est parti.
sujet

Marie et Fatima sont parties.
sujet

• Avec l'auxiliaire *avoir*

Le participe passé est invariable, sauf si le COD est placé avant le verbe. Dans ce cas, le participe passé s'accorde avec le COD.

Karim a mangé une pomme.
COD

La pomme que Karim a mangée était sucrée.
COD

• Verbes pronominaux

Le participe passé s'accorde avec le sujet, sauf si le verbe est suivi d'un COD.

Elles se sont lavées.
sujet

Elles se sont lavé les cheveux.
COD

SAVOIR FAIRE

• Bien accorder le participe passé

• Tu dois tout d'abord repérer et identifier l'**auxiliaire** :

– s'il s'agit de l'auxiliaire ***être***, tu dois repérer le sujet et accorder le participe en genre et en nombre avec le sujet ;

Ils sont tombés amoureux au premier regard.
sujet

– s'il s'agit de l'auxiliaire ***avoir***, tu dois repérer le COD et accorder le participe avec le COD si celui-ci est placé avant le verbe. Seuls le pronom relatif et le pronom personnel peuvent être des COD placés avant le verbe.

La femme que j'ai rencontrée est sympathique, je l'ai trouvée charmante.
COD COD

• Pour les verbes pronominaux, tu dois regarder s'il y a un **COD**.

Ils se sont jeté un regard.
COD

1 ★ **Reconstitue le texte en plaçant au bon endroit les participes passés qui ont été déchirés. Prends garde aux marques de genre et de nombre du participe.**

....

....

....

2 ★★ **Accorde, si besoin est, les participes passés et souligne, dans les phrases utilisant l'auxiliaire *avoir*, le COD quand il y en a un.**

1. Elles sont arrivé....... tôt ce matin et ont réveillé....... leurs parents qui les ont accueilli....... en les bombardant de questions concernant leur voyage à Pékin. Malgré leur fatigue, elles ont répondu....... de bon cœur.

2. Je rangerai les assiettes et les couverts qu'elles auront lavé....... .

3. Je reçus la lettre de Marie : elle était arrivé....... à destination, elle avait été émerveillé....... par la végétation.

4. Les enfants que j'ai surveillé....... étaient turbulents.

5. Ma sœur a regardé....... la télévision toute la soirée.

6. Le match qu'ils ont remporté....... était palpitant. Ils ont admirablement joué....... Ils ont mérité....... leur victoire.

3 ★★★ **Souligne le COD, quand il y en a un, puis transpose les phrases au passé composé.**

1. Elle se leva et elle se lava les mains.

....

2. Ils se blessèrent en bricolant une moto : ils se brûlèrent les mains et le visage.

....

3. Elle s'effondra en apprenant la triste nouvelle.

....

4. Karim et Fatima se perdirent dans la forêt.

....

5. Le prisonnier s'échappa.

....

6. Les élèves se réunirent pour organiser les fêtes de fin d'année.

....

7. Un coup de feu retentit, les oiseaux s'envolèrent.

....

8. Les deux guenons se cherchaient des poux.

....

Corrigés p. 224

CONJUGAISON

10 Futur et conditionnel

OBJECTIF • Conjuguer et employer futur et conditionnel

SAVOIR

• Conjugaison

Futur

je	tu	il	nous	vous	ils
-rai	-ras	-ra	-rons	-rez	-ront

Demain je prendrai....

Conditionnel présent

je	tu	il	nous	vous	ils
-rais	-rais	-rait	-rions	-riez	-raient

S'il faisait beau j'irais....

• Cas particuliers

• Conjugaison des verbes en ***-er*** : **infinitif entier + terminaison**

parler → je parler-ai | marcher → je marcher-ais

Verbes en ***-uer***, ***-ouer***, ***-yer***, ***-ier***, ***-éer*** : ne pas oublier le ***-e*** muet.

je créerai | je créerais

Verbes en ***-yer*** : le ***-y*** se transforme en ***-i*** devant le ***-e*** muet.

appuyer → j'appuier-ai | essuyer → j'essuier-ais

• Cinq verbes et leurs composés doublent le ***-r*** : *courir* (et *accourir*...), *mourir*, *pouvoir*, *quérir* (et *acquérir*, *conquérir*), *voir* (et *revoir*).

je courrai | je conquerrais

SAVOIR FAIRE

• Employer le futur

Pour exprimer :

• une action à venir dont la réalisation est certaine : Demain, je viendrai te voir.

• l'ordre (dans ce cas, il équivaut à un impératif) : Tu rangeras ta chambre dès ton retour.

• Employer le conditionnel

Pour exprimer :

• le futur dans le passé :

Le médecin déclare (présent) qu'il viendra (futur).

→ Il déclara (passé simple) qu'il viendrait (conditionnel).

• une action dont la réalisation est soumise à une condition ou un souhait :

Si j'étais riche, je voyagerais.

• une information dont on n'est pas certain :

Un incendie se serait déclaré à la mairie.

• une demande polie :

M'accompagnerais-tu ? Cela me ferait plaisir.

1 ★ Conjugue au futur les verbes entre parenthèses.

Papa m'a promis d'être là à 18 h, je suis sûr qu'il *(tenir)* .... sa promesse. Il *(arriver)* .... à la gare, je *(être)* .... là pour l'accueillir. Je le *(voir)* .... arriver : il *(bondir)* .... du train, *(parcourir)* .... à grandes enjambées les quelques mètres qui le *(séparer)* .... de moi. Je *(sourire)* .... et me *(jeter)* .... à son cou, je *(nouer)* .... mes bras autour de sa nuque. Je *(pouvoir)* .... surprendre son émotion : il *(essuyer)* .... furtivement une larme et j'*(appuyer)* .... ma tête contre son épaule. Nous *(quitter)* .... la gare, heureux.

2 ★★ Transpose le texte suivant au passé.

Le médecin déclare qu'il repassera plus tard et qu'il verra à ce moment l'évolution de la rougeur. Je lui dis que je serai certainement absente mais que le père du malade pourra s'entretenir avec lui. Il m'indique aussi qu'il faudra surveiller la température et que le malade devra boire régulièrement.

3 ★★ Lis le texte suivant.

Si j'étais plante, je ne **voudrais** pas être une de ces plantes utiles. […] Ni avoine, ni blé, ni orge parqués, sans pouvoir en sortir dans un champ […] ni surtout ces légumes soumis et rangés, ces carottes alignées, ces haricots qu'on dirige à la baguette […].
J'accepterais encore d'être herbe à tisane, serpolet ou mauve […]. Mais **j'aimerais** mieux être bruyère, gentiane bleue […] sur une lande abandonnée.

Sur le modèle de ce texte de Marie Noël, compose un court texte commençant par :

- Si j'étais oiseau, je **refuserais** d'être canari ou perruche...
- Si j'étais musique, ...
- Si j'étais animal, ...

4 ★★★ Complète les phrases en utilisant le futur ou le conditionnel présent.

1. Demain, je t'*(accompagner)* .... à l'aéroport. Tu *(voir)* ...., je suis sûr que tu *(aimer)* .... la Guadeloupe.
2. Si j'étais un animal, je *(vouloir)* .... être un dauphin.
3. Mon père m'informa qu'il *(voir)* .... mon professeur de mathématiques lors de la réunion.
4. Quand il *(être)* .... grand, il *(choisir)* .... un métier qui lui *(permettre)* .... de voyager.

5 ★★★ Indique la valeur du (ou des) conditionnel(s) employé(s) dans chaque phrase en reportant les verbes dans la bonne colonne du tableau.

1. J'accepterais ta proposition si tu avais accepté la mienne hier.
2. Il expliqua à la vieille dame qu'il ne pourrait pas l'aider ce jour-là car il avait cours, mais qu'il le ferait volontiers le lendemain.
3. Les rescapés de l'accident d'avion se trouveraient en sécurité dans une grotte.
4. « Le corbeau, honteux et confus,
   Jura, mais un peu tard, qu'on ne l'y prendrait plus. » (La Fontaine)
5. Paul voudrait que son fils s'investisse plus dans son travail.
6. Pourriez-vous fermer la fenêtre ? Je ne supporte pas les courants d'air.

Futur dans le passé	Action soumise à une condition / souhait	Information non certaine	Demande polie
....	....	....	....
....	....	....	....

Corrigés p. 224

CONJUGAISON

11 Le subjonctif présent et ses valeurs

OBJECTIF • Conjuguer et employer le subjonctif

SAVOIR

• Conjugaison

Pour former le subjonctif présent, on ajoute, au radical du présent de l'indicatif de la 3e personne du pluriel, les terminaisons suivantes.

je	tu	il	nous	vous	ils
-e	-es	-e	-ions	-iez	-ent

Finir → 3e pers. de l'indicatif présent : ils finissent.
→ subjonctif présent : que je finisse, que tu finisses, qu'il finisse...

• Quelques verbes usuels irréguliers

	avoir	être	faire	vouloir	aller	pouvoir
que je/j'	aie	sois	fasse	veuille	aille	puisse
que tu	aies	sois	fasses	veuilles	ailles	puisses
qu'il	ait	soit	fasse	veuille	aille	puisse
que nous	ayons	soyons	fassions	voulions	allions	puissions
que vous	ayez	soyez	fassiez	vouliez	alliez	puissiez
qu'ils	aient	soient	fassent	veuillent	aillent	puissent

• L'emploi du subjonctif

Alors que l'indicatif est le mode de la réalité et de la certitude, le subjonctif s'emploie :
– pour exprimer le doute, la crainte : Je ne pense pas **qu'il vienne**.
– pour exprimer l'ordre, la volonté et l'interdiction : J'exige **que tu sois** là tôt !
– pour exprimer le souhait : J'aimerais tant **qu'il vive** encore longtemps !
– après certaines conjonctions de subordination : *en attendant que*, *jusqu'à ce que*, *avant que*, *bien que*, *afin que*…

SAVOIR FAIRE

• Reconnaître l'indicatif et le subjonctif

Pour distinguer l'indicatif du subjonctif, il faut remplacer le verbe par *être* :

• verbes du 1er groupe :
Il faut que je **rentre** vite. / Il faut que je **sois** rentré tôt.
→ *rentre* est donc au subjonctif présent.
Je vois que tu **rentres** tôt. / Je vois que tu **es** là tôt.
→ *rentres* est donc à l'indicatif présent.

• autres cas :
Je pense qu'il **court** vite. / Je pense qu'il **est** rapide.
Je doute qu'il **coure** vite. / Je doute qu'il **soit** rapide.

1 ★ Conjugue les verbes aux temps et aux personnes demandés.

Infinitif	Présent de l'indicatif	Présent du subjonctif
chanter	il .... vous	qu'il .... que vous ....
finir	tu .... ils	que tu .... qu'ils ....
jouer	je .... nous	que je .... que nous ....
venir	nous .... ils	que nous .... qu'ils ....
mourir	il .... ils	qu'il .... qu'ils ....
croire	je .... vous	que je .... que vous ....
être	nous .... ils	que nous .... qu'ils ....
entendre	tu .... il	que tu .... qu'il ....

2 ★★ Conjugue les verbes entre parenthèses au subjonctif présent.

1. Ils regrettent que tu (*écrire*) .... en t'appliquant si peu.
2. Ils aimeraient bien que tu (*s'appliquer*) .... davantage.
3. Ils ne pensent pas que tu (*faire*) .... vraiment exprès d'écrire aussi mal mais ils souhaitent que tu (*progresser*) ....
4. Il est possible que les chiens (*être*) .... inquiets. Je voudrais que Papa et toi (*aller*) .... voir ce qui se passe.
5. Paul et Mariette se sont mariés sans que leurs parents (*connaître*) .... ce projet.
6. Bien que les parents en (*vouloir*) .... à leurs enfants et (*être*) .... vexés, ils ne leur ont pas fait de reproches.
7. Afin que je (*pouvoir*) .... m'installer, il faut que tu (*nettoyer*) .... un peu la chambre.
8. Son père aimerait qu'elle lui (*dire*) .... ce qu'elle a sur le cœur.

3 ★★★ Les verbes en gras sont-ils au présent de l'indicatif ou du subjonctif ? Coche la bonne colonne du tableau.

	Présent de l'indicatif	Présent du subjonctif
1. Ses parents préfèrent que Paul **travaille**, il te rejoindra plus tard.		
2. Il faut que tu **trouves** la réponse seul !		
3. Je pense que tu **triches** !		
4. Le père se demande si son fils lui **cache** quelque chose.		
5. Il est important que la police **arrête** le coupable.		
6. Marie progressera à condition qu'elle **s'entraîne** régulièrement.		
7. Je préfère que tu ne **regrettes** rien.		

Corrigés p. 224

GRAMMAIRE

12 Voix active, voix passive

OBJECTIF • Reconnaître les voix / Transposer d'une voix à l'autre

SAVOIR

• La voix active

Dans une phrase à la voix active, c'est le **sujet** du verbe qui **fait l'action**.
Le verbe est au **présent actif**.

L'enfant (sujet) **feuillette** (verbe au présent actif) un livre.

Temps	Voix active	Voix passive
présent	il mange	elle est mangée
passé simple	il mangea	elle fut mangée
futur	il mangera	elle sera mangée
imparfait	il mangeait	elle était mangée
passé composé	il a mangé	elle a été mangée
passé antérieur	il eût mangé	elle eut été mangée
futur antérieur	il aura mangé	elle aura été mangée
plus-que-parfait	il avait mangé	elle avait été mangée

• La voix passive

• Dans une phrase à la voix passive, le **sujet** du verbe **subit l'action**, et celui qui fait l'action apparaît dans le **complément d'agent**. Le verbe est au **présent passif** :

Le livre **est feuilleté** (verbe au présent passif) par l'enfant (complément d'agent).

Attention ! Seuls les verbes transitifs directs admettent une construction à la voix passive.

• L'auxiliaire de la voix passive est l'auxiliaire ***être***.

• Transformation

Le sujet de la voix active devient complément d'agent de la voix passive. Le COD de la voix active devient sujet de la voix passive.

L'enfant (sujet) feuillette un livre. (COD)

Le livre (sujet) est feuilleté par l'enfant. (complément d'agent)

SAVOIR FAIRE

• Reconnaître le temps du verbe de la voix passive

Le temps d'un verbe conjugué à la voix passive est celui du seul auxiliaire *être*.
La souris **avait été mangée** par le chat. → L'auxiliaire *être* est conjugué au plus-que-parfait. Le verbe *avait été mangée* est donc au plus-que-parfait **passif**.

• Distinguer temps composé de l'indicatif et voix passive

L'auxiliaire *être* est commun à la voix active (pour les temps composés de certains verbes) et à la voix passive.
Je suis tombé : passé composé actif. → Je suis bousculé : présent passif.

1 ★ **Parmi les phrases suivantes, lesquelles sont à la voix passive ? Reporte les numéros correspondant dans l'encadré.**

1. Un lapin a creusé son terrier dans notre jardin.
2. J'ai été agréablement surpris par cette nouvelle présence.
3. J'ai décidé d'observer les allées et venues de ce nouveau locataire.
4. Hier matin, une carotte a été traînée par mon nouveau voisin jusqu'à son terrier.
5. L'après-midi, une nouvelle carotte a été apportée et enfouie dans le terrier.
6. Le soir, mon père s'est étonné de voir les carottes de son jardin potager disparaître.
7. Je lui ai expliqué où elles disparaissaient.
8. Aujourd'hui, un civet de lapin a été préparé par maman.
9. J'ai compris et j'ai pleuré ! Je n'ai bien évidemment pas mangé !

Phrases à la voix passive
N° ....

2 ★★ **À quel temps sont conjugués les verbes au passif des phrases suivantes ?**

	Temps du verbe passif
1. Le fromage sera dévoré par la souris.	....
2. Paul avait été surpris par l'averse.	....
3. Elle était brisée par le chagrin.	....
4. Il fut intrigué par son manège.	....
5. Mamie a été agacée par le bruit.	....
6. Martin n'aura pas été suivi longtemps par eux.	....
7. Il eut certainement été interpellé par la police.	....
8. Il est apprécié de ses élèves.	....

3 ★★ **Parmi ces compléments en gras souligne en rouge ceux qui sont compléments d'agent d'un verbe à la voix passive.**

1. Le furet du bois joli est passé **par ici**, puis **par là**.
2. Je suis trempé **par l'averse**.
3. Les sauterelles se sont abattues **par milliers** sur les champs cultivés et ont tout dévoré.
4. Le parc est traversé **par un ruisseau bordé de fleurs multicolores**.
5. Ma mère est revenue **par le parc**.
6. Le rôle de Robin des Bois sera joué **par Vincent**.

4 ★★★ **Transpose les phrases suivantes à la voix active. Attention aux temps !**

1. Le muret avait été défoncé par la voiture.
→ ....
....
2. Cette succulente salade de fruits a été préparée par Amélie et son petit frère.
→ ....
....
3. Quelques contes ont été composés par lui.
→ ....
....

5 ★★★ **Transpose les phrases suivantes à la voix passive. Attention aux temps et aux accords du participe passé !**

1. J'ai envoyé tous les documents demandés par la mairie ce matin.
→ ....
....
2. Ce projet aura demandé de la patience et de l'obstination.
→ ....
....
3. Il a bon appétit, il engloutit tout ce qu'on lui présente.
→ ....
....
4. Paul avait envoyé des fleurs à sa mère.
→ ....
....

Corrigés p. 225

CONJUGAISON

13 Les modes non personnels du verbe

OBJECTIF • Reconnaître les différentes formes en *-ant*

SAVOIR

• L'infinitif

• L'**infinitif présent** envisage l'action de manière générale et en cours de réalisation : **Travailler** est nécessaire.

• L'**infinitif passé** envisage une action comme accomplie : Il est puni pour **avoir copié**.

• L'infinitif peut prendre diverses fonctions dans la phrase :
– sujet : **Fumer** est interdit dans les lieux publics.
– COD : J'aime **nager**.
– complément du nom : la joie **de vivre**.

• Le participe présent

Infinitif	Participe présent (forme simple)	Participe présent (forme composée)
partir	partant	étant parti
finir	finissant	ayant fini
manger	mangeant	ayant mangé

• Le participe présent est invariable. Seul le participe passé de la forme composée s'accorde :
J'ai retrouvé les deux petites filles **dormant** profondément. **Étant endormies**, elles ne m'entendirent pas.

• Le gérondif

• On appelle **gérondif** la forme verbale constituée par un participe présent précédé de la préposition ***en***.

• Il exprime la simultanéité de deux actions et est toujours complément circonstanciel du verbe :
Il a perdu son argent **en jouant** au loto. → CC de cause

SAVOIR FAIRE

• Distinguer participe présent et adjectif verbal

• Participe présent et adjectif verbal ont la même forme en ***-ant***.

• Le participe présent exprime une **action** et il est **invariable**. L'adjectif verbal exprime un **état** et il s'accorde en **genre et en nombre** :
– une crème **démêlant** les cheveux = participe présent invariable ;
– une crème **démêlante** = adjectif verbal accordé.

• Dans le cas d'un masculin singulier, pour savoir s'il s'agit du participe présent ou de l'adjectif verbal, on remplace par un nom féminin :
– un livre **amusant**, une BD **amusante** → *amusant* est adjectif verbal ;
– un livre **amusant** les enfants, une BD **amusant** les enfants → *amusant* est participe présent.

1 ★ Complète les phrases suivantes avec la forme simple ou composée du participe présent.

Ex. : Le sac qui a été retrouvé sur la plage appartient à Cécile. → Le sac **ayant été retrouvé** sur la plage appartient à Cécile.

1. Cécile n'a pas retrouvé ses papiers ni son argent, elle a porté plainte pour vol.
→ .... ni ses papiers, ni son argent, Cécile a porté plainte pour vol.

2. Comme elle porte peu d'argent dans son sac, elle n'a pas perdu grand chose.
→ .... peu d'argent dans son sac, elle n'a pas perdu grand chose.

3. Le frère de Magali est marié à une Espagnole qui s'appelle Paloma.
→ Le frère de Magali est marié à une Espagnole .... Paloma.

4. Je ne saurais la décrire précisément parce que je ne l'ai vue qu'une fois voilà longtemps.
→ .... qu'une fois voilà longtemps, je ne saurais la décrire précisément.

5. Parmi les arbres qui poussent dans mon jardin, on trouve des citronniers.
→ Parmi les arbres .... dans mon jardin, on trouve des citronniers.

6. La cueillette qui a eu lieu l'année dernière ne pourra jamais être égalée.
→ La cueillette .... lieu l'année dernière ne pourra jamais être égalée.

7. Les fillettes qui s'étaient aspergées d'eau grelottèrent quand le vent souffla.
→ .... d'eau, les fillettes grelottèrent quand le vent souffla.

8. La citerne qui contient 400 litres d'eau s'est renversée !
→ La citerne .... 400 litres d'eau s'est renversée !

2 ★ Accorde si nécessaire.

1. Nous allons à une soirée dansant..... .
2. Il faut se méfier des eaux dormant..... .
3. Dans cette région pauvre, les habitants n'ont pas l'eau courant..... .
4. L'horloge parlant..... est utile si ta montre est en panne.
5. Ce film amusant..... fait l'unanimité !

3 ★★ Récris les phrases suivantes en remplaçant le groupe en gras par un gérondif.

1. **Lorsqu'il a chaussé ses skis**, il a glissé et s'est blessé.
→ ....
....

2. **Au moment où Marie rentrait chez elle**, elle a rencontré Anne.
→ ....
....

3. **Si on regarde souvent des films en VO**, on peut améliorer son anglais.
→ ....
....

4. **Parce qu'ils ont confronté différents témoignages**, les policiers ont trouvé un suspect.
→ ....
....

5. Il sentit quelque chose de gluant **quand il mit sa main dans le sac.**
→ ....
....

6. **Si nous nous installons sur la terrasse**, nous verrons bien mieux le feu d'artifice.
→ ....
....

4 ★★★ Le mot en gras est-il un participe présent ou un adjectif verbal ? Coche la bonne colonne du tableau.

	Participe présent	Adjectif verbal
1. C'est un diamant **valant** cher.		
2. Le rosier **grimpant** embaume le jardin.		
3. **Connaissant** le problème, il a hésité.		
4. Ce fakir **charmant** ses serpents nous a impressionnés.		
5. Ce **charmant** garçon est apprécié de tous.		

Corrigés p. 225

VOCABULAIRE

14 L'histoire et le sens des mots

OBJECTIF • Connaître l'étymologie, comprendre la polysémie

SAVOIR

• L'histoire des mots

• **L'étymologie** est la science qui étudie l'origine et l'histoire des mots.

• L'essentiel du vocabulaire français est issu du latin, mais on trouve aussi des mots d'origine grecque (*pharmacie*, *technique*...), de l'italien (*alerte*...), de l'arabe (*chiffre*, *zéro*...), etc.

• Il arrive que des mots changent de sens au cours de l'histoire. Par exemple, *caput* signifie « tête » en latin et a donné *chef*. Mais ce dernier mot a peu à peu cessé de désigner la tête du corps humain pour désigner celui qui dirige un groupe, une collectivité.

• Le sens des mots

• Un mot peut avoir plusieurs sens : dans ce cas, on parle de **polysémie** (*poly* : « plusieurs » ; *sémie* : « sens »).

• Il peut avoir un **sens propre** et un **sens figuré**. Le sens propre est le sens premier d'un mot (le café est trop chaud) ; le sens figuré est le sens imagé d'un mot (le rouge est une couleur chaude).

• Un mot a des **synonymes** et des **antonymes**. Le synonyme est un mot de même nature grammaticale et de sens proche : crainte, peur, inquiétude ; l'antonyme est un mot de même nature grammaticale et de sens contraire : peureux et courageux.

• Les sons des mots

• Des mots dont les sonorités sont identiques sont des **homonymes** : vers et vert.

• Des mots dont les sonorités sont proches sont des **paronymes** : converser et conserver.

SAVOIR FAIRE

• Bien utiliser le dictionnaire

• Le dictionnaire est un outil dont tu dois te servir régulièrement pour vérifier le sens des mots : tu y découvres si un mot présente une polysémie, un sens propre et un sens figuré.
Le dictionnaire propose aussi des synonymes, des antonymes et des exemples pour illustrer les différents sens des mots.

• Il existe diverses sortes de dictionnaires : des noms propres, des synonymes, des rimes, etc.

• Les mots sont toujours classés par ordre alphabétique. Pour les trouver, tu t'aides des deux mots repères écrits en haut de la double page : ils signalent ainsi que s'y trouve la définition de tous les mots compris entre ces deux mots par ordre alphabétique. Par exemple, dans *Le Petit Robert*, on trouve le mot *amplifier* sur la double page dont les mots repères sont *ample* et *amusette*.

FAIRE

1 ★ **Souligne les mots en gras : en bleu quand ils sont employés au sens propre, en rouge quand ils sont employés au sens figuré.**

1. Le **feu** s'est déclaré dans la grange.
2. Il a dit « bonjour » au dentiste, s'est installé et a ouvert la **bouche**.
3. Cette femme est **froide**, elle ne sourit jamais.
4. Il se moqua tellement de ma maladresse que la honte me fit monter le **feu** aux joues.
5. Ils se sont quittés devant la **bouche** du métro.
6. Le bleu est une couleur **froide**.
7. Dans le **feu** de l'action, le pompier a oublié de brancher la pompe à eau, quelques minutes ont été perdues mais l'incendie a été rapidement éteint.
8. Le boucher rangea la viande dans la chambre **froide**.
9. Il n'a pas **froid** aux yeux.

2 ★★ **En consultant si besoin la rubrique étymologique du dictionnaire, relie chacun des mots suivants à la langue dont il est issu.**

1. orange •
2. cheval •
3. véhicule •
4. cacao •
5. clown •
6. abricot •
7. alphabet •
8. algèbre •
9. alarme •
10. physique •
11. pudding •

• a. anglais
• b. arabe
• c. italien
• d. grec
• e. latin
• f. espagnol

3 ★★ **Classe les termes suivants par couples de synonymes. Utilise le dictionnaire pour les mots dont tu ne connais pas le sens.**

certainement – étreindre – insolence – angoisse – manœuvrer – assurément – peureux – contrôler – embrasser – clair – craintif – actionner – surveiller – peur – impertinence – limpide

4 ★★★ **Construis, avec les mots en gras employés au sens propre dans les phrases suivantes, une phrase où ils seront employés au sens figuré.**

1. Il est atteint d'une terrible maladie qui lui fait perdre peu à peu la vue : il devient **aveugle**.

....

....

2. Les feuilles **tombent** en automne.

....

....

3. Papa **aiguise** les couteaux.

....

....

4. Paul mourait de faim, il a **dévoré** son repas en quelques minutes.

....

....

5 ★★★ **Donne un synonyme et un antonyme des mots suivants.**

	synonyme	antonyme
habile	....	....
paix	....	....
pareil	....	....
mouiller	....	....
courage	....	....
violemment	....	....

Corrigés p. 225

LECTURE-ÉCRITURE

15 Lire un sujet

OBJECTIF • Comprendre les contraintes d'un sujet

SAVOIR

● Voici un exemple de sujet :

Vous avez fait une promenade nocturne. Racontez cette expérience, en évoquant votre peur.

● Ce sujet, comme tous les sujets de rédaction, t'indique :

• Le thème, c'est-à-dire ce que tu dois raconter : une promenade nocturne, mais aussi le sentiment de la peur.

• Les contraintes, c'est-à-dire la façon dont tu dois rédiger :
– le type de rédaction : tu dois savoir si le sujet t'invite à rédiger un récit, à faire une description ou à composer un dialogue. Ici, tu dois rédiger un récit, comme te l'indique le mot *racontez* ;
– la personne grammaticale à laquelle tu dois rédiger ta rédaction. Ici, tu utiliseras la première personne du singulier.

SAVOIR FAIRE

● Comprendre les contraintes d'un sujet

• **Lire plusieurs fois** le sujet.

• **Repérer les mots clefs** indiquant le thème.

Attention ! Un sujet peut inviter à aborder plusieurs thèmes.

• **Comprendre les contraintes**, c'est-à-dire :
– repérer le verbe à l'impératif car c'est souvent lui qui indique si l'on doit raconter, décrire ou faire un dialogue.

Attention ! Un sujet peut demander de mélanger les différents types de rédaction (on peut être amené à introduire, par exemple, un dialogue dans un récit).

– déterminer la personne grammaticale à laquelle sera rédigée la rédaction :
JE si le sujet invite à parler d'une expérience personnelle ou à se mettre dans la peau d'un personnage.
IL si l'on doit rapporter les faits et gestes de quelqu'un.

FAIRE

1 ★ **Dans les sujets ci-dessous, souligne en rouge les éléments du thème, puis complète le tableau en cochant les cases concernant les contraintes.**

Sujet exemple : Vous avez fait une promenade nocturne. Racontez votre expérience en évoquant votre peur et décrivez les paysages que vous découvrez.

Sujet 1 : Vous allez interroger un vieil Indien. Faites le compte-rendu de cette rencontre.

Sujet 2 : Votre taille a considérablement rétréci, ce qui vous permet de pénétrer à l'intérieur d'un objet. Racontez votre périple en décrivant ce que vous découvrez et en évoquant vos impressions.

Sujet 3 : Deux vieux amis se rencontrent après une longue séparation et évoquent leurs souvenirs d'école. Rapportez les circonstances de leurs retrouvailles et imaginez leur conversation.

	Type de rédaction			Personne grammaticale	
	Récit	Description	Dialogue	Je	Il
Sujet exemple	✗	✗		✗	
Sujet 1					
Sujet 2					
Sujet 3					

2 ★★ **Voici quelques extraits de rédaction. Coche le sujet auquel correspond l'extrait.**

Extraits	Sujets
1. La vie d'un billet de banque est harassante : tous les jours, je vole de mains en mains. À peine ai-je le temps d'entamer un dialogue avec les pièces brillantes que je côtoie qu'il me faut partir. On me froisse, on me plie, sans souci pour ma coquetterie.	Imaginez la vie d'un billet de banque. ❑ Vous êtes un billet de banque. Racontez quelques épisodes de votre vie. ❑ Imaginez le dialogue entre un billet de banque de 100 € et une pièce de 20 c. ❑
2. Marie et Sonia se retrouvèrent en cette belle matinée qui sentait encore l'été . « Je meurs de peur ! s'exclama Sonia. J'espère que nous serons dans la même classe. – Oh oui ! Tu me manquerais si nous étions séparées. J'ai du mal à croire que nous allons changer de prof toutes les heures. »	Racontez votre première journée de 6e en évoquant vos sentiments. ❑ Marie entre en 6e. Sur le chemin de l'école, elle croise une grande de 3e. Imaginez leur conversation. ❑ C'est la rentrée. Imaginez le dialogue de deux élèves qui entrent en 6e. ❑

3 ★★★ **Formule le sujet qui correspond à cet extrait.**

Le vent s'engouffrait dans les voiles qui claquaient, le navire sautait sur les vagues en furie et des paquets de mer nous éclaboussaient. Soudain, j'entendis un craquement terrible.

....

....

....

Corrigés p. 225

16 Structurer une narration

OBJECTIF • Reconnaître les étapes d'un récit

SAVOIR

● Lorsque tu composes un récit, tu dois éviter de simplement juxtaposer les différentes actions mais veiller à les relier par un mot ou par une expression situant ces actions dans le temps.

● Deux actions peuvent :
– soit **être simultanées** (se dérouler en même temps) ;
– soit **se succéder** (la première action étant antérieure à la deuxième qui lui est postérieure) ; la succession de deux actions peut être logique ou brutale.

SAVOIR FAIRE

● Situer les étapes d'un récit dans le temps

• **Exprimer la simultanéité** avec :
durant, au moment où, pendant, pendant que, lorsque, quand…

• **Exprimer la succession** avec :
après, après que, avant que, puis, ensuite, alors…

• **Indiquer un surgissement brutal de la deuxième action** avec :
soudain, brusquement, tout à coup…

● Des erreurs à éviter

• Il faut veiller à relier les différentes actions mais éviter absolument de commencer systématiquement une phrase par un lien temporel car cela alourdit les phrases.
• Éviter surtout d'abuser de *et* et de *alors*.

FAIRE

1 ★ **Reporte les numéros des phrases dans la bonne colonne du tableau.**

1. Il écoute de la musique tout en travaillant.
2. Il travaille avant d'écouter de la musique.
3. Quand il a fini son travail, il écoute de la musique.
4. Il travaille, puis il écoute de la musique.
5. Pendant son travail, il écoute de la musique.
6. Il travaille, ensuite il écoute de la musique.
7. Lorsqu'il travaille, il écoute de la musique.

Simultanéité de deux actions	Antériorité d'une action par rapport à l'autre
N°	N° ....

2 ★ **Donne une suite inattendue aux phrases suivantes en variant les mots de liaison.**

Ex. : L'homme traversa la cour ; tout à coup il reçut un seau d'eau sur la tête.

1. Elle ouvrit la porte de son appartement ; ....

2. Le dompteur fit claquer son fouet ; ....
et ....

3. Le coureur s'apprêtait à franchir la ligne d'arrivée ; ....

3 ★★ **Décris les actions illustrées ci-dessous en utilisant les liaisons temporelles qui conviennent pour passer d'une image à une autre.**

4 ★★★ **Voici deux actions : il lit – il mange. En t'aidant de l'exercice 1, exprime de deux façons différentes la simultanéité, puis la succession de ces deux actions.**

Simultanéité

1. ....

2. ....

Succession

1. ....

2. ....

Corrigés p. 225

CONJUGAISON

17 Les temps dans un récit au passé

OBJECTIF • Employer passé simple et imparfait dans un récit

SAVOIR

Un récit écrit au passé fait alterner passé simple et imparfait selon des critères précis.

Valeurs de l'imparfait

En règle générale, l'imparfait exprime une certaine durée.

- C'est le temps de la **description**.

Le soleil **brillait**, le bleu du ciel **était** pur.

- Il exprime la **répétition**, l'**habitude**.

Tous les soirs, il **regardait** dans la boîte aux lettres.

- Dans les propositions subordonnées conjonctives introduites par ***si***, l'imparfait exprime la **condition**.

Si j'**étais** riche, je voyagerais.

Valeurs du passé simple

- Le passé simple est utilisé pour exprimer des **actions**, des **faits passés**, qui sont délimités dans le temps.
- Il s'agit le plus souvent d'actions brèves ou bien d'actions dont la durée n'est pas l'aspect principal.

Il **regarda** à droite et à gauche, puis **traversa** la rue.

SAVOIR FAIRE

Employer le passé simple et l'imparfait

Pour savoir quel temps employer, il faut être attentif au contexte et repérer les mots ou expressions exprimant :

- la **répétition** ou la **durée** :

tous les jours, chaque semaine, souvent, régulièrement, de temps en temps, depuis plusieurs jours…

On emploie dans ce cas l'**imparfait**.

- le **surgissement d'un événement** :

tout à coup, soudain, brusquement, ce jour-là…

On utilise alors le **passé simple**.

1 ★ **Remplis le tableau en indiquant la valeur des imparfaits employés dans les phrases suivantes.**

1. Sa grand-mère, malade et alitée, s'ennuyait. Marie lui rendait donc visite chaque fois qu'elle trouvait un peu de temps.

2. Ses yeux bleu ciel éclairaient son visage.

3. Si le temps le permettait, nous irions nous promener.

4. La pluie tombait sans discontinuer depuis trois jours.

5. Il installa l'échelle contre le tronc du poirier et grimpa. Il tendait la main vers une belle poire dorée quand un barreau céda.

Verbes à l'imparfait	Valeur de l'imparfait
....	....
....	....
....	....
....	....
....	....
....	....
....	....

2 ★★ **Emploie correctement passé simple ou imparfait dans les phrases suivantes. Souligne, quand il y en a, les mots ou expressions qui peuvent te guider dans le choix des temps.**

1. Les nuages *(assombrir)* .... le ciel, soudain un rayon de soleil *(déchirer)* .... la masse nuageuse.

2. À chacune de ses visites, il *(apporter)* .... une brassée de marguerites car grand-mère *(adorer)* .... ces fleurs. Ce jour-là, il *(arriver)* .... les mains vides.

3. Il *(s'apprêter)* .... à s'installer dans son fauteuil pour lire un bon roman quand le téléphone *(sonner)* ....

3 ★★★ **Transpose ce texte au passé en étant attentif à l'alternance passé simple / imparfait.**

Il est sept heures, par un soir très chaud, sur les collines de Seeonee. Père Loup s'éveille de son somme journalier, se gratte, bâille et détend ses pattes l'une après l'autre pour dissiper la sensation de paresse qui raidit encore les extrémités. Mère Louve est étendue, son gros nez tombé parmi ses quatre petits qui se culbutent en criant, et la lune luit par l'ouverture de la caverne où ils vivent tous.

Rudyard Kipling, *Le Livre de la jungle*, 1894.

4 ★★★ **Dans ses *Exercices de style* (1947), Raymond Queneau s'amuse. Voici deux textes racontant la même histoire. Les deux sont « incorrects » : le premier car il n'utilise que l'imparfait ; le second car il n'utilise que le passé simple. Récris l'histoire correctement.**

Texte 1

C'était midi. Les voyageurs montaient dans l'autobus. On était serré. Un jeune monsieur portait sur sa tête un chapeau qui était entouré d'une tresse et non d'un ruban. Il avait un long cou. Il se plaignait auprès de son voisin des heurts que ce dernier lui infligeait. Dès qu'il apercevait une place libre, il se précipitait vers elle et s'y asseyait. Je l'apercevais plus tard, devant la gare Saint Lazare. Il se vêtait d'un pardessus et un camarade qui se trouvait là lui faisait cette remarque : il fallait mettre un bouton supplémentaire.

Texte 2

Ce fut midi. Les voyageurs montèrent dans l'autobus. On fut serré. Un jeune monsieur porta sur sa tête un chapeau qui fut entouré d'une tresse, et non d'un ruban. Il eut un long cou. Il se plaignit auprès de son voisin des heurts que ce dernier lui infligea. Dès qu'il aperçut une place libre, il se précipita vers elle et s'y assit. Je l'aperçus plus tard, devant la gare Saint Lazare. Il se vêtit d'un pardessus et un camarade qui se trouva là lui fit cette remarque : il fallut mettre un bouton supplémentaire.

Corrigés p. 225

LECTURE-ÉCRITURE

18 Le dialogue

OBJECTIF • Présenter et ponctuer un dialogue

SAVOIR

Il faut savoir différencier le **récit** et le **discours** (= paroles prononcées).
On repère les moments de dialogue par les éléments suivants :

• La ponctuation

Quand le dialogue (la parole) surgit dans le récit, il est signalé par **quatre** signes :

- les deux points **:**
- les guillemets « … »
- l'alinéa (= le fait d'aller à la ligne)

Marc se leva et s'écria :
« Mais tu es trempé ! Approche-toi du feu. »

- une suite de tirets dans le cas d'une succession de répliques :

Caroline appela Stéphane :
« Que fais-tu pour les vacances ?
– Je ne sais pas encore…
– Moi, je vais en Italie. »

• L'incise

- Elle fait partie du récit et non du dialogue ; elle est composée par le verbe et son sujet et précise l'identité de celui qui parle et le ton employé.
- Elle est encadrée par des signes de ponctuation.

« Rien, dit François d'une voix sourde, absolument rien. »
(dit François d'une voix sourde → incise)

SAVOIR FAIRE

• Présenter un dialogue

Il faut IMPÉRATIVEMENT :

- aller à la ligne ;
- utiliser le tiret à chaque changement de locuteur (celui qui prononce les paroles) ;
- retourner à la ligne quand le dialogue est achevé et que le récit recommence.

Marc se leva et s'écria :
« Mais tu es trempé ! Approche-toi du feu. Que t'est-il arrivé ?
– Rien, dit François d'une voix sourde, absolument rien.
– Comment ça, rien ?
– Enfin presque rien, je me promenais sur les berges de la Seine quand un fou furieux m'a, sans raison, poussé à l'eau. »
Tout en parlant, François s'était approché du feu qui crépitait dans la cheminée.

FAIRE

1 ★ **Le texte suivant est disposé correctement, mais la ponctuation a partiellement disparu. Rétablis les deux points (:), les guillemets (« ») et les tirets (–).**

Cet homme était un bandit [...].
Il s'approcha de Fortunato et lui dit.
Tu es le fils de Mateo Falcone ?
Oui.
Moi, je suis Gianetto Sanpiero. Je suis poursuivi par les collets jaunes [= les policiers]. Cache-moi car je ne puis aller plus loin.
Et que dira mon père si je te cache sans sa permission ?
Il dira que tu as bien fait.
Qui sait ?
Cache-moi vite ; ils viennent.
Attends que mon père soit revenu.
Que j'attende ? Malédiction ! Ils seront là dans cinq minutes. Allez cache-moi ou je te tue.
Fortunato lui répondit avec le plus grand sang froid.
Ton fusil est déchargé et il n'y a plus de cartouche dans ta carchera [= réserve de cartouches].
J'ai mon stylet.
Mais courras-tu plus vite que moi ?
Il fit un saut et se mit hors d'atteinte.

Prosper Mérimée, *Mateo Falcone*, 1829.

2 ★ **Souligne en rouge le discours et en bleu tout ce qui appartient au récit. (N'oublie pas les incises.)**

Il arriva épuisé mais radieux :
« Maman, je suis embauché, je pars dans trois semaines en Corée ! ».
La mère le regarda d'un air songeur. Elle était heureuse que son fils ait la possibilité de mener sa vie comme il l'entendait mais son cœur se déchirait à l'idée de perdre son seul fils.
« En Corée, murmura-t-elle.
– Oui, il riait comme un enfant, je n'y crois pas encore, j'ai l'impression de rêver.
– La Corée, c'est loin. »
La joie disparut du visage du jeune homme.
« Oui mère, je sais, c'est très loin. Nous nous manquerons. »

3 ★★ **Complète ce dialogue.**

« Allô Marie ?
– ....
– Non, c'est Caroline.
– ....
– Bien. Et toi ?
– ....
– Ça tombe bien, j'ai une proposition à te faire pour cet après-midi.
– ....
– Ça te dit d'aller au cinéma ?
– ....
– Inutile. Je l'ai appelé juste avant de te téléphoner. Son père m'a dit qu'il était parti en week-end.
– ....
– Impossible, elle est en panne.
– ....
– D'accord, je t'attends. »

4 ★★★ **Recopie ce texte en respectant la disposition et la ponctuation du dialogue.**

Je l'attendais avec inquiétude. Il m'avait promis d'être là dès le coucher du soleil. Or la nuit était tombée depuis longtemps. Je tendais l'oreille à chaque bruit de moteur. Te voilà enfin m'écriais-je en courant vers lui. Je suis tombé en panne. Tu aurais dû m'appeler pour me prévenir protestai-je. J'étais folle d'inquiétude. Il se laissa tomber dans un fauteuil. Il me regarda d'un air las. J'ai voulu t'appeler mais la batterie de mon téléphone était déchargée. Je me décidai à lui sourire et lui proposai de passer à table.

5 ★★★ **Transforme le texte suivant en dialogue.**

Comme je lui demandais s'il voulait retourner là-bas, il me répondit en souriant qu'il ne pouvait pas nager jusque-là. Je lui promis alors de lui faire un canot, ce qui l'enchanta, à la condition que je fusse de la partie ; et il m'assura que, bien loin de me manger, ses frères feraient grand cas de moi, lorsqu'il leur aurait conté que j'avais sauvé sa vie et tué ses ennemis.

Daniel Defoe, *Robinson Crusoé*, 1719.

Corrigés p. 226

LECTURE-ÉCRITURE

19 Le discours direct et le discours indirect

OBJECTIF • Transposer un discours direct en discours indirect

SAVOIR

Si tu dois rapporter les paroles d'un personnage, tu peux le faire de deux façons :

- en utilisant le **discours direct** :
  Pierre me dit : « Tu as oublié ton parapluie. »
- en rapportant les paroles dans un **discours indirect** :
  Pierre me dit que j'ai oublié mon parapluie.

SAVOIR FAIRE

• Passer du discours direct au discours indirect

Pour passer du discours direct au discours indirect, tu dois veiller à un certain nombre de transformations :

	Paroles rapportées au discours direct	Paroles rapportées au discours indirect
Temps	Elle annonça : « Je viendrai. » **Futur** Elle annonça : « J'ai fini. » **Passé composé** Elle annonça : « J'arrive. » **Présent**	Elle annonça qu'elle viendrait. **Conditionnel** Elle annonça qu'elle avait fini. **Plus-que-parfait** Elle annonça qu'elle arrivait. **Imparfait**
Pronom personnel Adjectif possessif	Il me dit : « **Tu** as oublié ton parapluie chez **moi**. »	Il me dit que j'avais oublié **mon** parapluie chez **lui**.
Adverbe de temps	Elle déclara : « Je viendrai **demain**. »	Elle déclara qu'elle viendrait le **lendemain**.
Ponctuation	Il me demanda : « À quelle heure arriveras-tu ? »	Il me demanda à quelle heure j'arriverais .

FAIRE

1 ★ **Complète les phrases suivantes avec les pronoms personnels et les déterminants possessifs qui conviennent à la transposition au discours indirect.**

1. « C'est Tenn, notre bon chien, répondit Robinson. Je l'ai reconnu aussitôt avec son poil fauve, son aboiement, sa fidélité, ses crocs aigus et ses yeux noisette. »

→ Robinson répondit que c'était Tenn, ... bon chien qu'.......... avait reconnu aussitôt avec .... poil fauve, ... aboiement, ... fidélité, ... crocs aigus et .... yeux noisette.

2. « C'est bien la première fois depuis notre arrivée que je suis gêné par des bruits de voix ! » s'écria Robinson.

→ Robinson s'écria que c'était bien la première fois depuis .... arrivée qu' .... était gêné par des bruits de voix.

Extraits de Michel Tournier,
Vendredi ou la vie sauvage,
© Éditions Gallimard, 1987.

2 ★ **Complète la phrase suivante avec les verbes qui conviennent à la transposition au discours indirect.**

« N'ayez aucun doute à cet égard monsieur, lui dis-je, je suis réellement un homme. Je n'ai avec moi qu'un esclave, mais nous disposons d'armes. »

→ Je lui dis de n'avoir aucun doute, que j'.......... réellement un homme, que je n'.......... avec moi qu'un esclave mais que nous .... d'armes.

3 ★★ **Dans les phrases au discours indirect suivantes se cachent des erreurs. Corrige-les.**

1. Elle se demandait où elle a mis le beurre.
2. Nous apprîmes qu'il est arrivé depuis trois jours.
3. Elle leur demanda pourquoi étaient-ils en retard ?
4. Ils lui demandèrent si leur voiture est réparée.

4 ★★★ Justine, Pierre, Sophie et Elsa sont dans la même classe, mais ne s'apprécient pas tous ! Justine surprend une conversation entre Pierre et Sophie à propos d'Elsa. Elle décide de rapporter à son amie Elsa tout ce qu'elle a entendu.
Lis la conversation entre Pierre et Sophie, puis complète le compte-rendu que Justine fait à Elsa. Varie les verbes introducteurs que tu conjugueras au passé simple.

Conversation entre Pierre et Sophie

Pierre dit :
« Je déteste Elsa, je la trouve prétentieuse. Elle prend toujours son petit air supérieur pour me parler. Je ne le supporte pas. Elle m'a invité à son anniversaire, mais je n'irai pas. Je lui dirai demain que je refuse d'être l'ami d'une crâneuse comme elle. »

Sophie répondit :
« Tu n'as pas tort Pierre, mais je ne la connais pas encore assez bien pour savoir si j'accepte ou si je refuse d'être son amie. J'irai à son anniversaire. De toutes façons, j'aime les fêtes et aller chez elle me permettra de mieux savoir qui elle est. »

Compte-rendu de Justine à Elsa

« Figure-toi que j'ai surpris une conversation entre Pierre et Sophie qui parlaient de toi. Pierre dit à Sophie qu'il te ....
....
....
....
....
....
....
....
....
....
....
....
....

Corrigés p. 226

LECTURE-ÉCRITURE

20 Le théâtre : farce et comédie

OBJECTIF • Lire un texte théâtral

SAVOIR

Le texte théâtral

• Le **dialogue** désigne les paroles prononcées par les personnages. L'intervention d'un personnage s'appelle une **réplique**. Lorsque la réplique est longue, il s'agit d'une **tirade**. Quand le personnage est seul en scène, on parle de **monologue**. Quand les paroles que le personnage prononce en présence d'autres personnages sont sensées ne pas être entendues d'eux, il s'agit d'un **aparté**.

• Les **didascalies** désignent le nom des personnages et les indications de mise en scène (décors, costumes, déplacements, gestes, tons de voix…).

Les genres théâtraux

• **La farce :**
– c'est une courte pièce d'un comique assez grossier, apparue au Moyen Âge ;
– elle met en scène des personnages du peuple ;
– ses thèmes sont l'argent, la nourriture, l'amour…

Ex. : *La Farce de Maître Pathelin.*

• **La comédie :**
– c'est un genre très ancien qui apparaît dans la Grèce antique ;
– elle a pour fonction d'amuser et de divertir le public, tout en le faisant réfléchir aux défauts de la société et des hommes.

Ex. : *Le Médecin malgré lui, Les Fourberies de Scapin…* de Molière.

SAVOIR FAIRE

Comprendre la composition d'une pièce de théâtre

• Une pièce est divisée en **actes**, eux-mêmes divisés en **scènes**.

• Le premier acte, dit **acte d'exposition**, pose les premiers éléments de l'intrigue. Le dernier acte présente toujours le **dénouement**.

Passer du texte à la représentation

• Il peut y avoir un changement de décor entre les actes puisque, lors de la représentation, le rideau s'abaisse entre les actes.

• Lors de la représentation, les scènes s'enchaînent sans interruption alors qu'à l'écrit, elles sont délimitées car les noms des personnages présents dans la scène apparaissent au début de chaque scène.

Analyser les effets comiques

L'intrigue d'une comédie repose souvent sur le **quiproquo** (méprise, malentendu entre les personnages) et sur quatre types de comique : le comique de **mots** (jeux de mots), de **gestes** (gifle, coups de bâton…), de **situation** (quiproquo par exemple) et de **caractère** (caricature d'un trait de caractère : *L'Avare* de Molière par exemple).

1 ★ **Souligne en bleu le dialogue et en rouge les didascalies. (La totalité du texte devra être soulignée soit en bleu, soit en rouge.)**

KNOCK – LE TAMBOUR

KNOCK. – De quoi souffrez-vous ?
LE TAMBOUR. – Attendez que je réfléchisse. Il rit. Voilà. Quand j'ai dîné, il y a des fois que je sens une démangeaison ici. Il montre le haut de son épigastre. Ça me chatouille. Ou plutôt ça me gratouille.
KNOCK, d'un air de profonde concentration. – Attention ne confondons pas. Est-ce que ça vous chatouille ou est-ce que ça vous gratouille ?
LE TAMBOUR. – Ça me gratouille. Il médite. Mais ça me chatouille bien un peu aussi.

Jules Romains, *Knock ou le Triomphe de la médecine*, 1923 © Éditions Gallimard.

2 ★★ **Recopie cet extrait de *L'Avare* de Molière en insérant des didascalies.**

Scène VII
HARPAGON

HARPAGON. – (*Il crie au voleur dès le jardin, et vient sans chapeau.*) Au voleur ! au voleur ! à l'assassin ! au meurtrier ! Justice, juste ciel ! Je suis perdu, je suis assassiné, on m'a coupé la gorge, on m'a dérobé mon argent. Qui peut-ce être ? Qu'est-il devenu ? Où est-il ? Où se cache-t-il ? Que ferai-je pour le trouver ? Où courir ? Où ne pas courir ? N'est-il point là ? N'est-il point ici ? Qui est-ce ? Arrête (*Il se prend lui-même le bras.*) Rends-moi mon argent coquin !... Ah c'est moi. Mon esprit est troublé.

Molière, *L'Avare*, 1668.

3 ★★★ **Lis le texte suivant et réponds aux questions.**

PANISSE (*un peu hésitant*). – Dites, Norine, vous viendrez encore au cabanon dimanche ? [...]
HONORINE. – [...] ça fait parler les gens.
PANISSE. – Vous savez Norine, quoi qu'on fasse, les gens parlent toujours.
HONORINE (*brusquement sérieuse*). – Panisse, depuis quelque temps, je vous vois venir. Mais si la chose n'est pas sérieuse, il vaut mieux l'arrêter tout de suite [...]
PANISSE. – Vous savez bien que je pense au mariage. Ça a toujours été mon idée.
HONORINE. – Alors c'est tout différent.
PANISSE. – Si vous venez dimanche au cabanon, nous serons bien à l'aise pour discuter tous les détails.
HONORINE. – Oui... dimanche... Justement Fanny doit aller passer la journée à Aix, chez ma sœur, et elle ne reviendra que le soir... Je n'aurai même pas besoin de lui dire où je suis allée.
PANISSE (*surpris*). – Elle ne viendra pas avec nous ?
HONORINE. – Nous serons plus tranquilles pour discuter.
PANISSE (*perplexe*). – Oui nous serons plus tranquilles. Mais vous auriez pu l'amener tout de même.
HONORINE (*confuse*). – La vérité, c'est que j'ai un peu honte devant elle.
PANISSE. – Honte de quoi ?
HONORINE. – Vous ne comprenez pas ? Ah ! Les hommes, comme c'est peu délicat ! [...] Qui m'aurait dit [...] qu'un jour vous m'emmèneriez au cabanon toute seule...
PANISSE (*inquiet*). – Dites Norine, je ne sais pas si nous sommes d'accord. [...] Il me semble qu'il y a une erreur de votre part... Vous croyez peut-être que c'est vous que je veux ?
HONORINE. – Comment si je crois ? Vous ne venez pas de me le dire ?
PANISSE. – Mais non, je ne vous ai jamais dit ça ! Vous n'êtes pas la seule dans votre famille.
HONORINE (*frappée d'une révélation subite*). – C'est peut-être pas la petite ?
PANISSE. – Mais oui, c'est la petite, naturellement.

Marcel Pagnol, *Marius*, 1931
© Éditions de Fallois, 2004.

1. En quoi consiste le quiproquo ?
2. Quel mot de la première réplique permet au quiproquo de s'installer ? Justifie ta réponse.
3. Quelles répliques permettent de comprendre qu'Honorine et Panisse n'ont pas la même interprétation de ce mot ?

Corrigés p. 226

LECTURE-ÉCRITURE

21 La description

OBJECTIF • Décrire avec nuance et précision

SAVOIR

- La description permet de dépeindre un personnage (dans ce cas, il s'agit d'un **portrait**), un paysage ou un lieu.
- Elle est présente dans le récit ou la poésie.
- Elle a souvent une **fonction informative**.
Par exemple, décrire l'appartement d'un personnage donne des indications sur ses goûts, son caractère, etc.
- Elle peut aussi être **décorative** et **poétique**.

SAVOIR FAIRE

Réussir une description

- Une description doit être **organisée**. Les phrases ne peuvent être juxtaposées au hasard.
Par exemple, dans le cas de la description d'un lieu (une pièce, un jardin, une place d'une ville…), il faut situer les éléments les uns par rapport aux autres, par des mots, des expressions.

- La description demande aussi un effort de précision, donc **une recherche de vocabulaire**.
Tu dois, avant de te lancer dans la rédaction, établir le champ lexical lié au sujet.

→ Décrire un voilier au moment où il quitte le port.

Un tel sujet demande une recherche de vocabulaire concernant :
– les différentes parties d'un navire (nom des voiles, nom des manœuvres…) ;
– les installations portuaires (quai, jetée, amarres…).

→ Décrire un coucher de soleil.

Un tel sujet demande une recherche de vocabulaire concernant les nuances de rouge.

- **Éviter *il y a*.** Pour décrire avec élégance, il est indispensable de varier les verbes et d'éviter absolument l'emploi de ***il y a***.

1 ★ Tu dois décrire une goutte d'eau. Suis les étapes suivantes.

1. Forme : *la goutte d'eau est arrondie.* À toi de trouver d'autres adjectifs susceptibles de décrire la forme d'une goutte d'eau.

……………………………………………………………

2. Couleur : *la goutte d'eau est caractérisée par la transparence et la brillance.* À toi de compléter la liste de mots (noms, verbes, adjectifs) exprimant la même idée :

transparence – transparente

……………………………………………………………

……………………………………………………………

brillance – briller

……………………………………………………………

……………………………………………………………

3. Comparaisons

– selon la forme : *une goutte d'eau est arrondie comme…*

- ……………………………………………………
- ……………………………………………………
- ……………………………………………………
- ……………………………………………………
- ……………………………………………………

– selon la couleur et l'éclat : *une goutte d'eau brille comme…*

- ……………………………………………………
- ……………………………………………………
- ……………………………………………………
- ……………………………………………………
- ……………………………………………………

2 ★★ Tu dois maintenant chercher des verbes. Trouve pour chaque image le maximum de verbes décrivant le mouvement de la goutte d'eau.

1.	2.	3.	4.	5.
…………………	…………………	…………………	…………………	…………………
…………………	…………………	…………………	…………………	…………………
…………………	…………………	…………………	…………………	…………………
…………………	…………………	…………………	…………………	…………………
…………………	…………………	…………………	…………………	…………………

3 ★★★ Le texte suivant décrit une chambre mais sans mentionner la place qu'occupent meubles et objets. À toi de remettre chaque chose à sa place à l'aide de la liste de mots suivante.

tout au fond – surmonté – pêle-mêle – en face – de part et d'autre – adossée – faisant face – en biais – au pied – recouvert – devant – à droite

……………… de la porte d'entrée est installé le lit ……………… duquel se trouve une descente de lit. ………………, ……………… au mur ……………… de posters, la chaîne Hi-Fi, ……………… laquelle gisent ………………, quelques disques, fait entendre une musique rythmée. ……………… de la chaîne Hi-Fi, les fleurs rouges des géraniums égaient la chambre. ……………… les deux fenêtres laissent pénétrer la lumière. Et ……………… aux fenêtres, disposé légèrement ………………, trône un bureau ……………… d'une lampe.

Corrigés p. 227

LECTURE-ÉCRITURE

22 Le portrait

OBJECTIF • Enrichir son vocabulaire pour dépeindre un physique et un caractère

SAVOIR

Faire le portrait d'un personnage consiste à en montrer le **physique** et le **caractère**.

• Le portrait physique

• Il consiste à décrire une personne en entier (dans ce cas, il s'agit d'un portrait en pied) ou bien uniquement son visage.

• Comme toute description, un portrait est organisé : souvent il commence par présenter la personne qui va être décrite et à en donner une vue d'ensemble (taille, silhouette, allure) ; ensuite la description s'attache à la forme et aux couleurs des différents éléments en suivant une logique (tête, cou, épaule, buste, taille, jambes, pieds s'il s'agit d'un portrait en pied ; cheveux, front, nez, pommettes, bouche, menton s'il s'agit d'un gros plan sur le visage).

• Le portrait moral

Pour qu'un portrait soit complet, il faut aussi présenter le caractère de la personne décrite, ses habitudes, son comportement, les gestes qui trahissent sa personnalité.

SAVOIR FAIRE

• Composer un portrait physique

• Tu dois savoir désigner avec précision les différentes parties du corps et savoir qualifier leur forme et leur couleur par un vocabulaire précis.

• Par exemple, décrire une chevelure suppose que tu évoques la couleur, la longueur, l'aspect, la texture, la coiffure, les éventuels accessoires (peignes, barrettes, épingles…).

• Composer un portrait moral

• Tu dois connaître et enrichir le vocabulaire concernant le caractère afin que le portrait soit précis et nuancé :

– calme : *posé, serein, tranquille, paisible, doux, apaisé, bienheureux…* ;
– coléreux : *furieux, furibond, rageur, irrité, hargneux…* ;
– renfrogné : *bougon, revêche, maussade, boudeur…* ;
– gai : *joyeux, agréable, souriant, enjoué, réjoui, radieux…* ;
– timide : *craintif, réservé, peureux, rougissant, pudique, gauche, embarrassé…* ;
– hardi : *audacieux, assuré, effronté, énergique, entreprenant, intrépide, résolu…* ;
– hypocrite : *menteur, rusé, sournois, malhonnête…*

• Tu dois aussi être attentif aux aspects physiques qui peuvent révéler un caractère, et connaître (sans forcément y croire) les correspondances que les écrivains ont souvent établi entre un détail physique et un trait de caractère.

Front haut et dégagé : signe d'intelligence ; petite bouche fine : marque de cruauté ; mâchoire large : indice de volonté…

FAIRE

1 ★ Classe les termes suivants en deux champs lexicaux opposés.

replet – graisse – ventripotent – gracile – sec – potelé – trapu – malingre – rachitique – décharné – dodu – gros – émacié – bouffi – maigreur – squelettique – joufflu – obèse – grêle – ventru – fluet – efflanqué – sveltesse – boursouflé – bourrelet – corpulent – mince – embonpoint

Champ lexical de	Champ lexical de ....
....	....

2 ★ Relie chaque caractère au portrait qu'en fait La Bruyère dans *Les Caractères* (1688-1696).

1. le distrait •
2. le méfiant •
3. l'égoïste •
4. le flatteur •
5. le vantard •

- • **a.** « S'il est convié à souper, il est le premier à louer le vin ; assis à table le plus proche de celui qui fait le repas, il répète souvent : "en vérité vous faites une [nourriture] délicate". »
- • **b.** « S'il envoie au marché un de ses domestiques y acheter des provisions, il le fait suivre par un autre qui doit lui rapporter fidèlement combien elles ont coûté. »
- • **c.** « Il a tout vu, tout lu [...] Il aime mieux mentir que de se taire ou paraître ignorer quelque chose. »
- • **d.** « Il descend son escalier, ouvre sa porte pour sortir, il la referme, il s'aperçoit qu'il est en bonnet de nuit. »
- • **e.** « Il ne vit que pour soi [...] Il oublie que le repas est pour lui et toute la compagnie, il se rend maître du plat. »

3 ★★ Relie chacun des mots suivants à son antonyme en te servant du dictionnaire si besoin.

1. aquilin •	• a. peigné
2. raideur •	• b. robuste
3. glabre •	• c. trapu
4. cambré •	• d. plat
5. chétif •	• e. grâce
6. élancé •	• f. retroussé
7. disgrâce •	• g. vermeil
8. hirsute •	• h. souplesse
9. blême •	• i. barbu

4 ★★★ Trouve le nom qui correspond à chaque adjectif.

Ex. : curieux : la curiosité

1. gourmand : ....
2. poli : ....
3. orgueilleux : ....
4. spontané : ....
5. sincère : ....
6. hypocrite : ....
7. serein : ....
8. pudique : ....
9. audacieux : ....
10. généreux : ....

5 ★★★ Trouve le nom qui correspond à chaque verbe.

1. venger : ....
2. vexer : ....
3. pardonner : ....
4. améliorer : ....
5. convoiter : ....
6. envier : ....
7. reprocher : ....
8. dissimuler : ....

Corrigés p. 227

LECTURE-ÉCRITURE

23 La lecture de l'image

OBJECTIF • Décrire et interpréter une image

SAVOIR

Une image est la représentation d'un être, d'un paysage, d'une chose… sur un support.

• Image fixe et image mobile

• L'image fixe concerne le dessin, la peinture, la photographie… L'image mobile le cinéma, le film d'animation…

• Différents éléments entrent dans la composition d'une image fixe ou mobile : les **couleurs**, le **cadrage** qui met en scène un **plan** (d'ensemble, moyen ou américain, gros plan…), le **point de vue** (frontal, en plongée ou en contre-plongée).

• Les fonctions de l'image

• **Illustrer**, **raconter** : une image peut représenter un épisode de conte, de roman d'aventure, de fable…

• **Informer**, **dénoncer**, **critiquer** : un dessin ou une photographie a la capacité de faire réfléchir, d'attirer l'attention sur un problème, une injustice…

• **Faire vendre** : la publicité utilise de nombreuses images pour séduire, pour donner envie au consommateur d'acquérir quelque chose.

SAVOIR FAIRE

• Analyser une image

La création d'Ève, Michel-Ange, 1512, plafond de la chapelle Sixtine, Rome

• **Identifier** : l'auteur (Michel-Ange), la nature de l'image (une fresque), le sujet (un épisode de la Genèse : Dieu crée Ève à partir d'une côte d'Adam), le titre, la date (Renaissance).

• **Analyser** : le cadrage (plan d'ensemble mettant en scène trois personnages), le point de vue (frontal), les couleurs (contraste entre la couleur chair des deux personnages nus et les plis colorés du vêtement de Dieu), la composition (lignes obliques pour Adam endormi et pour Ève qui émerge, ligne verticale pour Dieu).

• **Interpréter** : La toute-puissance divine est symbolisée par le contraste entre la position verticale et dominante de Dieu (geste de commandement de la main) et celle d'Ève, dans une posture de soumission et d'obéissance (mains jointes).

FAIRE

1 ★ Observe l'œuvre représentée et coche la bonne réponse.

Baptême de Clovis par saint Rémi, évêque de Reims, en 496. La Colombe apporte les saintes huiles.

1. Cette œuvre est :
   ❐ une fresque ❐ une enluminure (alliant texte et image)
2. Le sujet est :
   ❐ historique ❐ mythologique
3. L'époque est :
   ❐ classique ❐ médiévale
4. Le cadrage propose :
   ❐ un gros plan sur le personnage de Clovis
   ❐ un plan d'ensemble mettant en scène plusieurs personnages
5. La colombe représente :
   ❐ la liberté ❐ l'Esprit saint
6. L'image a une valeur :
   ❐ descriptive ❐ argumentative

2 ★★ Relie chaque image à sa fonction. Justifie ta réponse.

1. •	2. •	3. •
• dénoncer/faire réfléchir	• vendre	• raconter/illustrer

3 ★★★ Associe ces descriptions à un point de vue de l'image ou à un procédé cinématographique.

1. Le vent soufflait sous la porte et la pièce, à peine éclairée par la flamme couchée de la bougie, lui parut sinistre ; le plafond très haut disparaissait dans l'ombre.

J.-K. Huysmans, *En Route*, 1895.

2. La petite vallée de Verrière peut passer pour une des plus jolies villes de la Franche-Comté. Ses maisons blanches avec leurs toits pointus de tuiles rouges s'étendent sur les pentes d'une colline [...]. À peine entre-t-on dans la ville que l'on est étourdi par le fracas d'une machine puissante et terrible en apparence [...]. Pour peu que le voyageur s'arrête quelques instants dans [la] grande rue de Verrière [...] il verra paraître un grand homme à l'air affairé et important. [...] Ses cheveux sont grisonnants, il est vêtu de gris.

Stendhal, *Le Rouge et le Noir*, 1830.

3. Quand après avoir tâtonné longtemps dans la ténébreuse spirale qui perce [...] l'épaisse muraille des clochers on débouche enfin sur une des deux plates-formes, inondées de jour et d'air, c'était un beau tableau que celui qui se déroulait à la fois de toutes parts sous les yeux. [...] C'était d'abord un éblouissement de toits, de cheminées, de rues, de ponts, de places [...]. Tout vous prenait aux yeux à la fois.
Victor Hugo, *Notre-Dame de Paris*, 1831.

Corrigés p. 227

LECTURE-ÉCRITURE

24 La poésie

OBJECTIF • Compter les syllabes, nommer les types de vers et de rimes

SAVOIR

Un poème est un ensemble de lignes mesurées, rythmées et musicales. Chaque ligne s'appelle un **vers**.

• Le vers

Il commence par une majuscule et comporte un nombre variable de syllabes :

- 12 syllabes = un **alexandrin** ;
- 10 syllabes = un **décasyllabe** ;
- 8 syllabes = un **octosyllabe**.

• La strophe

C'est un groupe de vers séparé du groupe suivant par un blanc :

- groupe de 3 vers = un **tercet** ;
- groupe de 4 vers = un **quatrain** ;
- groupe de 10 vers = un **dizain**.

• La rime

C'est le son (ou le groupe de sons) identique(s) que l'on retrouve à la fin des vers. Il existe trois types de disposition des rimes au sein d'un quatrain.

a a b b = rimes plates ou suivies	a b a b = rimes croisées	a b b a = rimes embrassées

SAVOIR FAIRE

• Compter les syllabes

Le *-e* à la fin d'un mot doit être parfois prononcé, parfois non.

• À l'intérieur du vers :

– le *-e* compte si le mot suivant commence par une consonne ;

L'air / pè / se / sur le dos des collines…
1 2 3 4…

– le *-e* ne compte pas si le mot suivant commence par une voyelle. On dit que le *-e* est **muet**.

Cha / qu(e) ar / br(e) est / im / mo / bi / le attentif à tout bruit.
1 2 3 4 5 …

• En fin de vers, le *-e* est toujours muet.

Mê / me / le / peu / pli / er / trem / blant / re / tient / son / souffl(e).
1 2 3 4 5 6 7 8 9 10 11 12

1 ★ **Compte les syllabes des vers de cet extrait d'une fable de La Fontaine en isolant chacune d'elles par un trait vertical. Indique dans le tableau le nom de chaque vers.**

1. Le Loup reprit : « Que me faudra-t-il faire ?
2. – Presque rien, dit le Chien, donner la chasse [aux gens
3. Portants bâtons, et mendiants ;
4. Flatter ceux du logis, à son Maître [complaire :
5. Moyennant quoi votre salaire
6. Sera force reliefs de toutes les façons. »

Vers	Nombre de syllabes	Nom du vers
1	....	....
2	....	....
3	....	....
4	....	....
5	....	....
6	....	....

2 ★★ **Le poème suivant est mal disposé. À toi de le réécrire, en tenant compte des rimes et du nombre de syllabes (8) par vers. Mets une majuscule au début de chaque vers. Le poème comporte trois strophes.**

Le nez rouge, la face blême, sur un pupitre de glaçons, l'Hiver exécute son thème dans le quatuor des saisons. Il chante d'une voix peu sûre des airs vieillots et chevrotants ; son pied glacé bat la mesure et la semelle en même temps. Et comme Haendel*, dont la perruque perdait sa farine en tremblant, il fait envoler de sa nuque la neige qui le poudre à blanc.

Théophile Gautier, *Émaux et Camées*, 1852.

* Haendel est un célèbre compositeur allemand du XVIIIe siècle.

3 ★★ **Complète les vers de ce poème d'Apollinaire, fait de rimes plates et d'octosyllabes.**

Liste de mots : églises, carrés, sages, rêvant, jardins, résigne, dorés, passage, signe, baladins, grises, devant.

Saltimbanques

Dans la plaine les ....
S'éloignent au long des ....
Devant l'huis des auberges ....
Par les villages sans ....
Et les enfants s'en vont ....
Les autres suivent en ....
Chaque arbre fruitier se ....
Quand de très loin ils lui font ....
Ils ont des poids ronds ou ....
Des tambours, des cerceaux ....
L'ours et le singe animaux ....
Quêtent des sous sur leur ....

Alcools, 1913.

4 ★★★ **Le poème suivant est en principe fait d'alexandrins, mais dans chaque vers, un intrus s'est glissé et a tout gâché ! À toi de chasser le mot « en trop » sans rien changer au reste du vers.**

Le carnaval s'en va, les roses vont alors éclore.
Sur les flancs des beaux coteaux déjà court [le gazon.
Cependant du plaisir la si frileuse saison
Sous ses minuscules grelots légers rit et [voltige encore.
Tandis que soulevant enfin les voiles de [l'aurore
Le Printemps très inquiet paraît à l'horizon.

Alfred de Musset, « À la mi-carême », *Poésies nouvelles*, 1850.

Un conseil de méthode : compte le nombre de syllabes par vers, déduis-en combien il y a de syllabes en trop, et cherche parmi les mots comportant ce nombre de syllabes celui que tu peux éliminer.

Ex. : vers 1 : deux syllabes en trop. Logiquement, j'élimine « alors » car les autres mots de deux syllabes sont absolument nécessaires.

Corrigés p. 227

...FRANÇAIS 4e...

1 **L'origine des mots** 112
- Trouver le sens d'un mot à partir de son origine

2 **La composition des mots** 114
- Décomposer un mot
- Créer une famille de mots

3 **Présenter l'explication d'un mot** 116
- Présenter une explication de vocabulaire

4 **La ponctuation** 118
- Présenter correctement un dialogue
- Distinguer les différentes nuances des points de suspension
- Utiliser les deux-points

5 **Les homophones grammaticaux (1)** 120
- Bien orthographier *tout*, *même*, *quelque*

6 **Les homophones grammaticaux (2)** 122
- Reconnaître *être* et *avoir*
- Faire des transformations pour reconnaître l'homophone

7 **La construction du verbe** 124
- Reconnaître la construction d'un verbe
- Distinguer verbe intransitif et emploi intransitif

8 **Le verbe : les voix et les tournures** 126
- Accorder le participe passé des verbes pronominaux

9 **Le subjonctif** 128
- Employer le subjonctif dans une proposition indépendante
- Employer le subjonctif dans une proposition subordonnée complétive introduite par *que*
- Distinguer, pour les homonymes, subjonctif présent et indicatif présent

10 **L'attribut du COD** 130
- Repérer l'attribut du COD
- Reconnaître un verbe qui introduit un attribut du COD

11 **La proposition complétive** 132
- Réaliser une transformation infinitive

12 **L'expression du temps** 134
- Exprimer une relation temporelle

13 **L'expression de la cause, de la conséquence, du but et de la comparaison** 136
- Savoir exprimer les relations logiques

14 **L'adverbe** 138
- Distinguer adjectif et adverbe
- Orthographier les adverbes en *–ment*

15 **Genres et registres** 140
- Identifier le registre d'un texte

16 **L'énonciation** 142
- Distinguer deux types d'énoncé
- Le cas du déterminant démonstratif

17 **Narration et narrateur** 144
- Repérer les interventions du narrateur

18 **Discours informatif Discours explicatif** 146
- Repérer informations et explications dans un texte
- Savoir bien lire un texte informatif ou explicatif

19 **Le discours argumentatif** 148
- Analyser un texte argumentatif

20 **Les connecteurs spatio-temporels et argumentatifs** 150
- Choisir le bon connecteur dans l'argumentation
- Bien utiliser *aussi*

21 **Le récit complexe** 152
- Varier la construction du récit

22 **Le point de vue narratif** 154
- Changer le point de vue d'un récit

23 **Rédiger une suite de texte** .. 156
- Rédiger une suite de texte

24 **Exprimer sentiments et émotions** 158
- Varier l'expression des émotions

25 **Rédiger un paragraphe argumentatif** 160
- Composer un paragraphe argumentatif
- Insérer un paragraphe argumentatif dans un ensemble

26 **Choisir des exemples** 162
- Trouver des exemples appropriés

1 L'origine des mots

OBJECTIF • Trouver le sens d'un mot à partir de son étymologie

SAVOIR

Les mots de la langue française ont des origines (étymologies) différentes.

• Le fonds « primitif »

- Il est constitué du celtique, du francique, mais surtout du latin populaire.
- Les mots issus de ce fonds primitif ont évolué jusqu'au français moderne.

Poche vient du francique *pokka*, *cheval* vient du latin *caballum*.

• Les emprunts au fil des siècles à des langues étrangères

Le latin et le grec classique

Parallèlement à l'évolution naturelle du latin populaire, on a directement emprunté à la langue latine ou grecque certains termes ou certains éléments.

Une *hécatombe* (qui désigne le massacre d'un grand nombre d'hommes) vient du grec *hékatombê* (qui signifiait « sacrifice de cent bœufs »).

L'anglais, l'allemand, l'italien, l'arabe, le russe...

Un *beefsteak* (ou *bifteck*) est un mot d'origine anglaise (*beef* : « bœuf » et *steak* : « tranche »).

SAVOIR FAIRE

• Trouver le sens d'un mot à partir de son origine

Connaître les emprunts, et surtout le sens d'un certain nombre d'éléments grecs ou latins entrant dans la formation des mots

- Voici trois mots : *un misanthrope*, *un philanthrope*, *un philosophe*.
- Sans doute en ignorez-vous le sens exact ? Mais sachant qu'en grec :

misein signifie « haïr », *anthropos* signifie « homme », *philein* signifie « aimer », *sophia* signifie « sagesse », il est facile de déduire le sens de ces mots :

– un mis/anthrope : celui qui hait les hommes (le genre humain),
– un phil/anthrope : celui qui aime les hommes (le genre humain),
– un philo/sophe : celui qui aime la sagesse.

- Peu à peu, vous apprendrez à mémoriser les éléments les plus courants.

Savoir mettre en rapport des termes pour déduire le sens d'un mot donné

- Qu'est-ce qu'une cinémathèque ?
- Vous identifiez tout de suite deux éléments : *cinéma* + *thèque*.
- Vous connaissez le sens du premier. Cherchez dans quel autre mot apparaît le second. On le trouve par exemple dans « bibliothèque » qui désigne un lieu de dépôt de livres.
- Ainsi, vous déduisez qu'une cinémathèque est au sens premier un lieu de dépôt de films.

FAIRE

1 ★ **Expliquez dans le texte le sens des mots soulignés, en vous aidant des éléments grecs suivants.**

logo : discours, science – *graph* : écriture – *phil* : qui aime – *phob* : qui déteste – *archéo* : ancien – *zoo* : animal – *géo* : terre – *bio* : vie – *biblio* : livre

L'archéologue, directeur de l'expédition, avait une rude tâche à accomplir. Il devait d'abord éviter tout heurt entre le zoologue, M. Moore, et le géologue, M. Dupont, qui ne faisait aucun effort pour cacher son anglophobie. Dernièrement, une dispute avait eu lieu au sujet de la graphologie : M. Moore prétendait que celle-ci ne méritait pas le nom de science, alors que M. Dupont soutenait qu'un célèbre biographe de Napoléon (cet ennemi juré des Anglais !) s'était appuyé sur l'écriture de ce dernier pour comprendre son caractère. M. Moore, qui possédait un grand nombre de livres, répliqua qu'il connaissait cet ouvrage, mais qu'il n'y avait rien trouvé de semblable. M. Dupont insinua alors qu'être bibliophile ne suffisait pas. Encore fallait-il savoir lire.

2 ★ **Classez les mots suivants en fonction de leur origine.**

baldaquin – aubergine – douane – talc – cacao – paréo – scarabée – gouache – savate – ballon – azur – opium – coton – pastèque – parapet – taffetas – assassin – tabou – sceptre – balustrade – abricot – chocolat – cratère – céramique – alarme – agonie – cacahuète

polynésien	italien	arabe ou persan	aztèque	grec
....	....	....	....	....
....	....	....	....	....
....	....	....	....	....
....	....	....	....	....
....	....	....	....	....

3 ★★ **À partir des éléments latins ou grecs suivants, trouvez trois mots français et précisez leur sens. Ne reprenez pas les mots des exemples et exercices précédents !**

- *chrono* : temps

chrono .... : ....

chrono .... : ....

chrono .... : ....

- *cide* : tuer

.... cide : ....

.... cide : ....

.... cide : ....

4 ★★ **Exercez votre esprit de déduction.**

Par rapprochement avec d'autres termes que vous connaissez et en utilisant vos connaissances des éléments latins ou grecs, donnez le sens précis des mots suivants.

un historiographe – un anglophile – un anthropologue – une ludothèque – un égyptologue – la claustrophobie

5 ★★ **Relevez dans ce texte les emprunts directs à l'anglais et remplacez-les par leur équivalent français.**

Le temps humide avait quelque peu gâché la garden-party. Après avoir porté un premier toast au succès des joueurs autour du barbecue, les invités s'étaient réfugiés dans le living-room. Le barman embauché pour la circonstance avait fort à faire. La fête était sur le point de se terminer. Mais certains, un peu excités, réclamaient un dernier drink. Le goal semblait ivre. Le coach donna le premier le signal du départ. Certains se dirigèrent vers le parking situé dans la cour ; d'autres, qui prudemment avaient choisi les transports en commun, prirent le bus. Le week-end prochain, un nouveau match les attendait.

6 ★★★ **Cherchez dans le dictionnaire l'origine des mots suivants, puis trouvez deux mots de la même famille (c'est-à-dire ayant la même racine), dont vous préciserez le sens.**

la foi – cordial – équestre – une cavalcade

Corrigés p. 228

VOCABULAIRE

2 La composition des mots

OBJECTIF • Décomposer un mot, constituer une famille

SAVOIR

• Un mot se compose le plus souvent de plusieurs éléments :

RE	COMMENC	EMENT
↑	↑	↑
préfixe	radical	suffixe

Les mots ayant un radical commun (c'est-à-dire ayant à l'origine la même racine) constituent une **famille de mots**.
commander, recommander, commandement, recommandation, commanditaire, décommander, etc. sont des mots de même famille.

• Certains préfixes et suffixes ont un sens précis :
• *a-* est un préfixe privatif.
apolitique : qui ne fait pas de politique ;
• *in-* est un préfixe négatif.
indestructible : que l'on ne peut détruire.
Il se modifie en s'ajoutant au radical :
in + lisible *illisible* ; **in** + poli *impoli*.
• *-âtre* est un suffixe péjoratif.
verd**âtre** : d'un vert incertain, sale ;
• *-ette* est un suffixe diminutif : une maisonn**ette**.

SAVOIR FAIRE

• Décomposer un mot

Savoir décomposer un mot permet d'en comprendre le sens.
Savez-vous expliquer précisément le mot **désenchantement** ?

• Décomposer le mot : **DÉS – ENCHANT – EMENT**
2 1 3

1. radical -ENCHANT- » : *être enchanté* signifie « être ravi de » ou même « être ensorcelé par » ;
2. préfixe DÉS- : *ne... plus* ;
3. suffixe -EMENT : *le fait de*.

• Donner sa définition :

Le **désenchantement** est le fait de ne plus être enchanté, c'est-à-dire de ne plus avoir de joie ou de ne plus être sous le charme de quelque chose ou de quelqu'un.

• Créer une famille de mots

• Ajouter au radical préfixes et suffixes permet de créer de nouveaux mots que l'on appelle **dérivés**.

• Ainsi, on peut **s'exprimer plus précisément** et **enrichir son vocabulaire**.
Voici un extrait de rédaction, au style trop lourd :
« **Le fait qu'il n'avait pas de patience** le conduisait à ignorer ses erreurs. »
Modifions-le par l'usage de dérivés :
« Son **impatience** le conduisait à ignorer ses erreurs. »

1 ★ **Dans le texte suivant, expliquez les mots soulignés en les décomposant et en vous aidant du sens des préfixes.**

La mésentente régnait dans l'équipe depuis sa disqualification. Pourtant, cette défaite n'avait rien d'illogique. On ne pouvait accuser la simple malchance. Les joueurs s'étaient comportés en irresponsables. Malgré un ultime sursaut d'énergie, l'irrémédiable n'avait pu être évité. Quelle désillusion pour le public ! Mais quelle victoire inespérée pour l'équipe adverse !

2 ★ **Remplacez les expressions en italique par un mot appartenant à la même famille que le terme souligné.**

1. Une plaque d'immatriculation *qui ne peut être lue* (..........................) fait l'objet d'une forte amende.
2. Toute phrase *qui ne peut être comprise* (..............................) doit être corrigée.
3. Ma mère, *qui cherchait toujours à comprendre*, (................................) excusa ma maladresse.
4. Cette jeune fille *que nul ne parvient à reconnaître* (...............................) est la nièce de Mme Chevalier.
5. Ce peintre *digne d'admiration* (.........................) exposera prochainement à la galerie Kléber.
6. Cet homme, *qui manifeste beaucoup d'attention* (...................................) envers ses invités, est vraiment charmant.
7. Cet enfant, *qui fait attention* (...............................) en classe, progresse vite.
8. Les spectateurs *qui étaient plein d'admiration* (...................................) retenaient leur souffle en regardant les trapézistes voltiger.

3 ★★ **Trouvez les mots contenant le préfixe *in-* correspondants aux définitions suivantes. Attention aux modifications du préfixe et à l'orthographe.**

1. En nombre trop considérable pour être compté.

....

2. Qui ne dégage aucune odeur.

....

3. Qu'on ne peut pas respirer.

....

4. Qui n'est pas légal.

....

5. Trop ignoble pour être nommé.

....

4 ★★ **Complétez le tableau suivant en trouvant le nom dérivé de chaque verbe proposé. Attention aux pièges !**

	Noms dérivés
mordre	....
reconnaître	....
suggérer	....
surgir	....
médire	....
prédire	....
méditer	....

5 ★★★ **Dans les phrases suivantes, des erreurs ont été commises dans le choix des dérivés mis en italique. Ceux-ci ne conviennent pas au sens de la phrase. Corrigez les fautes !**

1. La météo s'est trompée dans ses *prévoyances*.

....

2. En ne cherchant aucun profit financier dans cette affaire, il manifeste un grand *désintérêt*.

....

3. Ce savant a fait un effort de *vulgarité* pour être compris du grand public.

....

4. Le *règlement* de cet appareil demande une grande habileté.

....

6 ★★★ **Complétez le tableau en trouvant l'adjectif qualificatif dérivé de chaque nom proposé.**

	Adjectif dérivé
pied	....
mois	....
livre	....
été	....
main	....
école	....
fleur	....
dimanche	....
chevalier	....

Corrigés p. 228

3 Présenter l'explication d'un mot

OBJECTIF • Expliquer un mot en tenant compte de sa nature grammaticale

SAVOIR

Pour comprendre le sens d'un mot (ou d'une expression), vous pouvez :

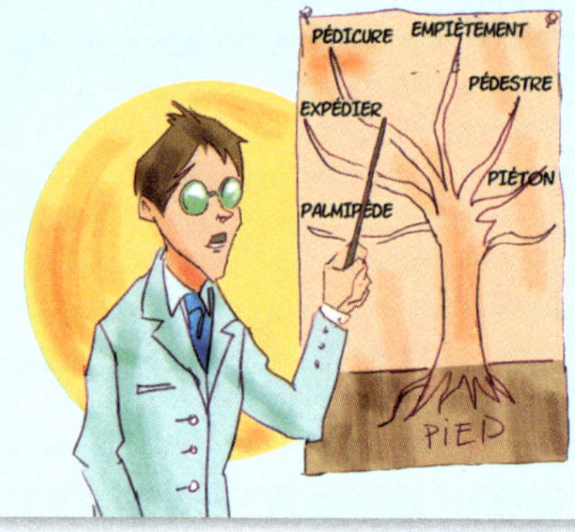

- chercher son origine, la famille à laquelle il appartient (p. 114) ;
- décomposer le mot (p. 114) ;
- chercher des synonymes et des antonymes ;
- tenir compte du contexte pour donner le sens précis d'un mot polysémique dans le texte ;
- lors d'un travail à la maison, vérifier le sens du mot dans le dictionnaire.

SAVOIR FAIRE

• Présenter une explication de vocabulaire

Expliquer un mot ne signifie pas recopier le dictionnaire. Il existe plusieurs types de définitions.

La définition simple par synonymie

- Trouver le synonyme qui correspond au sens du mot dans le contexte.
- Définir le mot par un synonyme appartenant à la même classe grammaticale ou par une expression synonyme capable de le remplacer dans une phrase.

Nom : **mécontentement**	→ *Nom* : insatisfaction → *Groupe nominal* : sentiment de déplaisir
Adjectif : **mécontent**	→ *Adj.* : insatisfait → *Proposition subordonnée relative* : qui n'est pas satisfait
Verbe : **mécontenter**	→ *Verbe* : contrarier → *Gr. infinitif* : rendre insatisfait
Adverbe : **courageusement**	→ *Adverbe* : hardiment → *Gr. nominal prépositionnel* : avec hardiesse → *Gérondif* : en faisant preuve de hardiesse

- Rédiger l'explication.

Le mécontentement est un sentiment de déplaisir.

La définition complexe du sens et de l'emploi d'un mot dans un texte

Il pleuvait depuis des jours. C'était un véritable **déluge** qui bientôt menaçait d'inonder les champs, les caves, les rues.

Pour expliquer le sens d'un mot ou d'une expression dans un texte, il faut :
– en donner la signification précise ;
Le **déluge** désigne une pluie torrentielle, très abondante.
– analyser son emploi dans le texte, l'effet recherché par l'auteur.
En employant l'expression « véritable **déluge** », l'auteur insiste sur le caractère de catastrophe naturelle que prend cette pluie et la rapproche du déluge de la Bible.

1 ★ Reliez chacun des mots en italique à la définition qui lui correspond.

un *fantaisiste* •	• en faisant preuve d'intolérance
un élève *fantaisiste* •	• un caprice
une *fantaisie* •	• une personne qui agit d'une manière originale
le *fanatisme* •	• qui n'est pas sérieux
fanatiquement •	• l'intolérance

2 ★ Reliez chacun des mots suivants aux définitions qui lui conviennent.

1. vouloir •	• a. intention
	• b. qui n'est pas l'effet d'une contrainte
2. volonté •	• c. avoir une intention, un désir
	• d. sans y être forcé
3. volontaire •	• e. souhaiter
	• f. disposition mentale de celui qui souhaite et agit
4. volontairement •	• g. délibéré
	• h. exprès
	• i. délibérément

3 ★★ Corrigez les erreurs commises dans les définitions suivantes, puis rédigez une définition correcte.

1. **courtois** : de façon polie

....

2. **engraisser** : devenu gros

....

3. **permettre** : qui a une autorisation

....

4. **un permis** : qui est autorisé

....

5. **un chalut** : qui sert à pêcher

....

6. **infantile** : se conduire en enfant

....

7. **originalité** : excentrique

....

8. **promptement** : se hâter

....

9. **contraindre** : une obligation

....

10. **abattu** : sentiment de découragement

....

4 ★★★ Rédigez l'explication complète des mots et expressions en gras.

1. Un soleil éclatant l'**aveuglait** : il perdit le contrôle de sa voiture.
aveuglait : ....
....
....

2. Les mots qu'il prononçait semblaient autant de **flèches meurtrières**.
flèches meurtrières : ....
....
....
....

3. Un **troupeau d'élèves** se dirigea, dès la sonnerie, vers la cour de récréation.
Un troupeau d'élèves : ....
....
....

4. Seule sa mère pouvait saisir les propos de Félix, car il n'avait qu'un an et demi : elle était obligée de **traduire** son babillage pour que les autres le comprennent.
traduire : ....
....
....

5 ★★★ Proposez, sans consulter le dictionnaire, deux définitions pour le sens figuré des mots suivants.

- clarté : 1. ....
  2. ....
- éclaircir : 1. ....
  2. ....
- clairement : 1. ....
  2. ....
- clair : 1. ....
  2. ....

Corrigés p. 228

4 La ponctuation

OBJECTIF • Ponctuer un texte

SAVOIR

Un texte sans ponctuation est incompréhensible : les signes de ponctuation ont des fonctions précises dans la phrase.

- Ils **délimitent les phrases et groupes de mots** dans la phrase : c'est le rôle du point (.), du point-virgule (;) et de la virgule (,).

- Ils permettent de **présenter un dialogue** de manière claire : c'est le rôle des deux-points (:), des guillemets (« ») et des tirets (–).

- Ils apportent du **sens** :
  - les points d'interrogation (?) et d'exclamation (!) indiquent la présence d'une question directe et de diverses émotions ;
  - les deux-points (:) indiquent une relation entre deux éléments ;
  - les points de suspension (...) indiquent qu'une phrase reste inachevée ou apportent un sous-entendu ;
  - les parenthèses ( ) ou les tirets (– ... –) mettent un élément au second plan, notamment dans une phrase longue et complexe.

SAVOIR FAIRE

Présenter correctement un dialogue

- Un dialogue s'ouvre par un tiret **ou** par des guillemets : guillemets et tirets n'apparaissent jamais ensemble.
- Si on choisit les guillemets, on n'oublie pas de les fermer à la fin du dialogue.
- Il est inutile de surcharger le texte en encadrant chaque réplique de guillemets.

Distinguer les différentes nuances des points de suspension

- Ils marquent l'inachèvement d'une phrase, une interruption :

– Je voulais te dire que...
– Que quoi ? l'interrompit brutalement Jean.

- Ils ajoutent un sous-entendu :

L'ombre grandissait... : accentue l'atmosphère d'angoisse.
Jean voit Marie souvent... : apporte une nuance moqueuse.

Utiliser les deux-points

- Ils introduisent une énumération :

J'aime le cinéma : films d'horreur, d'amour, d'action... tout me plaît !

- Ils introduisent une explication ou une conséquence :

Il réussit : il travaille ! / Il travaille : il réussit !

FAIRE

1 ★ **Récrivez les phrases suivantes en remplaçant les deux-points par la conjonction de coordination qui convient.**

1. Il a cassé un verre et n'a pas balayé les débris : je me suis blessée !

2. Marie ne voit pas que Paul se moque d'elle : elle est amoureuse.

3. Je préfère rester chez moi : il pleut à verse et je suis fatigué.

4. Pauline n'aime pas les épinards : elle fait une scène chaque fois que sa mère en cuisine.

2 ★★ **Expliquez la différence de sens et, le cas échéant, de construction grammaticale, entre les phrases suivantes.**

1. **a.** Il a aperçu le chat en train d'attaquer le chien de la maison.
b. Il a aperçu le chat en train d'attaquer le chien, de la maison.

2. **a.** Les enfants qui dormaient n'ont pas entendu votre dispute.
b. Les enfants, qui dormaient, n'ont pas entendu votre dispute.

3. **a.** Elle a vu son père tomber du haut de l'escalier.
b. Elle a vu son père tomber, du haut de l'escalier.

4. **a.** Il avait noué autour de son cou un cache-nez gris sale.
b. Il avait noué autour de son cou un cache-nez gris, sale.

3 ★★ **Ajouter des tirets dans les phrases suivantes afin d'encadrer l'élément qui doit être mis au second plan, et de retrouver la ponctuation du texte original.**

1. « Il n'y avait autour de ce feu que le vieux Herpin, assis ou plutôt accroupi sur un tabouret une chaise dont on avait coupé les pieds lequel Herpin ressemblait, pour la gravité, à un vieux hibou qui rêvait, et, comme le hibou, clignait ses yeux ronds à cette vive lumière qui lui venait du feu. » (Edgar Morin, *Un prêtre marié*, 1865.)

2. « Je quittai mes deux compagnons, M. Seurel dont on eût dit qu'il partait en guerre je crois bien qu'il avait mis dans sa poche un vieux pistolet et ce traître de Mouchebœuf. » (Alain Fournier, *Le Grand Meaulnes*, 1913.)

3. « Un homme qui avoue publiquement son ambition d'être ministre de ceci ou de cela, directeur de ceci ou de cela me cause la même gêne que la femme "qui se fait une beauté" en public. » (Montherlant, *Carnets XXXI*, 1930-44.)

4 ★★ **Identifiez la fonction des points de suspension dans les phrases suivantes. Remplissez le tableau.**

1. Marguerites, œillets, roses... toutes les fleurs sont belles !

2. « Vous êtes de la m... dans un bas de soie » (Mot de Napoléon à Talleyrand)

3. J'ai rencontré Paul à... Metz... non à Nancy !

4. *La P... respectueuse* est le titre d'une pièce de théâtre écrite par Jean-Paul Sartre.

5. « Nous étions plongés dans la nuit et pour toujours... » (Claude Avine, *Le Point du jour*, 1927.)

6. « Eh ! Eh ! Effectivement, une petite erreur s'est glissée... une légère divergence... Il se peut... je dirai que... heu... » (Dino Buzzati, *Le K*, 1966.)

7. « Je n'avais plus qu'à me coucher, moi aussi, et à remuer, pendant des heures, les idées les plus folles... » (Boileau & Narcejac, *Les Louves*, 1957.)

Fonction	N° des phrases
Remplacer un mot grossier	....
Énumération incomplète	....
Hésitation	....
Sous-entendu, appel à l'imagination	....

5 ★★★ **Remplissez les cases avec les signes de ponctuation qui conviennent.**

On avait décidé que Julia demeurerait cinq jours ☐ Aurais-je assez d'énergie ☐ assez de présence d'esprit ☐ pour éviter toute maladresse ☐ J'étais sûr que non ☐ Jamais je n'accepterais que Julia repartît sans avoir parlé ☐ Son silence incompréhensible me jetait dans une hésitation que je n'arrivais pas à réprimer ☐ Comment la prendre à part ☐ ☐ Si j'allais la retrouver dans sa chambre ☐ Mais ce projet était stupide ☐ Je risquais de provoquer l'éclat que j'avais tellement redouté ☐ Je ne dormis guère cette nuit-là ☐ Julia non plus ☐ Elle occupait la chambre voisine et j'entendais craquer son lit ☐ J'entendis également grincer le plancher du couloir ☐ C'était Agnès ou Hélène qui épiait ☐

Boileau & Narcejac, *Les Louves*,
© Éditions Denoël, 1957.

Corrigés p. 228

5 Les homophones grammaticaux (1)

OBJECTIF • Orthographier correctement *tout, même, quelque*

SAVOIR

- Les **homophones** sont des mots ou des groupes de mots qui ont la même prononciation, mais qui s'écrivent différemment.
- Pour certains homophones, c'est un raisonnement grammatical qui permet de trouver l'orthographe convenable.

Il **l'a** pris : pronom *l'* + auxiliaire *avoir* + participe passé.
Il **la** prit : pronom *la* + verbe à un temps simple.

SAVOIR FAIRE

Bien orthographier *tout, même, quelque*

Voici la méthode à appliquer pour les homophones grammaticaux les plus fréquents.

1. Tout/tous/toutes

Tous les matins, je vais au collège.	adjectif ⇒ **accord**
Les élèves sont **tous** (**toutes**) présent(e)s.	pronom qui **prend le genre et le nombre** du nom qu'il remplace
Ils sont **tout** surpris, elles sont **tout** étonnées.	adverbe (= entièrement) ⇒ **invariable**
Exception : Elles sont **toutes** bouleversées.	adverbe (= entièrement), mais devant un mot féminin commençant par une consonne ⇒ **accord**

2. Même/même(s)

Ils disent les **mêmes** mots.	adjectif (= identiques) ⇒ **accord**
Ils le disent eux-**mêmes**.	appartient au pronom personnel ⇒ **accord**
Ils disent **même** ces mots.	adverbe (= aussi, de plus) ⇒ **invariable**

3. Quelque/quel(le) que/quelques

J'y vois **quelque** raison.	adjectif (= une) ⇒ **toujours au singulier**
Elle m'a donné **quelques** raisons.	adjectif (= plusieurs) ⇒ **toujours au pluriel**
Elle m'a fourni **quelque** vingt raisons.	adverbe (= environ) ⇒ **invariable**
Quelle que soit la raison,… (+ ÊTRE)	adjectif (= n'importe lequel, laquelle) ⇒ **accord**

1 ★ Complétez par *même/mêmes.*

1. Ce sont les .... traditions que nous perpétuons.

2. Ce ne sont .... pas eux qui ont peint ce tableau.

3. Ils furent .... surpris à leur vue.

4. Les .... causes ne produisent .... pas les .... effets.

5. Ce n'est .... pas eux qui ont peint ce tableau.

6. Eux- .... n'ont rien trouvé à redire.

7. Ils se baignent .... en hiver ; ils ne sont vraiment pas frileux !

8. Il a couru le Marseille-Cassis et n'était .... pas fatigué à l'arrivée ! Certains de ceux qui avait fait le .... parcours que lui se sont effondrés à l'arrivée.

9. J'ai passé mon été dans les .... endroits que l'an passé. Pourtant je n'ai pas éprouvé les .... plaisirs.

2 ★★ Complétez par *quel/quels/quelle/quelles.*

1. .... que soient les circonstances, il est calme et serein.

2. .... qu'ait été son chagrin, il ne l'a pas montré.

3. Essaie de t'amuser et de te divertir .... que soit ton souci,

4. .... que soient les événements, il faut savoir faire face.

5. Le théorème est valable .... que soit la droite considérée.

6. .... que soient les dispositions que tu as prises, il faudra te libérer pour la réunion.

3 ★★★ Complétez par *tous/toute(s)/tout.*

1. Ils sont .... heureux, sauf Émile, de la nouvelle.

2. À ce spectacle, quelques élèves sont .... émues.

3. En entendant cette nouvelle, ma mère est .... surprise et .... époustouflée.

4. Ce film est annoncé .... publics.

5. La voiture arriva à .... allure.

6. .... les actrices désiraient obtenir ce rôle.

7. .... individu franchissant cette porte devra être arrêté.

8. Fanny resta .... étourdie en apprenant qu'elle avait réussi son concours.

9. Les fillettes .... affolées, mais .... curieuses, regardaient les lions se battre dans la cage du zoo.

10. .... les invités se virent offrir un petit cadeau.

4 ★★★ Complétez par *quelque/quelques/quel(les) que.*

1. .... soit la vérité, je veux la connaître.

2. J'y trouve .... modification.

3. .... changements interviendront dans l'emploi du temps.

4. J'y ai trouvé .... dix modifications.

5. .... soient les modifications apportées, vous devez me les signaler.

6. Je désire obtenir .... renseignements.

7. Je refuse de le voir .... soit le motif de sa visite.

8. .... singes se prélassaient dans la cage, grignotant .... friandise pour tromper l'ennui.

9. Je reste travailler .... soit ta proposition, sinon je ne serai pas prête.

10. Il a découvert .... champignons curieux.

5 ★★★ Les homophones étudiés dans ce chapitre ont tous donné lieu à des erreurs dans cette dictée. Corrigez-les.

1. J'ai déjà lu quelques trente pages de cet ouvrage.

....

2. Les situations sont tout les même.

....

3. Quelque soit le personnage, on a l'impression qu'il éprouve les même sentiments.

....

4. Tout les élèves sont déçus de cette lecture, mêmes les meilleurs.

....

5. Quels que uns sont allés se plaindre au professeur, qui ne les a mêmes pas écoutés.

....

6. Il s'est déclaré toute étonné de telles revendications.

....

Corrigés p. 228

ORTHOGRAPHE

6 Les homophones grammaticaux (2)

OBJECTIF • Reconnaître les homophones

SAVOIR

• Les formes brèves de *être* et *avoir*

• *Être* et *avoir* connaissent des formes brèves (*a*, *as*, *aie* ; *es*, *est* ...) qui peuvent être facilement confondues.
• Comme ces formes se combinent souvent avec le pronom ***l'***, les confusions sont possibles avec d'autres formes (comme ***les*** par exemple).

• *Quand/Quant/Qu'en*

• *Quand* ouvre une proposition subordonnée conjonctive temporelle.
Quand il pleut, mon chien refuse de sortir.
• *Quant* est une préposition signifiant « en ce qui concerne ». Elle est toujours suivie de *à*, *au* ou *aux*.
Quant à mon père, il dort !
• *Qu'en* est composé de *que* élidé et du pronom *en*.
Qu'en est-il de ton travail ? (*que* est pronom interrogatif.)
Je ne pars **qu'en** août. (*que* est le 2e élément de la négation.)

• *On/On n'*

• *On* est pronom indéfini.
On entend le bruit du vent.
• *On n'*est le pronom suivi d'une négation dont on doit trouver le 2e élément dans la phrase.
On **n'**entend **rien** d'ici !

SAVOIR FAIRE

• Reconnaître *être* et *avoir*

Il faut conjuguer la phrase à un autre temps pour reconnaître la forme employée.
Qu'il **ait** été injustement puni me navre → Il **avait** été puni.
Il **est** sévèrement puni. → Il **fut** sévèrement puni.
Ces transformations permettent d'identifier *avoir* ou *être* et de bien orthographier.

• Faire des transformations pour reconnaître l'homophone

• Le son [la] par exemple connaît différentes orthographes en fonction du sens : *las*, *là*, *l'a*, *l'as*, *la*.
Il est las → Elle est lasse : passer au féminin permet de reconnaître l'adjectif.
Il la prend → Il les prend : changer le nombre permet de reconnaître le pronom personnel.
Il l'a pris → Il l'avait pris : changer le temps permet de reconnaître l'auxiliaire *avoir*.
Il vit là un drôle d'animal → Il vit ici un drôle d'animal : utiliser un synonyme permet de reconnaître l'adverbe de lieu.

• Pour distinguer *on* et *on n'*, il faut changer de sujet. Cette transformation permet d'entendre la présence ou non d'une négation.
On en mangerait ! → J'en mangerais.
On n'en mange pas tous les jours → Je n'en mange pas tous les jours.

FAIRE

1 ★ Complétez par *on* ou *on n'*.

1. ..... a rien sans rien. ..... est toujours obligé de faire des efforts.

2. ..... imagine pas combien ces gens souffrent !

3. ..... aurait bien voulu voir Mathias mais ..... a pas été autorisé à entrer.

4. Regarde, ... a l'impression que ce nuage représente un visage humain.

5. ..... a que des regrets si ..... ose jamais réaliser ses rêves !

6. ..... avait vraiment l'impression d'être en plein ciel.

2 ★ Complétez par *est/ai/es/et*.

1. Il ...... parti tôt ce matin ...... a emporté toutes ses affaires. Je n' ...... rien entendu !

2. Tu ...... revenu bien tard hier soir ! Où ......-tu allé ?

3. C'...... moi qui ...... peint ce tableau ...... qui ...... restauré cette statue.

4. N' ...... pas Einstein qui veut !

5. Paul s' ...... jeté sur son petit déjeuner ...... a dévoré ses tartines.

6. Martha ...... Paul s'entendent à merveille ...... ont décidé de se marier cet été.

3 ★ Complétez par *les/l'est/l'es/l'ai/lait*.

1. Surveille-...... ! Ils sont turbulents et ont déjà arrosé ...... plantes de ...... ce matin !

2. Paresseux, Jacques ne ...... pas autant que toi !

3. Je ne ...... jamais grondé, j'ai eu tort sans doute.

4. Marie est grande, mais tu ...... encore plus qu'elle !

5. Je ne ...... vois presque plus jamais, je le regrette car je ...... apprécie beaucoup.

6. Pierre est adorable, mais Paul ...... plus encore.

7. .... bio ont plus de goût, c'est pour cette raison que je ...... préfère.

4 ★★★ Complétez par *l'a/l'as/la/las/là*.

1. Tu ne ...... pas vraiment observé, sinon tu aurais vu qu'il était vraiment ....

2. Paul est amoureux de Stéphanie. Je les ai invités tous les deux. Il aura ...... l'occasion de ...... voir tous les jours.

3. ...... très belle haie du jardin de Papi fleurit tout l'été. Il ne ...... pas taillée l'an passé, mais il va ...... tailler un peu cette année, pour lui redonner de ...... vigueur, dit-il.

4. ......, il a fermé les yeux. Cathy ...... photographié dans cette position : ...... photo est douce et triste.

5. Cette maison, mon père ...... fermée à ...... mort de ma grand-mère et ne ...... plus jamais ouverte. Il doit y avoir ...... des tonnes de poussière et d'araignées !

6. Farid vient de sortir, ne ......-tu pas rencontré dans l'escalier ?

7. Ne ...... regarde pas ainsi, tu pourrais ...... gêner.

5 ★★ Complétez par *quand/quant/qu'en*.

1. .... tu sauras ce tu veux pour Noël, tu me le diras. Sonia ne le sait pas non plus. .... à ton frère, il souhaite, une fois de plus, agrandir sa collection de petits soldats.

2. Je ne sais laquelle de ces deux robes choisir. .... penses-tu ?

3. Je ne sais plus ni .... il arrive, ni .... il repart. .... aux excursions que vous avez prévues ensemble, je ne sais rien non plus.

4. .... est-il de tes révisions ? Tu dis travailler mais .... je passe dans ta chambre, je ne te vois jamais .... train de lire.

6 ★★★ Complétez par *et/est/es/ai/aie/aies/ait/aient*.

1. Bien qu'il n'......... pas beaucoup travaillé ces jours-ci, il .... fatigué .... lent.

2. Il n' .... pas venu .... il n'a pas laissé de message.

3. C' .... moi qui .... préparé le repas. Désolé, je ne l' .... pas vraiment réussi.

4. Quoique tu .... fait, je te défendrai.

5. Tu n' .... pas arrivé par le chemin que je t' .... indiqué, c' .... pourquoi tu t' .... perdu !

6. N' .... pas peur ! Il n' .... jamais rien arrivé dans cette rue tranquille.

7. ....-ce lui qui .... rentré si tard .... a fait tant de bruit ?

8. .... confiance en toi !

9. Qu'ils .... mal compris, d'accord, mais qu'ils .... bavardé pendant les explications .... inadmissible.

Corrigés p. 229

GRAMMAIRE

7 La construction du verbe

OBJECTIF • Reconnaître un verbe selon sa construction

SAVOIR

On identifie les verbes selon leur construction.

• Les verbes transitifs

Ils se construisent avec un complément d'objet. On distingue :
- les **verbes transitifs directs** : ils admettent un **COD** ;

Je mange **une pomme**. / J'observe **l'enfant**.
COD COD

- les **verbes transitifs indirects** : ils admettent un **COI**.

Il se souvient **de son ami**. / Il parle **à son ami**.
COI COI

Remarque Certains verbes transitifs direct admettent aussi un COI.
Il donne **un pourboire** au chauffeur.
COD COI

• Les verbes intransitifs

Ils n'admettent ni COD, ni COI.
Les feuilles **tombent**. / L'hiver **arrive** tôt.

• Les verbes attributifs

Ils se construisent avec un **attribut du sujet**. Ils sont aussi intransitifs.
Elle semble **fatiguée**.
attribut du sujet *elle*

Être, *paraître*, *sembler*, *demeurer*, *rester*, *avoir l'air*… sont des verbes attributifs.

SAVOIR FAIRE

• Reconnaître la construction d'un verbe

- Si l'infinitif peut se construire avec *quelque chose* (*qqch*) et/ou *quelqu'un* (*qqn*) : le verbe est **transitif direct**.

manger qqch / entendre qqch ou entendre qqn / féliciter qqn

- Si l'infinitif peut se construire avec ***à*** *qqch*/***à*** *qqn* ou avec ***de*** *qqch*/***de*** *qqn* : le verbe est **transitif indirect**.

s'adresser à qqn / parler de qqch-qqn

- Si l'infinitif peut se construire avec *qqch–qqn* **et** *à*/*de qqch–qqn* : il est **transitif à double construction**.

offrir qqch à qqn / recevoir qqch de qqn

• Distinguer verbe intransitif et emploi intransitif

Un verbe transitif peut se construire sans complément d'objet. Dans ce cas, on parle d'**emploi absolu**, mais le verbe reste transitif car sa construction avec un complément d'objet reste possible.

Il **voit** mal ce matin.

La phrase ne compte aucun complément d'objet : *voir* est transitif direct en emploi absolu.

FAIRE

1 ★ **Dans les phrases suivantes, soulignez les verbes en gras : en bleu quand il s'agit de verbes transitifs directs, en rouge quand il s'agit de verbes transitifs indirects.**

1. Il **garde** son calme en toutes circonstances.
2. Elle **jeta** un gilet sur ses épaules pour **affronter** le froid du couloir.
3. Il **a hérité** d'un château, mais ne **peut** pas l'**entretenir**.
4. Il **s'occupa** de son frère malade avec dévouement.
5. Cet enfant **doute** de ses capacités.
6. Il ne **parle** plus à ses parents.

2 ★★ **Dans les phrases suivantes, soulignez les verbes en gras : en bleu quand ils sont transitifs, en rouge quand ils sont intransitifs, en vert quand ils sont attributifs.**

1. Il **dîne** rapidement puis **essaie** de lire, mais il ne **comprend** pas toujours ce qu'il **lit** car sa vue **baisse** et il **distingue** à peine les mots.
2. Comme minuit **approchait**, le carrosse **redevint** citrouille.
3. Les jours **passent**, il **s'ennuie** et **tourne** en rond dans sa chambre. Il **semble** bien morose. Parfois il **prend** un livre, le **feuillette**, le **repose**. Son esprit **vagabonde** à droite et à gauche.

3 ★★ **Classez les infinitifs des verbes suivants dans le tableau selon la construction qu'ils admettent.**

dévorer – douter – regarder – venir – s'interroger – demander – renvoyer – courir – téléphoner – lire – écouter – voyager – obéir – dormir – haïr – nuire

Verbes transitifs		Verbes intransitifs
directs	indirects	
....	....	....
....	....	....
....	....	....
....	....	....
....	....	....
....	....	....

4 ★★ **Dans les phrases suivantes, les verbes employés sont tous transitifs. Soulignez les COD en bleu et les COI en rouge. Attention, un même verbe peut admettre un COD et un COI !**

1. L'enfant regarde le jardin et espère le retour du beau temps.
2. Assoiffé, le chat but de l'eau, accroupi au bord de la piscine.
3. Il pense tout le temps à son amie malade.
4. Il sue sang et eau pour achever son marathon.
5. Il ne respecte rien ni personne, il ne s'occupe que de lui.
6. Sophie a demandé à son frère des explications à propos de son retard.
7. Marc apprit sa leçon et fit ses exercices. Il rejoignit ensuite son camarade Paul.
8. Les fourmis traînaient péniblement une énorme brindille sur leur dos.
9. L'homme s'adressa brutalement aux gens attablés pour obtenir des renseignements.
10. Évitons de perdre du temps !

5 ★★★ **Certains verbes sont, selon leur emploi, transitifs ou intransitifs, transitifs directs ou transitifs indirects. Pour chacun des verbes suivants, construisez une phrase selon les instructions données.**

1. Descendre :
a. transitif direct **b.** intransitif
2. Changer :
a. transitif direct **b.** intransitif
3. Jouer :
a. transitif direct **b.** transitif indirect
c. intransitif
4. Abuser :
a. transitif direct **b.** transitif indirect
5. Penser :
a. transitif direct **b.** transitif indirect
6. Voler :
a. transitif direct **b.** intransitif
7. Courir :
a. intransitif **b.** transitif direct

Corrigés p. 229

GRAMMAIRE

8 Le verbe : Les voix et les tournures

OBJECTIF • Reconnaître le sens des verbes pronominaux

SAVOIR

• Voix active et voix passive

• **Voix active** : Le vainqueur gagne un voyage.
sujet (Le vainqueur) — COD (un voyage)

Le verbe est au présent de la voix active.

• **Voix passive** : Un voyage est gagné par le vainqueur.
sujet (Un voyage) — Complément d'agent (par le vainqueur)

Le verbe est au présent de la voix passive, il est conjugué avec l'auxiliaire *être*.

• La tournure pronominale

• **Verbes essentiellement pronominaux**
Ils n'existent que sous la forme pronominale. Il **s'empare** des bijoux. / L'oiseau **s'envole**.

• **Verbes occasionnellement pronominaux**
Ils peuvent avoir trois sens différents :

– **sens réfléchi** : l'action est faite par le sujet sur lui-même ou sur une partie de lui-même ;
Je **me lave**. / Elle **s'est coupé** le doigt.
sujet (Je) — sujet (Elle)

– **sens réciproque** : l'action est exercée par au moins deux personnes l'une sur l'autre ;
Pierre et Jacques **s'écrivent** souvent. / Nous **nous sommes aperçus**.

– **sens passif** : ils peuvent être remplacés par un verbe à la voix passive.
L'argent **se gagne** difficilement = L'argent **est** difficilement **gagné**.

• La tournure impersonnelle

• **Verbes essentiellement impersonnels**
Ils ne se conjuguent qu'avec le pronom impersonnel ***il***. Il pleut / Il grêle / Il faut

• **Verbes occasionnellement impersonnels**
Il manque trois élèves : forme impersonnelle./Trois élèves **manquent** : forme personnelle.

SAVOIR FAIRE

• Accorder le participe passé des verbes pronominaux

• Verbes essentiellement pronominaux et à sens passif : le participe passé **s'accorde toujours avec le sujet**.
Ils se sont envolé**s**. / Ces poupées se sont bien vendu**es**.
sujet (Ils) — sujet (Ces poupées)

• Si le pronom personnel a valeur de COD, le participe passé **s'accorde** avec lui, **sauf si un COD est placé après**.
Ils se sont lavé**s**. /Elles se sont rencontr**ées**.
COD (se) — COD (se)

(*Laver* et *rencontrer* sont transitifs directs : laver qqn : « se » / rencontrer qqn : « se ».)

Mais : Ils se sont lavé les mains.
COD (les mains)

• Si le pronom personnel a valeur de COI, le participe passé **ne s'accorde pas**.
Ils se sont écrit. / Elles se sont souri. (*Écrire* et *sourire* sont transitifs indirects.)

FAIRE

1 ★ **Identifiez les tournures impersonnelles employées dans les phrases ci-dessous en soulignant : en rouge les verbes essentiellement impersonnels, en bleu les verbes occasionnellement impersonnels.**

1. Il faisait déjà nuit quand ils sont arrivés.
2. Travaille ! Étudie ! Il s'agit de ton avenir !
3. Il paraît qu'elle chante une heure tous les matins avant même de prendre son petit-déjeuner.
4. Il neige ! Il faudrait attacher les chaînes sur les pneus sinon nous n'atteindrons pas la station de ski.
5. Il arrive que mon métier m'oblige à m'éloigner longtemps.
6. Si tu as faim, il reste un peu de fromage et du saucisson.

2 ★★ **Cochez la bonne case du tableau selon la catégorie à laquelle le verbe pronominal appartient.**

1. **Ils se sont rencontrés** par un beau dimanche.
2. À l'annonce de cette nouvelle, **ils s'évanouirent**.
3. Le journal **se distribue** quotidiennement.
4. Il **se regarda** dans la glace.
5. Il **se trouva** vieilli.
6. Ils **s'écartent** au passage du cortège.

	1	2	3	4	5	6
Verbes pronominaux réfléchis						
Verbes pronominaux réciproques						
Verbes pronominaux de sens passif						
Verbes essentiellement pronominaux						

3 ★★★ **Mettez les phrases suivantes à la voix passive lorsque cela est possible. Dans le cas contraire, expliquez pourquoi la transformation n'est pas réalisable. Attention aux temps des verbes !**

1. Le car emprunte chaque matin le même itinéraire.

....

2. La sonnerie du téléphone m'a réveillé.

....

3. Elle boit chaque jour de plus en plus.

....

4. Il bouillait de rage à cette nouvelle.

....

5. L'opinion publique refusa les mesures adoptées.

....

6. Le Sénat avait rejeté les deux précédents textes.

....

4 ★★★ **Transformez les phrases suivantes en variant la tournure ou la voix et en prenant garde de ne pas modifier le sens. Précisez la voix ou la tournure des phrases initiales, puis des phrases transformées.**

1. Cette robe se porte uniquement lors d'une soirée.

....

2. Une pluie torrentielle s'abattit sur la ville.

....

3. Une petite chienne blanche a été retrouvée devant l'église.

....

4. Pour qu'ils réussissent, on recommande aux élèves une bonne méthode.

....

5. Il pleuvait des obus sur les tranchées adverses.

....

5 ★★★ **Accordez, si besoin, les participes passés des verbes pronominaux dans les phrases suivantes.**

1. Elles se sont évanoui ... mais se sont vite réveillé...
2. Les enfants se sont douté... que le père Noël était le voisin déguisé !
3. Les voleurs se sont échappé ... du tribunal où ils étaient jugés.
4. Elles se sont salué... de loin.
5. Chien et chat ne se sont jamais apprécié... .
6. Elles se sont menti... du début à la fin.
7. Ils se sont écorché... les jambes en courant dans les broussailles.

Corrigés p. 229

9 Le subjonctif

OBJECTIF • Conjuguer et employer le subjonctif

SAVOIR

Présent et imparfait

Présent	Imparfait			
	Verbe en **-er**	Verbe en **-ir**	Verbe en **-oir** **-re**	Tenir Venir
Que je ......**e** Que tu ......**es** Qu' il ......**e** Que nous ......**ions** Que vous ......**iez** Qu' ils ......**ent**	Que je ......**asse** Que tu ......**asses** Qu' il ......**ât** Que nous ......**assions** Que vous ......**assiez** Qu' ils ......**assent**	......**isse** ......**isses** ......**ît** ......**issions** ......**issiez** ......**issent**	......**usse** ......**usses** ......**ût** ......**ussions** ......**ussiez** ......**ussent**	......**insse** ......**insses** ......**înt** ......**inssions** ......**inssiez** ......**inssent**

Passé et plus-que-parfait

- **Passé**

auxiliaire *avoir* ou *être* au subjonctif présent + participe passé
Que j'**aie chanté**, que je **sois parti**.

- **Plus-que-parfait**

auxiliaire *avoir* ou *être* au subjonctif imparfait + participe passé
Que j'**eusse chanté**, que je **fusse parti**.

SAVOIR FAIRE

Employer le subjonctif dans une proposition indépendante

- Le subjonctif permet d'exprimer un **souhait**, une **prière**.

Que le ciel vous **entende** !

- Il joue le rôle d'**impératif** pour les personnes pour lesquelles l'impératif n'existe pas.

Qu'il **vienne** immédiatement !
Qu'ils **se tiennent** tranquilles !

Employer le subjonctif dans une proposition subordonnée complétive introduite par *que*

Le subjonctif est obligatoire quand le verbe de la principale exprime :
– un **souhait**, une **volonté**, un **désir** ;
Je souhaite que tu **viennes**.
Il exige que ses enfants **soient** polis.
– une **émotion**, un **sentiment**.
Il regrette que tu ne **puisses** venir.
Je crains qu'il se **soit** égaré.

Distinguer, pour les homonymes, subjonctif présent et indicatif présent

Il suffit de remplacer le verbe par *être*.
Il faut que je **travaille** → que je **sois**. Donc subjonctif.
Qu'il **coure** ! → Qu'il **soit** ! Donc subjonctif. Il **court** vite. → Il **est**. Donc indicatif.

FAIRE

1 ★ Rédigez une charte des élèves en dix points, c'est-à-dire dix propositions qui doivent guider leur comportement au collège. Variez les verbes employés !

1. Que l'élève...
2. Qu'il...
3. En cas de retard, qu'il...
4. En cas d'absence, qu'il...
5. S'il ne comprend pas un cours, qu'il...
6. S'il veut réussir, qu'il...
7. Si un ami a des difficultés, qu'il...
8. Si son voisin est trop bavard, qu'il...
9. S'il veut prendre la parole, qu'il...
10. S'il veut qu'on le comprenne, qu'il...

2 ★★ Indiquez si le verbe du 1er groupe en gras est conjugué à l'indicatif ou au subjonctif.

1. J'aimerais que tu te **couches** plus tôt : il paraît que tu **somnoles** en classe.
2. Qu'il se **lève** aux aurores ne me **gêne** pas, il se **déplace** sur la pointe des pieds.
3. Mon père est le seul de la famille qui **tombe** si souvent malade : sa santé fragile lui **pose** vraiment des problèmes.
4. Mes parents **voyagent** tout l'été, à moins qu'un membre de la famille ne **souhaite** séjourner dans leur belle villa.
5. Je lui ai indiqué mes week-end libres afin qu'il **s'organise** pour venir passer quelques jours chez moi.
6. **Penses**-tu que je **trouve** ici, dans ce petit village, quelqu'un qui **répare** mon ordinateur ?

3 ★★ Complétez les phrases suivantes.

1. Il regrette que sa femme ne (*courir*) .... jamais, ils ne peuvent partager ce sport.
2. Qu'il (*courir*) .... un peu ! Ça lui fera du bien, il ne bouge jamais !
3. Qu'il (*courir*) .... vite ! C'est incroyable !
4. Je me suis décidé à faire un peu de sport : je (*courir*) .... deux à trois fois par semaine.
5. J'ai peur que Pépé (*mourir*) .... ; je serais inconsolable.
6. Bois donc un peu, j'ai l'impression que tu (*mourir*) .... de soif !

4 ★★ Complétez par *est / es / ai / aie / aies / ait / aient*.

1. Que j'......... raison est évident ! Lui seul s'obstine à prétendre que j'......... tort.
2. ....-tu sûr que Papa .... déjà organisé ses vacances ?
3. Je crains que tu .... été contaminé par ce virus. Tu .... tout pâle et tu présentes tous les symptômes.
4. Maman n'......... pas allée séjourner chez ses amis bien qu'ils .... insisté car elle voulait voir fleurir son cactus ! Il n'......... que si rarement en fleurs !
5. Quoique je n'......... guère de temps, j'...... décidé de passer quelques instants en ta compagnie.
6. Qu'il .... un peu plus de tonus serait bien agréable : il se traîne et ne fait que dormir.

5 ★★★ Recopiez les phrases suivantes en mettant les verbes entre parenthèses au subjonctif. Attention à la concordance des temps.

1. Jusqu'à ce que nous (*échouer*), tous nous pensaient invincibles.
2. Avant qu'il ne (*boire*), ses parents l'avertirent que le chocolat était très chaud.
3. J'accepte de me promener avec Elsa, à condition qu'elle (*mettre*) un manteau.
4. Je souhaitais que tu (*venir*) en avance.
5. Qu'elle (*courir*) jusqu'à l'arrêt du bus !
6. C'est la seule amie que nous (*avoir*).
7. Ils ont perdu à moins qu'ils ne (*faire*) preuve d'un dernier sursaut d'énergie.
8. Pour qu'elle (*résoudre*) cet exercice, il faudrait l'aider.
9. Quoi que nous (*dire*), il ne nous écoutera pas.
10. Qu'ils (*être*) maudits !
11. Il me menace afin que je (*tenir*) parole.

6 ★★★ Justifiez l'emploi du subjonctif dans les phrases suivantes.

1. J'aimerais que tu **fasses** la vaisselle plus souvent.
2. Qu'elle **parte** ! Je ne la supporte plus.
3. Il est heureux que son ami **ait accepté** d'être témoin à son mariage.
4. Il est surprenant que l'arbre **n'ait pas donné** de fruit cette année.
5. Elle est malade. Qu'elle **guérisse** le plus vite possible !

Corrigés p. 229

10 L'attribut du COD

OBJECTIF • Repérer l'attribut du COD dans une phrase

SAVOIR

• Attribut du sujet – Attribut du COD

• Vous connaissez déjà l'attribut du sujet.

Les **vacances** étaient rendues **agréables** par sa gentillesse.
attribut du sujet *vacances*

• Comme le sujet, le COD peut avoir un attribut.

Sa gentillesse rendait les **vacances agréables**.

Dans cette phrase, l'adjectif *agréables* qualifie le nom *vacances* par l'intermédiaire du verbe *rendre*. *Vacances* est ici COD du verbe *rendre*, donc *agréables* devient **attribut du COD**.

• Nature de l'attribut du COD

L'attribut du COD peut être un adjectif ou un nom.

Les Italiens ont surnommé ce joueur « **le magicien** ».
attribut du COD *ce joueur*

SAVOIR FAIRE

• Repérer l'attribut du COD

Vous pouvez utiliser plusieurs moyens pour reconnaître l'attribut du COD.

• L'attribut du COD est **déplaçable**. Sa gentillesse rendait **agréables** les vacances.

• **En transformant la phrase à la voix passive**, l'attribut du COD devient attribut du sujet.
Les vacances étaient rendues **agréables** par sa gentillesse.

• **En remplaçant le COD par un pronom personnel**, il est possible de distinguer dans certains cas difficiles l'attribut du COD de l'adjectif épithète.

J'ai trouvé ce chien / **gentil**. → Je l'ai trouvé **gentil**.
attribut du COD *chien*

J'ai trouvé / un chien **gentil** → Je **l'**ai trouvé.
épithète du nom *chien*

L'adjectif appartient au groupe nominal COD.

• L'attribut du COD **peut être introduit par un mot de liaison**.

Je choisis Pierre **comme partenaire**.
attribut du COD *Pierre*

• Reconnaître un verbe qui introduit un attribut du COD

L'attribut du COD est introduit par un verbe qui suppose : une transformation, un jugement, une désignation, une perception.

Proclamer, nommer, croire, juger, estimer, trouver, rendre, élire, sacrer, regarder comme, tenir pour, considérer, choisir comme, etc. peuvent introduire un attribut du COD.

FAIRE

1 ★ **Dans les phrases suivantes, appliquez la méthode expliquée dans le Savoir faire, c'est-à-dire : remplacez le COD par un pronom personnel afin de déterminer si les éléments en gras font partie du GN COD ou non. Vous indiquerez ensuite la fonction de l'élément en gras.**

La présence de Paul rend la réunion **conviviale**.
→ La présence de Paul **la** rend **conviviale**.
Donc *conviviale* est attribut du COD *la réunion*.

1. On appelle New York **« la grosse pomme »**.

....

Donc *la grosse pomme* est ....

2. Les touristes garderont toujours un souvenir **merveilleux**.

....

Donc *merveilleux* est ....

3. L'organisateur a nommé Mlle Fleet **animatrice** du groupe de français.

....

Donc *animatrice* est ....

4. L'organisateur a trouvé une **nouvelle** animatrice.

....

Donc *nouvelle* est ....

5. Je trouve la ville **trop grande**.

....

Donc *trop grande* est ....

6. Il essaie d'enfiler un pantalon **trop petit**, mais n'y parvient pas.

....

Donc *trop petit* est ....

2 ★★ **Soulignez l'attribut du sujet, puis transformez les phrases à la voix active de façon que l'attribut du sujet devienne attribut du COD.**

1. Pierre est considéré comme le meilleur joueur de l'équipe.

....

2. Cette victoire n'est pas jugée logique par les journaux.

....

3. Julien a été élu meilleur joueur de l'année.

....

4. L'équipe a été trouvée excellente aujourd'hui.

....

5. Magali et Farid ont été élus délégués de classe par leur camarades.

....

6. Il a été laissé caissier par le directeur malgré ses diplômes, ses capacités et son ambition.

....

3 ★★ **Chacune des phrases suivantes peut avoir deux sens différents. Expliquez ces deux sens et indiquez chaque fois la fonction du groupe de mots en gras.**

1. Le président du tribunal juge cet homme **coupable**.

Sens 1 : .... Fonction : ....
Sens 2 : .... Fonction : ....

2. Je crois cet homme **sincère**.

Sens 1 : .... Fonction : ....
Sens 2 : .... Fonction : ....

3. Le professeur estime cet élève **travailleur**.

Sens 1 : .... Fonction : ....
Sens 2 : .... Fonction : ....

4. Le proviseur a trouvé cette élève **raisonnable**.

Sens 1 : .... Fonction : ....
Sens 2 : .... Fonction : ....

5. Le directeur a nommé un nouveau **responsable du club informatique**.

Sens 1 : .... Fonction : ....
Sens 2 : .... Fonction : ....

4 ★★★ **À partir des verbes suivants, construisez deux phrases : l'une comportant un attribut du COD, l'autre non.**

1. élire

....

....

2. incriminer

....

....

3. juger

....

....

4. considérer

....

....

Corrigés p. 229

GRAMMAIRE

11 La proposition complétive

OBJECTIF • Réaliser une transformation infinitive

SAVOIR

J'attends **son départ**. J'attends **qu'il parte**.
(son départ : COD ; qu'il parte : COD)

La **proposition complétive** :
- appartient au groupe verbal : elle ne peut être ni supprimée, ni déplacée ;
- est introduite par la conjonction ***que*** (ou ***à ce que***, ***de ce que***) ;
- est soit **COD**, soit **COI** du verbe de la principale ;
- est conjuguée :

– à l'indicatif après un verbe de déclaration ou d'opinion,
Je sais **qu'il part**.

– au subjonctif après un verbe de sentiment ou de volonté.
J'attends **qu'il parte**.

Remarque Comparez également la différence des modes.
Il semble que **c'est** un grand malade. = C'est la constatation d'un fait.
Il semble que **ce soit** un grand malade. = C'est davantage une hypothèse.

SAVOIR FAIRE

• Réaliser une transformation infinitive

C'est remplacer la proposition complétive par un infinitif ou une proposition infinitive.

• **Premier cas** : **Je** crois qu'**il** a réussi.
Les sujets représentent deux personnes différentes.
→ La transformation est impossible.

• **Deuxième cas** : **Je** crois que **j'**ai réussi.
Les sujets représentent la même personne (+ verbe à l'indicatif).
→ La transformation est possible : Je crois **avoir réussi**.

• **Troisième cas** : **J'**attends que **je** puisse partir.
Les sujets représentent la même personne (+ verbe au subjonctif).
→ La transformation est obligatoire : J'attends **de pouvoir partir**.

• **Quatrième cas** : **Je** vois que **le hibou** vole.
Les sujets sont différents + verbe de perception.
→ La transformation est possible : **Je** vois **le hibou voler**.

FAIRE

1 ★ **Dressez une sorte de tableau des types d'élèves en complétant les phrases suivantes.**

1. Un bon élève sait que..........

2. Un élève sérieux pense que ....

3. Un élève angoissé redoute que ....

4. Un élève turbulent craint que ....

5. Un élève insolent exige que ....

6. Un élève exigeant réclame que ....

7. Un élève rêveur espère que ....

8. Un élève étourdi oublie que ....

2 ★★ **Remplacez dans les phrases suivantes, souvent lourdes et confuses, les propositions complétives par un groupe nominal de même sens.**

1. Il a attendu *que ses amis remportent le tournoi* pour leur annoncer *qu'il allait abandonner la compétition.*

2. La télévision a annoncé *que la star serait prochainement opérée et qu'elle annulait tous ses concerts.*

3. Il avait espéré *que l'équipage pourrait être sauvé.* Ce n'est que le lendemain qu'il a appris *que tous les membres avaient disparu en mer.*

4. Il est cruellement déçu *que sa mère ne soit pas venue*, alors qu'elle lui avait promis *qu'ils iraient se promener près du lac.*

3 ★★★ **Opérez la transformation infinitive des complétives ci-après. Dans quels cas cette transformation est-elle impossible ? Pourquoi ?**

1. Je désire qu'il échoue.

2. J'entends que la porte claque.

3. Je sens que l'automne arrive bientôt.

4. J'ai entendu qu'ils passaient.

5. Elle estime qu'elle a totalement raison.

6. J'estime qu'elle a totalement raison.

4 ★★★ **Transformez les groupes en gras en propositions complétives.**

1. Je crains **sa venue**.

2. Je doute de **sa réussite**.

3. La radio annonce **un retour de vacances difficile**.

4. Un signal interdit **le départ des voitures**.

5. Le proviseur demande **la nomination des délégués**.

5 ★★★ **Remplacez, lorsque c'est possible, les infinitifs ou les propositions infinitives par des propositions complétives.**

1. Je sens venir l'hiver.

2. Je crains d'être malade.

3. Je veux partir demain matin.

4. J'estime m'être trompé.

5. Il croit devenir champion du monde.

6. Nous entendons le train arriver en gare.

Corrigés p. 230

GRAMMAIRE

12 L'expression du temps

OBJECTIF • Exprimer une relation temporelle

SAVOIR

Il existe différents moyens d'exprimer le temps.

• Le groupe nominal complément circonstanciel de temps

• **Le 18 août dernier**, j'ai reçu sa visite.
Le CCT exprime un moment précis.
• **Depuis cette date**, je n'ai plus eu de nouvelles.
Le CCT exprime une durée.

• La subordonnée circonstancielle de temps

Depuis qu'elle m'a rendu visite en août, je n'ai plus eu de nouvelles.
La subordonnée est introduite par une conjonction de subordination et précise ici que l'action énoncée dans la principale a lieu après l'action énoncée dans la subordonnée.

• La subordonnée participiale

• Comparer les deux phrases **A** et **B** :
A **Quand Pierre est parti**, j'ai poussé un soupir de soulagement.
B **Pierre parti**, j'ai poussé un soupir de soulagement.
• Les deux propositions en gras expriment le même rapport de temps.
• La phrase **B** comporte une proposition participiale complément circonstanciel de temps :
– elle n'est pas introduite par une conjonction ;
– le verbe est au participe et a un sujet, *Pierre*.

SAVOIR FAIRE

• Exprimer une relation temporelle

• La subordonnée de temps précise si l'action exprimée par le verbe de la principale a lieu après (**postériorité**), pendant (**simultanéité**), ou avant (**antériorité**) celle exprimée dans la subordonnée.

• Voici deux propositions : **A** Félix chantait. **B** Antoine pleurait.

• On peut exprimer :
– l'antériorité de **A** par rapport à **B** :
Aussitôt que Félix chantait, Antoine pleurait.
La subordonnée peut être introduite par *après que, depuis que, dès que, quand, lorsque*, etc. et elle est à **l'indicatif** ;

– la simultaneité de **A** et **B** :
Pendant que Félix chantait, Antoine pleurait.
La subordonnée peut être introduite par *quand, lorsque, comme, tandis que, tant que*, etc. et elle est à **l'indicatif** ;

– l'anteriorité de **B** par rapport à **A** :
Jusqu'à ce que Félix chantât, Antoine pleurait.

La subordonnée peut être introduite par *avant que*, *en attendant que*, etc. et elle est au subjonctif.

FAIRE

1 ★ **Indiquez la relation temporelle exprimée dans les phrases suivantes ; pour cela, numérotez les actions dans l'ordre de leur déroulement chronologique.**

1. Depuis qu'elle a compris, elle ne commet plus d'erreurs.

....

2. Le spectacle débuta au moment où j'arrivais au théâtre.

....

3. En attendant qu'il soit calmé, je m'occupe du repas.

....

4. Tandis que le professeur parlait, les élèves bavardaient.

....

5. Après que je vous aurai donné le travail, vous pourrez sortir.

....

2 ★ **Conjuguez les verbes au mode qui convient.**

1. Tu es très en retard ! Je me suis inquiété jusqu'à ce que tu *(venir)* .... enfin.
2. Après qu'il *(finir)* .... son repas, il lave son assiette. Jamais il ne sortirait sans l'avoir fait !
3. Aussitôt que tu *(avoir)* .... les résultats de tes examens, appelle-moi.
4. Dès que les chiens *(se mettre)* .... à aboyer, Grand-père sortait, armée d'un bon gourdin.
5. Va chercher du pain s'il te plaît avant que la boulangerie ne *(être)* .... fermée.
6. Quand le spectacle *(s'achever)* ...., les spectateurs restèrent quelques secondes silencieux avant de se mettre à applaudir, tant ils étaient sous le charme.

3 ★★ **Transformez les subordonnées en principales et les principales en subordonnées de façon à conserver l'ordre des actions.**

1. Vous ferez votre devoir après que je vous aurai expliqué le barème.
2. Avant que vous ne sortiez, je vous donnerai le paquet.
3. Pendant que tu prendras ton bain, je repasserai ton chemisier.

4 ★★ **Il est bien difficile de suivre le déroulement des actions dans le texte suivant. Pourtant, en analysant les relations temporelles, retrouvez l'ordre chronologique des actions exprimées.**

Avant qu'il ne parte au collège (**A**), et après qu'il a pris son petit déjeuner (**B**), sa mère l'encourage et lui souhaite de réussir son contrôle de maths (**C**). Dès qu'il entre en classe (**D**), et avant que le professeur ne donne les derniers conseils (**E**), il sort ses affaires (**F**). Il reste concentré (**G**) jusqu'à ce que le professeur distribue le libellé du devoir (**H**). Il applique la méthode (**I**), lorsqu'il se trouve face à une difficulté (**J**). Pendant que certains de ses camarades dispersent leur attention (**K**), il s'acharne à terminer un problème compliqué (**L**). Avant que le professeur ne ramasse les copies (**M**), il relit son travail (**N**). Mais il pose son stylo et remet son devoir (**O**) aussitôt que la cloche sonne (**P**).

....

....

....

5 ★★★ **Transformez les propositions A et B respectivement en principale (A) et subordonnée (B) de façon à exprimer la relation temporelle indiquée. Attention aux temps et aux modes !**

Action **A**	Action **B**
1. Le chat s'enfuit.	1. Le chien aboie.
2. Je vais au cinéma.	2. Tu travailles.
3. Elle sera de retour.	3. Il est endormi.
4. Le dîner commença.	4. La cloche sonna.
5. Il restait dehors.	5. Sa mère l'appela.

Relation temporelle

1. **A** postérieure à **B**.

....

2. **A** et **B** simultanées.

....

3. **A** antérieure à **B**.

....

4. **A** postérieure à **B**.

....

5. **A** antérieure à **B**.

....

Corrigés *p. 230*

GRAMMAIRE

13 L'expression de la cause, de la conséquence, du but et de la comparaison

OBJECTIF • Exprimer les relations logiques

SAVOIR

• La cause et la conséquence

• La cause exprime le **motif** d'une action, la conséquence son **effet**.

• La proposition subordonnée circonstancielle exprimant la **cause** est introduite par une conjonction de subordination telle : *parce que*, *comme*, *puisque*, *étant donné que*… ; celle exprimant la **conséquence** par *si bien que*, *si... que*, *tellement… que*…

Parce qu'il mange, il grossit. Il mange **tant qu'**il grossit.

• Le but

• Le but exprime un **objectif à atteindre**.

• La proposition subordonnée circonstancielle qui permet d'exprimer le but est introduite par une conjonction de subordination telle : *afin que*, *pour que*…

Sa mère a préparé son cartable **afin qu'**il n'oublie rien.

• La comparaison

• La comparaison indique ressemblances et différences.

• La proposition subordonnée circonstancielle exprimant la comparaison est introduite par une conjonction de subordination telle : *aussi… que*, *comme*, *autant… que* (**égalité**), *plus… que* (**supériorité**), *moins… que* (**infériorité**).

Il parle **moins** bien **qu'**il n'écrit.

SAVOIR FAIRE

• Savoir exprimer les relations logiques

• Exprimer une relation logique

Voici deux propositions : Il est malade, il reste couché.

Étape 1 : Identifier la relation logique sous-entendue.
Sa maladie est la cause de son alitement.
Son alitement est la conséquence de sa maladie.

Étape 2 : Exprimer cette relation logique.
Elle peut être précisée de deux manières :
– par l'expression de la cause :
À cause de sa maladie, il reste couché. **Parce qu'il est malade**, il reste couché.
– par l'expression de la **conséquence** :
Il est malade, **si bien qu'il reste couché**. Il est **si** malade **qu'il reste couché**.

• Manipuler les relations logiques

Comparez les exemples suivants :

Le professeur donne une punition générale **parce que** les élèves restent silencieux.
= expression de la cause

Le professeur donne une punition générale **de sorte que** les élèves restent silencieux.
= expression de la conséquence

Le professeur donne une punition générale **pour que** les élèves restent silencieux.
= expression du but

Le choix d'une relation logique peut modifier totalement le sens d'un énoncé.

FAIRE

1 ★ **Exprimez la relation logique sous-entendue entre les propositions suivantes en gardant l'ordre des propositions.**

1. Il feint d'être fatigué, son ami est obligé de porter les bagages.

....

2. Il est impossible de prendre la route, il a trop neigé cette nuit.

....

3. La nuit tombe, il faut allumer les bougies.

....

4. Il s'entraîne ardemment : il souhaite la victoire de son équipe.

....

5. Il est triste, rien ne peut le dérider.

....

2 ★ **Les relations logiques exprimées dans les phrases suivantes sont tout à fait... illogiques ! À vous de rétablir une cohérence en effectuant les transformations nécessaires.**

1. Le professeur se fâche pour que les élèves soient turbulents.

....

2. Pierre a décidé de ne pas travailler, de crainte qu'il ne réussisse pas son devoir.

....

3. Parce que les souris dansent, le chat s'enfuit.

....

4. Pierre a une indigestion de telle sorte qu'il mange trop.

....

5 . L'élève se met à pleurer parce que le professeur est indulgent à son égard.

....

3 ★ **Indiquez si les phrases suivantes expriment la cause, la conséquence, le but ou la comparaison. Cochez la bonne colonne du tableau.**

	cause	conséquence	but	comparaison
1. Comme il arrive toujours très en retard, je ne l'invite plus.				
2. Sous prétexte que le soleil abîme la peau, elle vit totalement cloîtrée l'été !				
3. Il regarde beaucoup plus la télévision qu'il ne passe de temps à lire.				
4. Elle a tant crié qu'elle n'a plus de voix.				
5. Je voyage pour découvrir des civilisations différentes de la mienne.				
6. Explique-lui bien le trajet afin qu'il ne se perde pas.				
7. Il a agi avec générosité comme on s'y attendait.				
8. Il s'habille chaudement pour que le froid ne l'empêche pas de profiter du match.				

4 ★★ **Transformez les subordonnées de conséquence suivantes en subordonnées de but. Attention aux modifications nécessaires.**

1. Florence m'a retenu si longtemps que j'ai raté mon train.
2. Tu marches si vite que je ne peux te suivre.
3. Elle prit la voie rapide si bien que nous ne fûmes pas en retard.
4. Il communiqua le résultat d'une voix si basse que je ne pus le comprendre.

5 ★★★ **Transformez les principales en subordonnées et les subordonnées en principales. Quelle est la fonction de ces nouvelles subordonnées ?**

1. Il ne se souvient pas de toi, parce que tu étais trop jeune à cette époque.
2. Il était si énervé qu'il renonça à lui expliquer davantage cet exercice.
3. Comme il venait d'arriver, il ne comprit pas les raisons de son chagrin.
4. Il a tellement grandi qu'il doit renouveler sa garde-robe.

Corrigés p. 230

GRAMMAIRE

14 L'adverbe

OBJECTIF • Orthographier et employer les adverbes

SAVOIR

L'adverbe est invariable et a des rôles divers.

• Rôle des adverbes dans la phrase

On distingue :

• l'adverbe qui porte sur le **verbe** dont il complète, nuance le sens ;

Il lit **beaucoup**. – Il mange **trop**. – Elle court **vite**.

• l'adverbe qui porte sur un **adjectif qualificatif** ou un **autre adverbe** ;

Elle est **très** gentille. – Il est **particulièrement** agréable. – il chante **joliment** bien.

adj. qual. adj. qual. adv.

• l'adverbe qui porte sur toute la phrase.

Souvent, il vient déjeuner à la maison.

• Composition des adverbes en *–ment*

Ils se composent à partir de l'adjectif qualificatif correspondant :

radicale–ment ; joyeuse–ment ; vrai–ment.

SAVOIR FAIRE

• Distinguer adjectif et adverbe

Certains adjectifs peuvent être employés comme adverbes : ils sont alors invariables. Pour distinguer l'adverbe de l'adjectif, il faut passer le nom au féminin.

Ce château, je l'imagine très **haut**. → Cette maison, je l'imagine très **haute**.

Haut est un **adjectif qualificatif**.

Ces animaux sautent très **haut**. → Ces gazelles sautent très **haut**.

Haut est un **adverbe**.

• Orthographier les adverbes en *–ment*

• Si l'adjectif se termine au masculin par une voyelle, l'adverbe est formé par simple adjonction du suffixe *-ment*. On ajoute parfois un accent.

vrai → vraiment ; ridicule → ridiculement ; conforme → conformément

• Si l'adjectif se termine au masculin par une consonne, l'adverbe se forme sur le féminin de l'adjectif.

dur → dure → durement

• Si l'adjectif se termine par *-ant* ou *-ent*, l'adverbe se forme par adjonction de *-mment* à la voyelle *-a-* ou *-e-*. Tout adverbe se prononçant en [AMENT] prend donc 2 *-m-*.

abondant → abondamment ; fréquent → fréquemment

1 ★ **Soulignez tous les adverbes présents dans le texte suivant.**

La pluie tombait drue. Ils furent totalement trempés avant d'avoir pu se réfugier sous un porche. Il leur fallu attendre longtemps en grelottant beaucoup. Soudain, la pluie cessa aussi soudainement qu'elle avait commencé. Aussitôt le soleil brilla et un arc-en-ciel jeta gracieusement ses chatoyantes couleurs sur la ville.

2 ★★ **Orthographiez correctement les adverbes correspondant aux adjectifs masculins suivants.**

constant : ....
sûr : ....
habile : ....
abondant : ....
harmonieux : ....
suffisant : ....
conforme : ....
annuel : ....
imprudent : ....
essentiel : ....
instant : ....
hardi : ....
évident : ....
vaillant : ....
ancien : ....
sévère : ....
horizontal : ....
conscient : ....
solennel : ....

3 ★★ **Exercice inverse : retrouvez l'adjectif masculin correspondant aux adverbes suivants.**

brièvement : ....
mollement : ....
amèrement : ....
fréquemment : ....
verticalement : ....
heureusement : ....
docilement : ....
futilement : ....
méchamment : ....
habituellement : ....
apparemment : ....
actuellement : ....
follement : ....

4 ★★ **Indiquez, pour chaque adverbe en gras, s'il complète un verbe, un adjectif, un autre adverbe (que vous préciserez) ou toute la phrase.**

1. Les enfants marchaient **rapidement** vers le collège.
2. Il est **particulièrement** doué en langue.
3. Elle est très **joliment** habillée.
4. Ils mangent **beaucoup** trop salé.
5. Il avança jusqu'au bord de l'étang **prudemment**.
6. Les fillettes jouaient **silencieusement** pour ne pas réveiller leur père.
7. Il a atteint **assez** facilement l'autre rive.
8. **Heureusement**, nous sommes arrivés à temps pour prendre le train.
9. Les élèves écoutèrent **attentivement** la leçon.
10. Elle est **vraiment** gentille.
11. Ils ont **bien** sagement traversé la cour et rejoint le gymnase.
12. **Aujourd'hui** des grêlons sont tombés qui ont **entièrement** saccagé le jardin.

5 ★★★ **Entourez la forme qui convient.**

1. Cette montre ne coûte pas très *cher – chère*.
2. Celle-ci, en revanche, me paraît beaucoup plus *cher – chère*.
3. Tu ne serres pas les nœuds assez *fort – forts*.
4. Je crois que ces deux frères sont tous deux très *fort – forts* en mathématiques.
5. Des cris *soudain – soudains* retentissent.
6. Des projecteurs sont *soudain – soudains* venus trouer l'obscurité.
7. Ne bronzez plus *idiot – idiots*.
8. Ils revendiquèrent *haut et fort – hauts et forts* leurs droits.
9. Ses propos ne me paraissaient pas très *clair – clairs*.
10. Va chercher une lampe : nous ne voyons pas très *clair – clairs* dans cette cave.
11. Des cris retentissent *soudain – soudains*.

Corrigés p. 230

15 Genres et registres

OBJECTIF • Être sensible à la tonalité d'un texte

SAVOIR

• Le genre

Il détermine la **catégorie** à laquelle un texte appartient : roman, nouvelle, fable, théâtre (comédie, tragédie), poésie, autobiographie…

• Le registre

Il donne un **ton** au texte et suscite une émotion : rire, pitié, tristesse…

Registre	Effets
Comique	Amuser, provoquer le rire.
Pathétique	Émouvoir le lecteur, le bouleverser.
Tragique	Susciter l'effroi, rendre sensible la force du destin qui emporte le personnage.
Lyrique	Faire partager ses sentiments, son enthousiasme ou sa tristesse au lecteur.
Épique	Donner aux événements une dimension hors du commun.

SAVOIR FAIRE

• Identifier le registre d'un texte

- **Étape 1** : lire le texte attentivement et exprimer en une phrase courte l'impression produite.
- **Étape 2** : identifier le thème développé par le texte.
- **Étape 3** : repérer les principaux indices de certains registres.

Registre	Personne grammaticale Personnages	Vocabulaire	Syntaxe
Comique	Mise en évidence de leur ridicule.	Jeux de mots, exagérations.	Rythme rapide, variations de rythme.
Pathétique	Personnages souffrants.	Vocabulaire de la souffrance.	Forte ponctuation, changements de rythme.
Tragique	Personnages nobles, souffrants écrasés par le destin.	Registre soutenu, champ lexical de la mort, de la fatalité.	Phrases amples, rythme solennel.
Lyrique	Présence forte du *je*.	Registre poétique, images, vocabulaire des sentiments.	Exclamatives, interrogatives.
Épique	Utilisation de *il/ils*.	Registre soutenu, adjectifs souvent antéposés.	Emphase, phrases en gradation, énumérations.

Le narrateur raconte la mort de Manon.

> Pardonnez si j'achève en peu de mots **un récit qui me tue**. Je **vous** raconte **un malheur** qui n'eut jamais d'exemple. Toute ma vie est destinée à le **pleurer**.

Abbé Prévost, *Manon Lescaut*, 1753.

Ce texte présente un registre pathétique : champ lexical de la souffrance, volonté de susciter la pitié du lecteur.

FAIRE

1 ★ **Complétez les phrases suivantes avec les mots proposés.**

fabuliste – diariste – dramaturge – nouvelliste – mémorialiste – romancier

1. Un auteur de pièce de théâtre est un ....
2. Celui qui rédige ses mémoires est un ....
3. Anne Franck qui rédige son journal intime est ....
4. J'écrirai des romans : je serai .... !
5. Un auteur de nouvelle est un ....
6. La Fontaine est le plus célèbre .... français.

2 ★ **Identifiez le registre dominant dans chacun des textes suivants.**

Texte 1

On vit alors un objet digne d'une éternelle pitié : une jeune demoiselle parut dans la galerie de la poupe du Saint-Géran, tendant les mains vers celui qui faisait tant d'efforts pour la joindre. [...] La vue de cette aimable personne, exposée à un si terrible danger, nous remplit de douleur et de désespoir.

Bernardin de Saint-Pierre, *Paul et Virginie*, 1788.

Texte 2

Grâce aux dieux ! mon malheur passe mon [espérance !
Oui, je te loue, ô ciel de ta persévérance.
Appliqué sans relâche au soin de me punir,
Au comble des douleurs tu m'as fait parvenir ;
[...]
Hé bien ! je meurs content, et mon sort est [rempli.

Jean Racine, *Andromaque*, 1667.

Texte 3

J'étais assis près de ma bien-aimée, oh bien près ! je serrais ses mains, j'aspirais la tiède senteur de son cou, le souffle enivrant de sa bouche, je me serrais contre son épaule, j'avais envie de pleurer ; l'extase me tenait palpitant, éperdu, mon âme volait à tire-d'aile sur la mer infinie.

J.-C. Huysmans, *À rebours*, 1884.

Texte 4

Un madrier énorme avançait en effet comme un monstre géométrique, porté par cinquante hommes parallèles, penchés en avant comme des haleurs, avec ou sans col, mais tous un fusil sur le dos. Il traversa les décombres de la chaussée, les plâtras et les morceaux de grille, frappa la porte comme un gong énorme et recula.

André Malraux, *L'Espoir*, © Éditions Gallimard, 1937.

Texte 5

Le Professeur. – Les sons, Mademoiselle, doivent être saisis au vol par les ailes pour qu'ils ne tombent pas dans les oreilles des sourds. Par conséquent, lorsque vous décidez d'articuler, il est recommandé, dans la mesure du possible, de lever très haut le cou et le menton, de vous élever sur la pointe des pieds, tenez, ainsi, vous voyez...

Eugène Ionesco, *La Leçon*, © Éditions Gallimard, 1951.

Texte 6

Gervaise, cependant, se retenait pour ne pas éclater en sanglots. Elle tendait les mains, avec le désir de soulager l'enfant ; et, comme le lambeau de drap glissait, elle voulut le rabattre et arranger le lit. Alors, le pauvre petit corps de la mourante apparut. Ah ! Seigneur ! quelle misère et quelle pitié ! Les pierres auraient pleuré. Lalie était toute nue, un reste de camisole aux épaules en guise de chemise; oui, toute nue, et d'une nudité saignante et douloureuse de martyre. Elle n'avait plus de chair, les os trouaient la peau.

Émile Zola, *L'Assommoir*, 1877.

3 ★★ **Réécrivez dans un registre tragique le texte suivant.**

Encore un effort, un tout petit effort. Il faut attraper la corde, vite, sinon gare à la pirouette ! Dix mètres de vide, ce n'est rien, enfin, pas grand-chose, mais tout de même. Je n'ai pas vraiment l'envie de vérifier si je suis ou non un oiseau : il me semble me souvenir que je n'ai pas appris à voler. J'ai mal aux mains, la pierre s'effrite, et tous ces gens en bas vont bientôt assister à un drôle de spectacle.

4 ★★★ **À partir du sujet suivant, écrivez trois courts récits. Vous adopterez pour le premier le registre comique, pour le deuxième le registre épique et pour le troisième le registre pathétique.**

Sujet

Dans un restaurant très chic, une grosse dame, malgré ses efforts, ne peut s'extraire du fauteuil dans lequel elle s'est assise. Vous assistez à la scène.

Corrigés p. 230

16 L'énonciation

OBJECTIF • Distinguer énoncé et énonciation

SAVOIR

• Définition

L'énonciation désigne l'acte de produire un **énoncé**. Elle renvoie à la **situation de communication** :

locuteur → énoncé → destinataire

• Les marques de l'énonciation

Les marques visibles de l'énonciation dans un texte sont :

• la présence du **locuteur** (QUI parle ?) : marques de 1re personne (*je*, *nous*, *mon*, *notre*…) + verbe à l'impératif ;

• la présence du **destinataire** (À QUI ?) : marques de 2e personne (*tu*, *vous*, *ton*, *votre*…) + verbe à l'impératif ;

• le **lieu** de l'échange (OÙ ?) : éléments qui ancrent l'énoncé dans le lieu où s'est déroulé l'échange (*ici*, *là*…) ;

• le **moment** de l'échange (QUAND ?) : éléments qui ancrent l'énoncé par rapport au moment de l'échange (*aujourd'hui*, *maintenant*, *demain*…) ;

• les **intentions** du locuteur : marques d'expression d'un jugement, des sentiments, d'un degré de certitude (*certainement*, *assurément*, *sans doute*, *peut-être*…).

SAVOIR FAIRE

• Distinguer deux types d'énoncé

• **Énoncé coupé de l'énonciation :** Ce jour-là, il neigea toute la journée.
Cet énoncé ne contient aucune marque concernant l'énonciation. L'énoncé ne révèle pas de situation de communication entre un locuteur et un destinataire.

• **Énoncé ancré dans l'énonciation :** Tiens ! Je suis sûr qu'il va neiger aujourd'hui.
Cet énoncé laisse apparaître plusieurs marques de l'énonciation, c'est-à-dire des éléments qui permettent de mettre l'énoncé en relation avec sa propre situation d'énonciation :
– le locuteur est mis en scène par : la 1re personne du singulier (je), la présence d'un impératif (Tiens) ; il est aussi présent dans cet énoncé parce qu'on lit une certitude (sûr) ;
– le **destinataire** est visible dans l'impératif (Tiens) ;
– le **temps de l'énonciation** est mis en scène par aujourd'hui et par le présent à valeur de futur proche (il va neiger) qui prend son sens par rapport au moment de l'échange.

Remarque Il suffit qu'une seule marque d'énonciation apparaisse dans l'énoncé pour que celui-ci soit ancré dans l'énonciation.

• Le cas du déterminant démonstratif

• Il n'est pas un signe d'énonciation quand il reprend un élément de l'énoncé.
Les peupliers de la ville de Draguignan sont malades. Il faut couper tous **ces** arbres.
Ces arbres renvoie aux peupliers, mot de l'énoncé.

• Il est une marque d'énonciation quand il renvoie à la situation de communication, plus particulièrement **au lieu** de l'énonciation.
Ces arbres sont vraiment malades !
Ces arbres renvoie à ceux que le locuteur a sous les yeux au moment où il parle : ces est une marque d'énonciation car il ancre l'énoncé dans le lieu de l'énonciation.

FAIRE

1 ★ **Lisez le texte suivant et répondez aux questions.**

Rustan à Usbek, à Erzeron

Tu es le sujet de toutes les conversations d'Ispahan ; on ne parle que de ton départ. [...] On ne peut comprendre que tu puisses quitter tes femmes, tes parents, tes amis, ta patrie pour aller dans des climats inconnus aux Persans. La mère de Rica est inconsolable ; elle te demande son fils, que tu lui as, dit-elle, enlevé. Pour moi, mon cher Usbek, je me sens naturellement porté à approuver tout ce que tu fais.

D'Ispahan, le 28 de la Lune de Rebiab, 1711.

Montesquieu, *Les Lettres persanes*, 1721.

1. Soulignez les pronoms personnels, les adjectifs possessifs et les apostrophes.
2. Quels sont ceux qui renvoient au locuteur ? Quel est son nom ?
3. Quels sont ceux qui renvoient au destinataire ? Quel est son nom ?
4. D'où écrit le locuteur ?
5. Où se trouve le destinataire ?

2 ★★ **Indiquez, en reportant le numéro des phrases dans le tableau, si les énoncés suivants sont coupés de l'énonciation ou ancrés dans l'énonciation.**

1. Le 21 mai 2010, Philippe Dubois et Marina Demanjot regardaient, assis sur un banc parisien, couler la Seine et ils se racontaient des souvenirs d'enfance en riant beaucoup.
2. L'écologie, c'est certain, est très importante pour l'avenir de notre planète et pourtant elle est trop souvent négligée. Quel dommage !
3. Nous rejoindras-tu ici ce week-end ? Comme ce serait agréable si toute la famille était réunie ! C'est tellement rare !
4. Pierre avait passé la matinée à réparer sa tondeuse mais elle ne démarra pas plus que la veille. Il se décida finalement à emprunter celle de son voisin avec lequel il s'entendait à merveille.
5. Regarde ce drôle d'oiseau ! Je n'en ai jamais vu de semblable dans cette région et pourtant je m'y connais, je les observe depuis des années.

Énoncés ancrés dans l'énonciation	Énoncés coupés de l'énonciation
N°................................	N°................................

3 ★★ **Classez les déterminants en gras dans la bonne case du tableau. S'ils reprennent un élément de l'énoncé, précisez lequel entre parenthèses, comme sur le modèle.**

1. Il admirait les navires du port : **ces** beaux voiliers lui donnaient envie de partir au loin.
2. **Ces** oiseaux sont stupéfiants ! Ils sont capables de voler durant des jours et des jours avant d'arriver à destination.
3. Regarde **ces** petites filles et **ces** petits garçons qui jouent dans le jardin ! **Ces** enfants ont l'air de bien s'amuser.
4. Nous n'avons pas reçu ma grand-mère **cette** année : elle est trop fatiguée pour voyager.
5. Inès et Caroline s'entendent bien. **Ces** jeunes filles se voient souvent.
6. Entends-tu **ces** hurlements et **ces** bruits ? **Ce** tapage dure depuis deux bonnes heures, je n'en peux plus !

	Indice d'énonciation	Renvoie à un élément de l'énoncé
1.	....	**ces** (les navires du port)
2.	....	....
3.	....	....
4.	....	....
5.	....	....
6.	....	....

4 ★★★ **Relevez, dans les énoncés ancrés dans l'énonciation de l'exercice 2, les indices d'énonciation et classez-les dans le tableau ci-dessous.**

Indices concernant la présence du locuteur	....
ses intentions	....
la présence du destinataire	....
le lieu	....
le moment	....

Corrigés p. 231

17 Narration et narrateur

OBJECTIF • Repérer les interventions d'un narrateur

SAVOIR

Lors de la lecture d'un récit, il faut distinguer :

- **l'auteur** : c'est une personne réelle, qui a écrit le texte ;
- **le narrateur** : c'est celui qui nous raconte l'histoire.
  - Le narrateur peut être totalement extérieur à l'histoire qu'il nous raconte : c'est une simple voix. Il s'agit d'un récit à la troisième personne.
  - Le narrateur peut être à la fois un personnage de l'histoire et le conteur de cette histoire. Le récit est à la première personne.
  - Le narrateur peut enfin être l'auteur lui-même qui raconte une histoire réelle, la sienne (c'est une autobiographie), ou celle dont il a été le témoin (par exemple un récit historique, un témoignage) ;
- **le lecteur** : c'est le destinataire de l'œuvre, mais il peut aussi être interpellé par le narrateur dans le texte même.

SAVOIR FAIRE

Repérer les interventions du narrateur

Dans le cas d'une autobiographie ou d'un récit à la première personne, il est bien évident que le narrateur intervient dans l'histoire qu'il nous raconte. Mais le narrateur est également présent lorsqu'il est le simple conteur de l'histoire. On peut alors repérer ses interventions.

- Il peut **s'adresser directement au lecteur**.

S'il prenait ainsi le chemin le plus long, **dites-vous** bien que la maison de Madame de Bargeton était située sur cette route.

Honoré de Balzac, *Les Illusions perdues*, 1843.

- Il peut **utiliser un pronom (*nous*, *on*) qui semble englober à la fois le lecteur et le narrateur**.

Quand **on** avait tourné le dos au Taureau rouge [...], **on** trouvait devant soi plusieurs sentiers parallèles.

Jules Barbey d'Aurevilly, *L'Ensorcelée*, 1855.

- Il peut aussi **inclure dans son récit des réflexions au présent**.

Ce présent peut servir à exprimer une idée générale, partagée par tous.

Il travaillait avec la plus grande attention, **avec cette ardeur qu'on met dans les choses qui passionnent**.

Ce présent peut aussi renvoyer, dans un récit au passé, à la situation du narrateur au moment où il raconte l'histoire.

Elle était alors belle, mais d'une pâleur extrême – et **je sais aujourd'hui que c'était là le signe de sa maladie**.

Il peut également exprimer son sentiment par le biais d'exclamations.

Elle était alors belle, mais **hélas** ! d'une pâleur extrême.

FAIRE

1 ★ **Lisez attentivement les trois textes suivants, puis répondez aux questions.**

Texte 1

Madame, quelque répugnance que je puisse avoir à vous donner l'histoire de ma vie, qui a été agitée de tant d'aventures différentes. [...] Je sors d'une maison illustre en France et ancienne en Italie. Le jour de ma naissance, on prit un esturgeon monstrueux dans une petite rivière qui passe sur la terre de Montmirail, en Brie, où ma mère accoucha de moi.

Cardinal de Retz, *Mémoires*, 1717.

Texte 2

Je suis la mer. On me connaît. Je suis salée. Je suis bleue quand le ciel est bleu, verte quand le ciel est... vert. Si vous me préférez rouge, je suis la mer Rouge. Noire, je suis la mer Noire. De corail. Etc.

Je vous ai tous vus sur mes plages, tous, avec vos pâtés de sable, vos cannes à lancer, vos huiles à bronzer, vos filets à crevettes.

René Fallet, *Bulle ou la voix de l'Océan*, © Éditions Denoël, 1970.

Texte 3

Un matin, au sortir d'un rêve agité, Grégoire Samsa s'éveilla transformé dans son lit en une véritable vermine. Il était couché sur le dos, un dos dur comme une cuirasse, et, en levant un peu la tête, il s'aperçut qu'il avait un ventre brun en forme de croûte divisé par des nervures arquées.

Franz Kafka, *La Métamorphose*, 1915.

1. Qui est l'auteur du :
– texte 1 ? ....
– texte 2 ? ....
– texte 3 ? ....

2. Qui est narrateur du :
– texte 1 ? ....
– texte 2 ? ....
– texte 3 ? ....

3. Quel texte présente une autobiographie ? Cochez la bonne réponse.

❒ **a.** texte 1
❒ **b.** texte 1
❒ **c.** texte 2

2 ★★ Cherchez dans un dictionnaire :

- des renseignements sur la vie de Maupassant ;
- le sens du mot *biographie*.

Rédigez ensuite une courte biographie de cet auteur.

3 ★★★ **Soulignez dans cet extrait les interventions du narrateur. Puis classez ces interventions dans le tableau.**

C'était une femme dans la fleur mûrie de la jeunesse, active, courageuse, et de ce sens droit, perçant, supérieur, qu'on rencontre dans une grande quantité de femmes de Normandie.
Ce sang devait produire en elle quelque [...] incendie, pour peu qu'il fût agité par [la] Destinée qui remue si souvent nos passions dans nos veines endormies [...]. Hélas ! quand Jeanne avait épousé Thomas le Hardouey, elle avait senti un soulèvement de ce sang qui arrosait dans son cœur les rêves que toute jeune fille y porte.
Elle avait été belle comme le jour à dix-huit ans : moins belle cependant que sa mère ; mais cette beauté, qui passe plus vite dans les femmes de la campagne que dans les femmes du monde, parce qu'elles ne font rien pour la retenir, elle ne l'avait plus.
Je veux parler de cette chair lumineuse de roses fondues.

Jules Barbey d'Aurevilly, *L'Ensorcelée*, 1855.

Effet visé par le narrateur	Interventions
Englober le lecteur	....
Exprimer son sentiment	....
Expliquer	....
Exprimer une vérité d'ordre général	....

Corrigés p. 231

LECTURE – ÉCRITURE

18 Discours informatif Discours explicatif

OBJECTIF • Repérer les informations dans un texte

SAVOIR

- **Un texte informatif** apporte des informations sur un sujet. Une lettre, une facture, une introduction de manuel scolaire, un résumé de roman peuvent être des textes informatifs.
- **Un texte explicatif** apporte des explications sur un sujet. Une notice d'appareil ménager, un article de dictionnaire sont des textes explicatifs.
- Ce sont des textes **objectifs** : celui qui parle, celui qui produit le discours n'intervient pas (ou peu) et ne donne pas son avis sur le sujet abordé. L'emploi du *je* y est rare. Le temps le plus fréquemment utilisé est **le présent** qui a souvent une valeur générale ou historique.

SAVOIR FAIRE

• Repérer informations et explications dans un texte

Les philosophes des Lumières et leur rôle

L'Histoire désigne par cette expression **les écrivains et penseurs du XVIIIe siècle** (Montesquieu, Voltaire, Diderot, Rousseau…) qui, guidés par la raison, ont lutté contre les préjugés et ont répandu un idéal de liberté. Les philosophes se donnent **pour rôle d'éclairer les hommes et de contribuer à leur bonheur** sur tous les plans de la vie sociale et politique :

– Ils critiquent la monarchie absolue de droit divin, lui préférant le modèle anglais de la monarchie parlementaire, ou même le modèle démocratique.

– Ils critiquent la toute-puissance et l'intolérance de l'Église.

– Ils revendiquent une liberté de penser et d'expression (malgré la censure, *L'Encyclopédie* parviendra à être publiée).

– Ils veulent diffuser leur savoir et vulgariser les connaissances scientifiques et techniques.

– Ils s'intéressent à tous les aspects de la vie sociale : médecine, commerce, éducation, car ils ont confiance dans le progrès humain.

• Savoir bien lire un texte informatif ou explicatif

- Identifier le sujet abordé par le texte : observer s'il y en a un le titre, bien lire les premières phrases, repérer le champ lexical le plus important. *Le texte ci-dessus aborde le thème des philosophes des Lumières, c'est-à-dire des écrivains et penseurs du XVIIIe siècle.*
- **Être attentif à l'organisation du texte** : généralement un texte informatif ou explicatif est très structuré (utilisation de liens logiques, de liens chronologiques ou même de numéros). *Le texte a une organisation visuelle : après chaque tiret, est donné un aspect du rôle des philosophes des Lumières.*
- **Observer aussi les caractères d'écriture utilisés** : souvent, les informations importantes sont soulignées, ou mises en caractères gras. *En caractères gras figurent les définitions générales des philosophes des Lumières et de leur rôle.*
- **Rechercher le vocabulaire inconnu et qui semble important** : *préjugés, monarchie absolue de droit divin, monarchie parlementaire, censure, vulgariser* doivent être compris.

FAIRE

1 ★ Répondez aux questions suivantes après avoir lu le texte proposé.

L'ouvrage que nous commençons (et que nous désirons définir) a deux objets : comme Encyclopédie, il doit exposer autant qu'il est possible, l'ordre et l'enchaînement des connaissances humaines ; comme Dictionnaire raisonné des sciences, des arts et des métiers, il doit contenir sur chaque art et sur chaque science [...] des principes généraux qui sont la base, et les détails les plus essentiels [...].

D'Alembert, *Discours préliminaire de l'Encyclopédie*, 1751.

1. Qui parle ?
2. De quel ouvrage est extrait le texte ? Que signifie le mot « préliminaire » ? Repérez dans le texte un verbe qui renvoie à l'adjectif « préliminaire ».
3. Quel est le sujet abordé par ce texte ? Quelles informations nous sont données ?

2 ★★ Lisez attentivement le texte, puis répondez aux questions en soulignant au préalable les informations qui correspondent à chaque question.

Le XVIIIe siècle est le siècle du théâtre. Le pouvoir ne persécute plus les comédiens – le régent rappelle les Comédiens italiens en 1716 –, et les sévérités de l'Église scandalisent [...]. Nobles, bourgeois, hommes du peuple partagent la même passion pour les représentations dramatiques. À côté des scènes officielles – la Comédie-Française, l'Opéra, le théâtre des Italiens –, les forains montent des pièces sur leurs tréteaux ; les riches particuliers ont un théâtre à eux, et beaucoup d'amateurs jouent la comédie.

L'Opéra s'étant réservé le chant et la danse, la Comédie-Française conserve le monopole de la tragédie et de la comédie en vers. [...]. On y jouera encore deux cents tragédies classiques, et on n'y accueille volontiers que la "grande comédie" en cinq actes et en vers, régulière, moralisante et pas toujours gaie. On y trouve de bons acteurs : après Baron et A. Lecouvreur, Lekain, Melle Clairon, et surtout vers 1760, Préville, Melles Dumesnil et Dangeville. Mais la maison n'évolue guère, et les changements sont surtout matériels : suppression des banquettes sur la scène en 1759, et déménagement des Fossés-Saint-Germain à la Salle des Machines, aux Tuileries (1770), puis à l'Odéon (1782) où enfin les spectateurs du parterre pourront s'asseoir.

Les Comédiens italiens se sont réinstallés en 1716 à l'Hôtel de Bourgogne. La troupe de Luigi Riccoboni (Lelio) et de sa femme Flaminia [...] joue des pièces plus fantaisistes, souvent parodiques ou satiriques, mêlées de couplets, à mi-chemin entre la comédie littéraire et les spectacles forains. [...].

Les théâtres de la Foire – foire Saint Germain, l'hiver ; foire Saint Laurent, l'été – continuent leur existence mouvementée.

Roger Guichemerre, *La Comédie classique en France*, © PUF, coll. « Que sais-je ? », 1989.

1. Quel est le thème du texte ?
2. Quelle est l'époque évoquée ?
3. Quels sont les lieux où l'on joue du théâtre ?
4. Quels types de spectacles joue-t-on à la Comédie-Française ? à l'Opéra ? à l'Hôtel de Bourgogne ?
5. Qui a persécuté les comédiens durant les siècles précédents ?
6. Quels changements matériels s'opèrent dans les théâtres concernant la place et l'installation des spectateurs ?

3 ★★★ Rédigez à votre tour un texte informatif d'environ 15 lignes pour présenter votre collège. Attention, votre texte doit rester objectif.

4 ★★★ Un texte informatif donne des indications qui souvent éveillent la curiosité, donnent envie d'en savoir plus et de compléter les informations. Les textes des exercices précédents font allusion, l'un à *L'Encyclopédie* du XVIIIe siècle, l'autre à la vie des acteurs ainsi qu'à l'organisation d'un théâtre sans donner toutes les informations à ces sujets. Répondez aux questions.

1. Quel est le célèbre auteur qui, avec d'Alembert, a dirigé la rédaction de *L'Encyclopédie* ?
2. Pourquoi la rédaction de *L'Encyclopédie* rencontre-t-elle la censure ?
3. Quels sacrements religieux l'Église refuse-t-elle, pendant longtemps, aux acteurs ?
4. Pourquoi l'Église s'est-elle opposée au métier de comédien ?
5. À quelle autre profession déshonorante le comédien est-il assimilé à l'époque où l'Église condamne cette pratique ?
6. Le texte mentionne le « parterre ». Cherchez quels noms désignent d'autres parties de la salle où s'installent les spectateurs.

Corrigés p. 231

19 Le discours argumentatif

OBJECTIF • Analyser un discours argumentatif en repérant la thèse et les arguments

SAVOIR

- Dans un texte argumentatif, **le locuteur** (celui qui parle) cherche à **convaincre** son destinataire (celui à qui il s'adresse) par des **arguments**.
- La position soutenue par le locuteur, le point de vue qu'il défend, s'appelle **la thèse**.

- **Les arguments** sont les idées par lesquelles le locuteur justifie sa thèse : l'ensemble des arguments constitue le raisonnement logique du texte. Les mots de liaison logiques (**les connecteurs**) jouent un rôle important dans l'organisation du raisonnement.
- **Les exemples** sont une illustration concrète des idées avancées.

SAVOIR FAIRE

Analyser un texte argumentatif

La scène se déroule en Espagne en 1550. Au début de ce texte, le philosophe Sepulveda s'adresse au cardinal, représentant du pape.

« Éminence, les habitants du Nouveau Monde sont des esclaves par nature. [= THÈSE]

– Cette affirmation demande des preuves, dit doucement le prélat. […]

Sepulveda prend une liasse de feuillets et commence une lecture faite à voix plate, comme un compte rendu précis, indiscutable :

[=EXEMPLE]

Ils ignorent l'usage du métal, des armes à feu et de la roue (=ARG. 1). Ils portent leurs fardeaux sur le dos comme des bêtes, pendant de longs parcours. Leur nourriture est détestable, semblable à celle des animaux (=ARG. 2). Ils se peignent grossièrement le corps et adorent des idoles affreuses. Je ne reviens pas sur les sacrifices humains qui sont la marque la plus haïssable et la plus offensante à Dieu (=ARG. 3) »

J.-C. Carrière, *La Controverse de Valladolid*, © Actes Sud, 1999.

Pour analyser un texte argumentatif, il faut se poser les questions suivantes :

- **Quel est le thème du texte ? (De quoi parle-t-il ?)** L'esclavage des habitants du nouveau monde.
- **Qui parle ? À qui ?** Il s'agit d'un dialogue entre Sepulveda et le cardinal (« Éminence », « le prélat »). Voir le repérage en rouge.
- **Quelle est la thèse défendue par le locuteur ?** Sepulveda justifie, soutient l'esclavage des Indiens.
- **Cette thèse est-elle clairement exprimée dans le texte ? Où ?** Elle est exprimée à la ligne 1.
- **Quels sont les différents arguments utilisés par le locuteur ?** Trois arguments principaux : l'ignorance technique des indiens ; leur ressemblance avec les animaux ; leurs pratiques religieuses contraires à la religion chrétienne. Voir les termes soulignés.
- **Quels connecteurs logiques pouvez-vous relever ?** Aucun ici.
- **Sur quels exemples le texte s'appuie-t-il ?** Les exemples sont soulignés en bleu.

FAIRE

1 ★ **Complétez les textes suivants en exprimant la thèse correspondant aux arguments ou aux exemples.**

Texte 1

Les images en effet diffusées, même dans certains dessins animés, proposent parfois une violence gratuite, que les enfants reçoivent directement, sans toujours y être préparés. Peut-on alors s'étonner de leurs gestes, de leurs mots, de leurs comportements, qui ne sont que le reflet de ce qu'ils ont vu à la télévision ?

....

....

Texte 2

En effet, l'amitié apporte le réconfort, la chaleur. Avec ses amis, on apprend aussi la tolérance, le respect d'autrui, la nécessité du dialogue. Bref, on découvre la vie.

....

....

Texte 3

Les Cédéroms sont un outil de connaissance ; le traitement de texte offre un nouveau confort d'écriture ; Internet permet un nouveau mode de communication.

....

....

2 ★★ **Lisez le texte suivant puis répondez aux questions.**

Le vieux Chat et la jeune Souris

Une jeune Souris, de peu d'expérience
Crut fléchir un vieux Chat, implorant sa [clémence,
Et payant de raisons le Raminagrobis[1] :
« Laissez-moi vivre : une souris
De ma taille et de ma dépense
Est-elle charge en ce logis ?
Affamerais-je à votre avis,
L'hôte et l'hôtesse, et tout le monde ?
D'un grain de blé je me nourris :
Une noix me rend toute ronde.
À présent je suis maigre : attendez quelques [temps.
Réservez ce repas à Messieurs vos enfants. »
Ainsi parlait au Chat la Souris attrapée.
L'autre lui dit : « Tu t'es trompée :
Est-ce à moi qu'on tient de semblables [discours ?
Tu gagnerais autant de parler à des sourds.
Chat et vieux, pardonner ! cela n'arrive [guère.
Selon ces lois, descends là-bas,
Meurs, et va-t'en, tout de ce pas,
Haranguer les Sœurs Filandières[2].
Mes enfants trouveront assez d'autres [repas. »
Il tint parole.

Et pour ma fable
Voici le sens moral qui peut y convenir :
La jeunesse se flatte, et croit tout obtenir ;
La vieillesse est impitoyable.

La Fontaine, *Fables*, Livre XII, 1668-1694.

1. Nom du chat.
2. Les Parques qui s'occupent selon la mythologie du fil de la vie que l'une des trois sœurs est chargée de couper.

1. Qui parle de la ligne 4 à la ligne 12 ? De la ligne 14 à la ligne 21 ?

2. Quels arguments utilise la souris pour ne pas être mangée ?

3. Ces arguments sont-ils efficaces ? Pourquoi ?

3 ★★★ **Lisez le texte suivant puis répondez aux questions.**

La guerre est un fruit de la dépravation des hommes ; c'est une maladie convulsive et violente du corps politique ; il n'est en santé [...] que lorsqu'il jouit de la paix ; c'est elle qui donne de la vigueur aux empires ; elle maintient l'ordre parmi les citoyens [...] elle favorise la population, l'agriculture, et le commerce ; en un mot, elle procure au peuple le bonheur qui est le but de toute société. La guerre au contraire, dépeuple les États ; elle y fait régner le désordre.

Damilaville, article « Paix »,
L'Encyclopédie, 1751-1772.

1. Soulignez la thèse exprimée dans le texte par le locuteur à propos de la guerre.

2. Quels arguments propose-t-il en faveur de la paix ? Que cherche-t-il à montrer par ces arguments ?

....

....

3. Quels arguments propose-t-il contre la guerre ?

....

4. Illustrez la dernière phrase par des exemples de votre choix.

....

Corrigés p. 231

LECTURE – ÉCRITURE

20 Les connecteurs spatio-temporels et argumentatifs

OBJECTIF • Structurer un texte

SAVOIR

• Définition

• Les **connecteurs logiques** sont des mots ou des expressions qui indiquent **un rapport de sens** entre les phrases ou les paragraphes d'un texte.

• Ils jouent un rôle clé dans **l'organisation** d'un texte puisqu'ils soulignent les **articulations**.

• Texte narratif

Dans un texte narratif, les connecteurs situent un événement dans une **chronologie** et les différents épisodes **les uns par rapport aux autres**.

le lendemain, d'abord, puis...

• Texte descriptif

Dans un texte descriptif, les connecteurs logiques permettent de situer les éléments dans **l'espace**.

devant, à droite, plus loin...

• Texte argumentatif

Dans un texte argumentatif, les connecteurs logiques indiquent **les relations entre les idées** et articulent les paragraphes entre eux.

SAVOIR FAIRE

• Choisir le bon connecteur dans l'argumentation

Je veux	**J'utilise**
Indiquer l'ordre des arguments dans le discours	*d'abord, pour commencer, en premier lieu, d'une part…* *ensuite, puis, en second lieu, d'autre part…* *enfin, en fin de compte…*
Ajouter un argument	*de plus, de même, en outre, par ailleurs, de surcroît, aussi, également…*
Réfuter un argument en en opposant un autre	*cependant, toutefois, en revanche, néanmoins, mais, pourtant…*
Apporter des preuves, des justifications	*en effet, effectivement, comme, vu que, étant donné que…*
Indiquer les conséquences d'un fait	*ainsi, aussi, c'est pourquoi, donc, par conséquent…*
Annoncer un bilan, une conclusion	*ainsi, en conclusion, en somme, pour conclure, en résumé, finalement…*

• Bien utiliser *aussi*

• Lorsqu'il est placé en tête de proposition, ***aussi*** indique une **conséquence** : il équivaut à ***donc***.

Il pleut, **aussi** je prends mon parapluie. = Il pleut, **donc** je prends mon parapluie.

• Lorsque ***aussi*** est placé à l'intérieur d'une proposition, il indique un ajout : il équivaut à ***également***.

Il prend son imperméable, il prend **aussi** son parapluie. = Il prend son imperméable, il prend **également** son parapluie.

1 ★ **Dans le texte narratif suivant, soulignez toutes les indications de temps et tous les connecteurs temporels.**

Pour aller sur la Lune, les personnages de Jules Verne fabriquent un énorme canon qui les propulsera dans l'espace.

La fonte devait avoir lieu à midi précise : la veille, chaque four avait été chargé de cent quatorze mille livres de barres en métal, disposées par piles croisées, afin que l'air pût circuler librement entre elles. Depuis le matin, les douze cent cheminées vomissaient dans l'atmosphère des torrents de flammes. [...]
La chaleur devint bientôt insoutenable. [...]
Quelques minutes avant midi, les premières gouttelettes de métal commencèrent à s'épancher. Les bassins s'emplirent peu à peu. [...]
Midi sonna. Un coup de canon éclata dans les airs. C'était un spectacle émouvant et magnifique. Le sol tremblait pendant que ces flots de fonte, lançant vers le ciel des tourbillons de fumée, volatilisaient en même temps le moule.

Jules Verne, *De la Terre à la Lune*, 1865.

2 ★★ **Répondez aux questions suivantes concernant le texte de l'exercice 1.**

1. À quel moment du processus de la fonte le lecteur est-il mis en présence du phénomène ? Cochez la bonne case et justifiez votre réponse.

❒ a. quand la fonte est totalement achevée.

❒ b. dès le début du processus, au moment des préparatifs.

❒ c. un peu avant la fonte qui se produit à midi.

2. Quel connecteur temporel pourrait être ajouté, en tête de la deuxième phrase du dernier paragraphe ? Justifiez votre réponse.

3. Relevez deux expressions de la simultanéité.

4. Combien d'événements simultanés la dernière phrase évoque-t-elle ? Indiquez-les.

3 ★★ **Dans le texte suivant, soulignez tous les mots permettant de disposer les éléments de la description dans l'espace. Puis dessinez schématiquement les éléments.**

Au dessus de nos têtes une double voûte en ogive [...] ; sous nos pieds un pavé alternatif de marbre blanc et noir. À quelques mètres de nous un énorme pilier, puis un autre ; en tout sept piliers dans la longueur de la salle, soutenant, au milieu de sa largeur les retombées de la double voûte. Autour des quatre premiers piliers, des boutiques de marchands ; autour des trois derniers, des bancs de chêne.

Victor Hugo, *Notre-Dame de Paris*, 1831.

4 ★★★ **Reliez les deux (ou trois) phrases avec *aussi*, en plaçant correctement le connecteur logique.**

1. Ariane ment souvent. Plus personne n'a confiance en elle.

2. Il aime voyager. J'adore découvrir de nouveaux pays.

3. Il adore méditer dans le calme de sa chambre. Il aime s'amuser en joyeuse compagnie.

4. Paul est malade. Il doit garder la chambre et se reposer.

5. Il suit scrupuleusement les prescriptions du médecin. Il tient à guérir le plus vite possible.

6. Il espère passer en seconde générale. Il apprend régulièrement ses leçons. Il fait toujours les exercices demandés.

7. Agathe adore Pauline. Elle apprécie énormément Viviane. Elle veille à toujours leur faire plaisir.

5 ★★★ **Reliez les idées exposées dans ce texte avec le bon connecteur logique. Entourez la bonne réponse.**

Un jeune a plus de risque de devenir fumeur quand ses parents le sont eux-mêmes.

En effet – *Néanmoins* – *En outre*, on a constaté que lorsque les parents sont fumeurs, un jeune sur deux se met à fumer, *si bien que* – *alors que* – *de plus* quand les parents sont non-fumeurs, c'est seulement un jeune sur trois.

De plus – *Donc* – *Effectivement*, plus l'interdiction sera autoritaire, plus l'envie de commencer à fumer sera grande chez les jeunes *mais* – *finalement* – *parce que* ils éprouvent le besoin de s'affirmer en désobéissant, *tandis que* – *de même* – *étant donné que* si leurs parents leur expliquent les choses, ils auront moins envie de commencer.

Corrigés p. 231

21 Le récit complexe

OBJECTIF • Varier la construction d'un récit

SAVOIR

• L'ordre du récit

Vous avez certainement déjà été victime d'une désillusion. Racontez cette expérience douloureuse en insistant sur les sentiments que vous avez éprouvés.

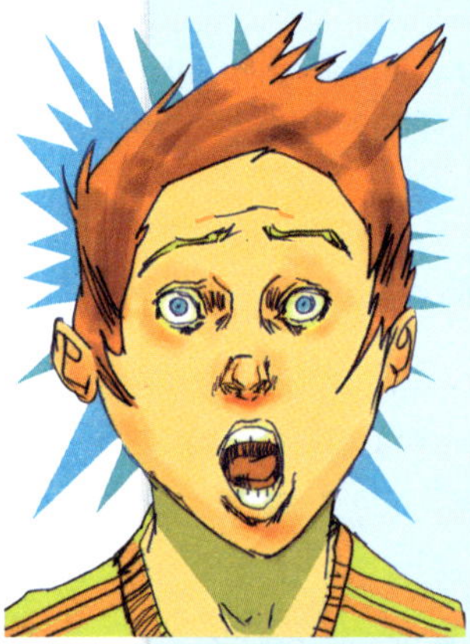

Votre récit doit obéir à une logique :

Situation initiale	une amitié
↓ **Événement perturbateur**	la découverte d'une trahison
↓ **Conséquences et péripéties**	réactions : stupeur, colère, tristesse ; actions : réflexions sur le sens de l'amitié, découverte de vrais amis
↓ **Situation finale**	nouvel équilibre et amélioration de l'état initial (une nouvelle lucidité)

• Les liaisons temporelles et logiques

Les différentes séquences doivent être reliées par des mots de liaison.

C'était de toute évidence ma meilleure amie [...]. **Mais** j'ignorais en fait tout de sa véritable personnalité [...]. **Tout à coup**, la vérité m'apparut [...]. **Dès lors**, je restai seule et triste. [...] **Toutefois**, j'avais beaucoup appris sur la valeur de l'amitié.

SAVOIR FAIRE

• Varier la construction du récit

Pour rendre le récit agréable, il ne faut pas multiplier les séquences narratives, mais travailler chacune d'elles en variant la construction.

• Varier l'ordre de progression

Un récit peut suivre l'ordre chronologique, mais aussi opérer un retour en arrière, un ***flash-back***. Attention au jeu des temps !

Le devoir peut débuter par l'annonce d'une tristesse présente liée à une désillusion et analyser cet état. = Récit au présent.

Puis par retour en arrière, le devoir présente le récit de la découverte de la trahison. = Récit au passé.

• Varier le rythme du récit

L'expansion d'une séquence : on peut allonger une séquence en introduisant une description (portrait de l'amie) ou une réflexion (analyse de votre naïveté).

La condensation d'une séquence : elle permet d'accélérer le rythme grâce à une succession de verbes d'action.

Je m'approchai, j'entendis ses propos, et tout s'effondra : elle m'avait trahie.

1 ★ **Réécrivez le texte suivant en remplaçant *alors* par d'autres connecteurs temporels ou logiques et en modifiant, si nécessaire, la composition des phrases.**

Alors l'autobus est arrivé. Alors j'ai monté dedans. Alors j'ai vu un citoyen qui m'a saisi l'œil. Alors j'ai vu son long cou et j'ai vu la tresse autour du chapeau. Alors il s'est mis à pester contre son voisin qui lui marchait sur les pieds. Alors il est allé s'asseoir.
Alors, plus tard, je l'ai revu cours de Rome. Alors il était avec son copain. Alors il lui disait, le copain : tu devrais faire mettre un autre bouton à ton pardessus. Alors.

Raymond Queneau, *Exercices de style*,

2 ★ **Indiquez lequel des textes suivants présente un *flash-back*.**

Texte 1

Il n'y avait pas longtemps qu'ils s'entretenaient lorsqu'ils entendirent assez près d'eux un bruit horrible du côté de la mer et un cri effroyable qui les remplit de crainte. Alors la mer s'ouvrit et il s'en éleva comme une grosse colonne noire.

Les Mille et une nuits.

Texte 2

M. Trelawney (notre châtelain), le docteur Livesey et tous ces Messieurs m'ayant demandé d'écrire en détail l'histoire de l'Île au Trésor, du début à la fin, sans rien omettre sauf la position de l'île (uniquement parce qu'il reste encore une partie du trésor), je prends la plume en l'an de grâce 17... pour me reporter à l'époque où mon père tenait l'auberge de « l'Amiral Benbow » et où le vieux marin au visage basané, balafré d'un coup de sabre, vint loger pour la première fois sous notre toit.

Robert Louis Stevenson, *L'Île au Trésor*, 1883.

Texte 3

Je grelotte, le feu est sur le point de s'éteindre. Le vent de l'automne s'engouffre dans mon manteau déchiré dont les pièces virevoltent comme autant de diables grimaçants. La pluie tombe et tambourine autour de moi, elle gronde et crépite, on dirait qu'une peau de tambour est tendue sur le monde. Voilà une nuit où il ferait bon se réchauffer près du feu de camp.

Léo Perutz, *La Troisième Balle*,

3 ★★ **Voici un court récit. Agrémentez ce texte en y introduisant des descriptions et des réflexions.**

La découverte de ce lieu paradisiaque m'avait totalement rempli de joie. Je débordais d'activité et j'avais totalement oublié l'état d'abattement dans lequel je me trouvais à mon arrivée dans l'île. Au bout de quelques semaines, je connaissais la plupart des habitants du village. J'appréciais chaque jour un peu plus leur bonté, la qualité de leur hospitalité. Et ce fut le cœur serré que je me décidai à regagner la grande ville hostile.

4 ★★ **À partir de la phrase 1, imaginez un récit dans lequel vous incorporerez dans l'ordre les énoncés suivants. Utilisez des phases d'expansion et de condensation du récit.**

1. Cette nuit-là, je ne dormis point.
2. D'étranges bruits animaient la maison habituellement silencieuse.
3. Je crus apercevoir une ombre.
4. Enfin, l'aube, libératrice des rêves et des angoisses, arriva.

5 ★★★ **Poursuivez cette narration en racontant le rêve de Mi Trang sous la forme d'un *flash-back*. Terminez ensuite le récit.**

Le jour où elle allait se marier, Mi Trang se leva à six heures et regarda l'aurore rose qui se levait derrière le pavillon de M. Foung, son futur époux. Elle avait rêvé que…

6 ★★★ Voici les grandes séquences d'un récit :

Une vieille dame est attaquée par un énorme chien. Un jeune garçon courageux lui porte secours et réussit à maîtriser le monstre. La vieille dame le remercie.

À partir de ces indications, rédigez deux récits différents.

1. Dans le premier récit (dix lignes), vous vous efforcerez d'adopter un rythme rapide.
2. Dans le second récit, vous tenterez d'allonger le rythme par des procédés d'expansion (trente lignes).

Ne pas oublier d'utiliser les connecteurs.

Corrigés p. 231

22 Le point de vue narratif

OBJECTIF • Reconnaître et changer un point de vue

SAVOIR

• Point de vue externe

Si le narrateur est extérieur à la scène, il est un simple témoin : il raconte ce qu'il peut observer → le point de vue est **externe**, objectif.

• Point de vue interne

Si le narrateur est un personnage du récit ou s'il relate l'histoire en se mettant à la place d'un personnage, il raconte ce qu'il voit et expose ses sentiments ou ceux du personnage dont il a choisi le point de vue → le point de vue est **interne**, subjectif.

• Point de vue omniscient

Lorsque le narrateur est hors du récit, on a souvent l'impression qu'il sait tout et voit tout → le point de vue est **omniscient** (qui sait tout).

SAVOIR FAIRE

• Changer le point de vue d'un récit

> Il s'appelait Loulou. Son corps était vert, le bout de ses ailes rose, son front bleu, et sa gorge dorée. [...]
> La figure de Bourais sans doute lui paraissait très drôle. Dès qu'il l'apercevait, il commençait à rire, à rire de toutes ses forces. Les éclats de sa voix bondissaient dans la cour, l'écho les répétait, les voisins se mettaient à leur fenêtre, riaient aussi ; et pour n'être pas vu du perroquet, M. Bourais se coulait le long du mur, en dissimulant son profil avec son chapeau, atteignait la rivière, puis entrait par la porte du jardin ; et les regards qu'il envoyait à l'oiseau manquaient de tendresse.
>
> Gustave Flaubert, *Un cœur simple*, 1878.

Sujet : Imaginez l'une des rencontres entre M. Bourais et Loulou racontée par le perroquet selon son propre point de vue.

• **Étape 1 : repérer le point de vue initial du récit.** Ici, il s'agit d'un point de vue externe.

• **Étape 2 : préciser le narrateur et le point de vue adopté dans le nouveau récit.** Il faut adopter le point de vue interne et faire un récit à la première personne (le perroquet est narrateur).

• **Étape 3 : – déterminer ce que voit le personnage.**
Il entend les rires des voisins, mais on peut penser qu'il ne voit pas les manœuvres de Bourais pour l'éviter ou au contraire qu'il les a surprises.

– déterminer ce qu'il connaît des sentiments des autres.
Le perroquet ne sait rien, il ne peut que déduire de l'attitude de Bourais les sentiments que celui-ci éprouve.

• **Étape 4 : relever dans le texte les caractéristiques du personnage et de ses rapports avec les autres personnages.**
Caractéristiques physiques : les couleurs.
Rapport avec Bourais : amusement, moquerie, rire, suscite la rancune du personnage.

1 ★ **Indiquez si les extraits suivants présentent un point de vue externe, interne ou omniscient.**

Texte 1

Le premier homme s'arrêta net dans la clairière, et son compagnon manqua de lui tomber dessus. Il enleva son chapeau et en essuya le cuir avec l'index qu'il fit claquer pour en faire égoutter la sueur. Son camarade laissa tomber ses couvertures et, se jetant à plat ventre, se mit à boire à la surface de l'eau verte. Il buvait à grands coups, en renâclant comme un cheval. Le petit homme s'approcha de lui nerveusement.

John Steinbeck, *Des souris et des hommes*, 1936, © Éditions Gallimard.

Texte 2

Gervaise regardait par les vitres, entre les bocaux de fruits et l'eau de vie, le mouvement de la rue où l'heure du déjeuner mettait un écrasement de foule extraordinaire. Des ouvriers entraient en face chez un boulanger ; et, lorsqu'ils reparaissaient, une livre de pain sous le bras, ils allaient trois portes plus haut, au Veau à deux têtes, manger. Quand Gervaise se penchait, elle apercevait encore une boutique de charcutier, pleine de monde.

Émile Zola, *Germinal*, 1886.

Texte 3

Tous deux avaient fini par se rendre une foule de services, à l'hôtel Boncœur. Coupeau allait lui chercher son lait, se chargeait de ses commissions, portait ses paquets de linge ; souvent, le soir, comme il revenait du travail le premier, il promenait les enfants sur les boulevards extérieurs. Gervaise, pour lui rendre ses politesses, montait dans l'étroit cabinet où il couchait sous les toits et elle visitait ses vêtements, remettant des boutons, reprisant les vestes de toile.

Émile Zola, *Germinal*, 1886.

2 ★★ **Lisez le texte puis répondez aux questions.**

Nous avions l'habitude, en entrant en classe, de jeter nos casquettes par terre, afin d'avoir ensuite nos mains plus libres ; il fallait dès le seuil de la porte les lancer sous le banc, de façon à frapper contre la muraille en faisant beaucoup de poussière ; c'était là le genre.

Mais, soit qu'il n'eût pas remarqué cette manœuvre ou qu'il n'eût osé s'y soumettre, la prière était finie que le nouveau tenait encore sa casquette sur ses deux genoux. [...]

– Levez-vous, dit le professeur.

Il se leva ; sa casquette tomba. Toute la classe se mit à rire. Il se baissa pour la reprendre. Un voisin la fit tomber d'un coup de coude, il la ramassa encore une fois.

– Débarrassez-vous donc de votre casquette, dit le professeur, qui était un homme d'esprit.

Il y eut un rire éclatant des écoliers qui décontenança le pauvre garçon.

Gustave Flaubert, *Madame Bovary*, 1857.

Sujet : *De retour dans sa famille, le « nouveau » raconte la scène de son propre point de vue. Rédigez son récit à la première personne.* Afin de préparer ce changement de point de vue, répondez aux questions.

1. Quel est le point de vue du texte de Flaubert ?
2. Quel est le point de vue à adopter dans le devoir ?
3. Qui sera le narrateur ?
4. Que voit-il ? Que sait-il ? Que ne voit-il pas ? Que ne sait-il pas ?
5. Quels sont ses caractéristiques et ses sentiments ?

3 ★★ **Parmi les phrases suivantes, quelles sont celles qui ne pourraient se trouver dans le récit que l'on vous demande d'écrire dans l'exercice 2 ? Justifiez votre réponse.**

1. Les élèves jetaient toujours leur casquette en entrant en classe.
2. J'avais remarqué que les élèves jetaient leur casquette en entrant en classe, mais je n'avais pas osé les imiter.
3. Moi qui étais un pauvre garçon, je fus surpris par leurs rires.
4. Soit parce que je n'avais pas remarqué leur geste, soit parce que je n'avais pas osé les imiter, à la fin de la prière, je tenais encore ma casquette.
5. Le professeur lui demanda de se débarrasser de sa casquette.

4 ★★★ **Racontez ce fait divers du point de vue de la vieille dame, puis du point de vue du voleur.**

Sujet : *Une vieille dame a surpris un cambrioleur qui tentait, au moyen d'une échelle, de pénétrer dans sa chambre située au deuxième étage. Sans se décontenancer, la vieille dame a saisi un pot de fleurs et l'a jeté sur le voleur, qui, étonné, s'est enfui.*

Corrigés p. 232

LECTURE – ÉCRITURE

23 Rédiger une suite de texte

OBJECTIF • Respecter les caractéristiques du texte

SAVOIR

- La **suite de texte** est un exercice qui consiste à prolonger un texte proposé.
- Il s'agit donc de respecter :

– le choix et le point de vue du narrateur ;
– le temps du récit ;
– le registre du texte ;
– le niveau de langue ;
– certains éléments : les rapports entre les personnages, leur nom, leur situation, l'époque à laquelle se déroule le récit.

SAVOIR FAIRE

• Rédiger une suite de texte

Voici un texte dont on vous demande d'écrire la suite.

> À ce moment-là, ils découvrirent trente ou quarante moulins à vent, qu'il y avait là, dans la campagne. Sitôt que Don Quichotte les eut aperçus, il dit à son écuyer : « La fortune nous guide mieux que nous ne pourrions souhaiter. Vois-tu, mon cher Sancho Pança, ces géants démesurés ? Il y en a bien trente, au moins. Je veux leur livrer bataille. »

Miguel Cervantès, *Don Quichotte*, 1605.

- Il faut **lire attentivement le texte proposé**, en soulignant les éléments à respecter : narrateur, temps, éléments indiquant la situation des personnages et leurs sentiments, lieu, époque.
- Votre récit doit former avec ce qui précède **un épisode complet**.

Ne pas écrire d'introduction : la suite de texte doit s'enchaîner directement au récit qui précède.

Dès qu'il eut prononcé ces paroles, Don Quichotte saisit sa lance.

Ne pas allonger inutilement le récit par une cascade de rebondissements qui entraîneraient de nouveaux épisodes.

Proposer une conclusion au récit afin de clore l'épisode.

En dépit des explications de son écuyer, Don Quichotte n'en démordit jamais : meurtri, blessé, un bras en écharpe, une jambe raide, il raconta, de retour à la ville, à qui voulait l'entendre, qu'il avait combattu contre une armée de chevaliers.

1 ★ **Après avoir lu ce texte, répondez aux questions puis rédigez une suite pouvant lui convenir.**

James Henry Trotter se mit à marcher à pas lents vers la pêche géante. Il enjamba la cloison et leva les yeux sur les flancs gigantesques et bombés. Puis il étendit la main et la toucha avec précaution, du bout des doigts. La peau de la pêche était douce et chaude comme une précieuse fourrure ou plutôt comme la peau d'un bébé souris. [...] Soudain, il aperçut que, non loin de lui, près du sol, la pêche avait un trou.

C'était un trou assez important. Il pouvait être de la taille d'un renard. James se mit à genoux devant le trou. Il y introduisit d'abord la tête puis les épaules.

Roal Dahl, *James et la grosse pêche*, trad. Maxime Orange, © Éditions Gallimard, 1966.

1. Où se trouvent probablement James et la pêche ? Indiquez le terme qui vous a permis de répondre.

....

2. La suite de texte se situera-t-elle dans le même décor ?

....

3. Quel est le point de vue adopté par la narration ?

❒ a. externe ❒ b. interne ❒ c. omniscient

4. À quel temps est rédigé ce texte ?

....

5. Quels sentiments James peut-il éprouver ?

❒ a. curiosité ❒ b. appréhension
❒ c. agacement ❒ d. excitation
❒ e. émerveillement ❒ f. tristesse

6. Quels termes permettent de caractériser la tonalité du texte ?

❒ a. féerique ❒ b. comique ❒ c. lyrique
❒ d. pathétique ❒ e. poétique

2 ★ **Voici un texte dont on vous demande d'écrire la fin.**

Quand la petite fille enfin s'arrêta, nous étions dans un ravin au bord duquel poussaient des haies compactes et denses comme des murs. Patricia prêta l'oreille, observa la direction du vent puis me dit de sa voix la plus feutrée :

– Ne bougez pas. Ne respirez plus avant que je ne vous appelle. Faites bien attention. C'est terriblement sérieux.

Elle s'enleva sans effort jusqu'au sommet du ravin et fut comme dévorée par les buissons. J'étais seul au milieu du silence le plus complet qui pèse sur la terre sauvage de l'Afrique [...]. Mais ce n'était pas la peur qui faisait courir le long de mon corps en sueur des frissons brefs et légers à une cadence de plus en plus rapide. Ou plutôt c'était une peur en marge de la peur ordinaire [...]. Je tremblais parce que chaque seconde maintenant me rapprochait d'une rencontre, d'une alliance en dehors de la condition humaine. Car, si mon pressentiment était juste et je savais maintenant qu'il l'était...

Joseph Kessel, *Le Lion*, © Éditions Gallimard, 1958.

Complétez le tableau suivant.

Narrateur	
Point de vue	
Registre du texte	
Niveau de langue	
Temps grammatical	
Lieu	
Personnages et sentiments	

3 ★★ **Parmi ces débuts de suite du texte de Kessel, indiquez ceux qui vous semblent convenir.**

1. J'avais vraiment peur, très peur. Tout me semblait étrange. À coup sûr, on me tendait un piège. J'entendis au loin un chat égaré, qui miaulait. La nuit n'allait pas tarder à tomber.

....

2. J'avais vraiment la trouille. Que cherchait cette gamine ? À m'effrayer ?

....

3. Non, je ne m'étais pas trompé. Ce que je vis dépassa mon imagination. Les buissons s'écartèrent et alors, s'avança au côté de la fillette, royal, majestueux, l'animal roi de l'Afrique : un lion !

....

4. Il ne fut alors guère surpris lorsqu'il vit revenir Patricia accompagnée de l'animal le plus majestueux qui soit : un lion !

....

Corrigés p. 232

24 Exprimer sentiments et émotions

OBJECTIF • Enrichir son vocabulaire

SAVOIR

- Il faut d'abord distinguer :
– le **sentiment** qui est une émotion intérieure et durable ;
– la **sensation** qui est une émotion brève, souvent d'ordre physique ;
– l'**impression** qui est une émotion plus vague, une réaction que l'on ne peut souvent définir clairement.

- Un récit ne comprend pas seulement une suite d'actions, des descriptions, des dialogues. Il est aussi l'occasion d'exprimer des sentiments, afin de donner un tempérament aux personnages du récit et d'émouvoir le lecteur.

SAVOIR FAIRE

• Varier l'expression des émotions

Exprimer à l'écrit ses sentiments est un travail délicat qui exige l'emploi de différents procédés.

- **Employer un vocabulaire approprié et précis**

– Expression de la peur : *l'épouvante, la frayeur, l'angoisse, l'affolement, la crainte, la terreur…*

– Expression de l'amour : *la tendresse, l'attachement, la passion, l'idolâtrie, l'amitié…*

– Expression de la surprise : *l'étonnement, la stupéfaction, l'ébahissement, la stupeur…*

- **Employer une syntaxe appropriée**

– Employer une ponctuation forte (exclamations, interrogations) et des interjections :
Oh ! ; Hélas !

– Pour exprimer une émotion vive, user de phrases courtes, et éventuellement de phrases nominales :
Stupeur ! Je ne l'attendais pas. Lui ! De retour !

– Pour exprimer la force de l'émotion, utiliser les procédés de répétition, d'énumération, d'exagération :
C'était la honte qui s'emparait de moi, une honte incroyable, une honte qui me faisait venir le rouge aux joues, une honte qui me donnait l'envie de fuir loin, très loin.

- **Employer le registre approprié** (voir p. 140) :

– pour exprimer une joie intense, employer le registre lyrique ;

– pour une grande déception, employer par exemple le registre pathétique.

FAIRE

1 ★ Classez les noms suivants dans le tableau selon les émotions qu'ils expriment.

désappointement	courroux	aversion
emportement	déconvenue	répulsion
exaspération	hostilité	abomination
rage	fureur	rogne
détestation	déboire	irritation
désenchantement	antipathie	

La colère	La haine	La déception
....	....	....
....	....	....
....	....	....
....	....	....
....	....	....
....	....	....

2 ★★ Précisez pour chacune de ces expressions le sentiment auquel elles peuvent correspondre et imaginez une situation dans laquelle elles interviendraient.

Te rencontrer toi ! Ici ! Dix ans sans nouvelles !

1. Te revoir ? Ah ! non ! jamais !
2. Quel spectacle ! Quels acteurs époustouflants !
3. C'est une bicoque, une masure, une ruine, une antiquité !
4. Allez hop ! une veste, un chapeau ! En avant !

Sentiments	Situations
Surprise	Des retrouvailles
....	....
....	....
....	....
....	....

3 ★★ Les mots suivants expriment tous la joie. Mais ils ne sont pas exactement synonymes. Reliez chaque mot à la définition exacte qui lui correspond.

A. liesse •	• 1. transport un peu excessif de joie
B. contentement •	• 2. joie vive et exubérante
C. exultation •	• 3. satisfaction personnelle
D. gaieté •	• 4. joie débordante et collective
E. jubilation •	• 5. humeur riante qui manifeste une joie de vivre

4 ★★★ En utilisant des moyens variés, rédigez deux phrases différentes pour chacun des sentiments suivants.

Dans la première, vous vous efforcerez de trouver !es mots justes dans la seconde, vous chercherez à exprimer votre sentiment par le biais d'une syntaxe expressive.

1. Vous détestez les épinards.
Phrase 1 : ....
Phrase 2 : ....

2. Vous admirez Zinedine Zidane.
Phrase 1 : ....
Phrase 2 : ....

3. Vous êtes content d'avoir eu la meilleure note.
Phrase 1 : ....
Phrase 2 : ....

4. Vous avez eu peur d'une araignée.
Phrase 1 : ....
Phrase 2 : ....

5 ★★★ Donnez la définition des termes suivants en complétant les phrases.

1. Être plein de **morgue**, c'est se montrer ....
2. Être le **contempteur** d'un projet, c'est le ....
3. Être **concupiscent**, c'est être plein de ....
4. Être **présomptueux**, c'est être ....
5. Se comporter avec **vilénie**, c'est se conduire de façon ....
6. **Idôlatrer** quelqu'un, c'est ....
7. Être **rogue**, c'est se montrer ....

Corrigés p. 232

25 Rédiger un paragraphe argumentatif

OBJECTIF • Structurer et justifier une réponse

SAVOIR

• Le paragraphe argumentatif

Le paragraphe argumentatif présente les mêmes caractéristiques que tout paragraphe.

- Il commence par un **alinéa**, qui le rend visible au sein d'un texte, et par une **majuscule**.
- Il est composé de **plusieurs phrases qui s'enchaînent logiquement**.
- Il est **organisé**.

• Les fonctions du paragraphe argumentatif

Savoir rédiger un paragraphe argumentatif est essentiel car ce dernier permet :

- de **répondre à une question** de manière organisée et convaincante en justifiant son propos, de défendre une idée en la développant et en l'appuyant sur des exemples ;
- de **maîtriser l'unité indispensable** pour progresser vers des exercices plus complexes comme le sujet de réflexion.

SAVOIR FAIRE

• Composer un paragraphe argumentatif

Trois étapes composent un paragraphe argumentatif :

- la (ou les) première(s) phrase(s) indiquent **l'idée directrice** du paragraphe ;
- il se poursuit par **les arguments et les exemples** analysés permettant de justifier et d'expliquer l'idée générale ;
- il se clôt par un **rapide bilan** qui récapitule l'essentiel de ce qui a été vu dans le paragraphe.

• Insérer un paragraphe argumentatif dans un ensemble

- Si le paragraphe argumentatif fait partie d'un ensemble constitué de plusieurs paragraphes, il faut penser à articuler les paragraphes entre eux par des **connecteurs logiques** (voir page 150).
- On peut aussi prévoir d'orienter la troisième étape du paragraphe vers le paragraphe suivant : dans ce cas, au rapide bilan s'ajoute des éléments qui ouvrent vers l'idée directrice du paragraphe suivant.

FAIRE

1 ★ **Repérez, en les mettant entre crochets, les trois étapes des paragraphes argumentatifs suivants.**

1. L'école délivre des savoirs, mais est aussi le lieu d'apprentissage de la vie en communauté. En effet, l'élève vit toute une année au sein d'une classe dont il n'a pas choisi la composition, un peu comme le citoyen dans la société. Il se trouve ainsi confronté à des camarades qu'il apprécie plus ou moins, dont les valeurs ne sont pas forcément les mêmes que les siennes, qui l'intimident, le complexent ou au contraire l'aident à s'épanouir. Les notes obtenues, par exemple, l'obligent à découvrir la fierté ou la déception ; l'entraide, la jalousie, la solitude parfois sont autant de situations que la classe l'obligent à vivre. Ainsi, l'école permet à un enfant ou à un adolescent d'expérimenter un certain nombre de situations qu'il retrouvera, adulte, dans l'entreprise, la commune ou les associations au sein desquelles il vivra.

2. La ville réunit un grand nombre d'habitants. Pourtant, c'est un espace de grande solitude. L'anonymat de la foule peut être agréable car il permet d'échapper à la curiosité parfois mal placée qui peut régner dans les petits villages. Mais cet anonymat s'accompagne aussi d'une cruelle indifférence, comme le fait que des personnes âgées puissent décéder chez elles sans que le voisinage s'en aperçoive. De même, on remarque que les célibataires sont beaucoup plus nombreux en villes et ont souvent recours à Internet pour rencontrer l'âme sœur, comme si plus on était entouré de monde, moins on pouvait rencontrer réellement les gens. On peut donc dire que la grande ville rend parfois l'individu presque invisible et peut manquer d'humanité.

2 ★★ **Rédigez l'idée directrice des paragraphes suivants.**

L'enfant doit, lors d'une compétition par exemple, donner le meilleur de lui-même. Il découvre le plaisir de la réussite : améliorer ses performances, gagner, lui donnent forcément envie de persévérer. Mais il est parfois déçu de son résultat ; il doit alors apprendre à relativiser un échec et à rebondir, à se projeter vers un nouvel objectif. Le sport est donc une activité qui permet à l'enfant de développer des capacités qu'il pourra exploiter dans d'autres domaines comme l'école ou la pratique d'un instrument de musique.

1. Idée directrice : ....

....

En lisant, nous apprenons des mots nouveaux, nous développons notre capacité à les comprendre par le contexte sans forcément avoir recours au dictionnaire. La mémoire visuelle enregistre l'orthographe. Nous prenons aussi l'habitude de suivre une syntaxe plus complexe que celle que nous pratiquons dans la vie courante. Il est donc évident que la lecture enrichit la langue du lecteur.

2. Idée directrice : ....

....

....

3 ★★★ **Trouvez deux arguments permettant de justifier et de développer les idées directrices suivantes.**

1. La lecture tient une place de moins en moins importante dans les activités de la jeunesse d'aujourd'hui.

Argument 1 : ....

....

Argument 2 : ....

....

2. La télévision ne permet pas de développer l'esprit critique, bien au contraire, elle endort plutôt le citoyen.

Argument 1 : ....

....

Argument 2 : ....

....

3. La pratique d'un sport collectif permet à un enfant de découvrir les règles de la vie en société et de s'adapter à un groupe.

Argument 1 : ....

....

Argument 2 : ....

....

Argument 3 : ....

....

4 ★★★ **Rédigez au choix un paragraphe correspondant à l'exercice précédent.**
Vous reprendrez l'idée directrice proposée, vous veillerez à développer et à articuler les arguments. Vous n'oublierez pas de clore chaque paragraphe par un rapide bilan.

Corrigés p. 232

26 Choisir des exemples

OBJECTIF • Trouver des exemples appropriés

SAVOIR

- Dans un devoir de réflexion, **arguments** et **exemples** sont inséparables.
- L'argument soutient la thèse avancée, tandis que l'exemple vient illustrer d'une **façon concrète** l'argument : il aide donc aussi à convaincre.
- Un argument développé et les exemples qui l'illustrent constituent **un paragraphe**.

Sujet : La télévision peut-elle bénéfique ?
La télévision peut être un outil d'apprentissage.
Argument

La télévision est un vecteur d'informations. Certaines émissions, telle « C'est pas sorcier », proposent des contenus pédagogiques à destination des enfants.
Exemple

SAVOIR FAIRE

• Trouver des exemples appropriés

Sujet : La ville moderne est-elle selon vous un lieu où il fait bon vivre ?

Argument qui offre une réponse positive :
La ville moderne est souvent séduisante par les activités qu'elle propose.

Pour trouver des exemples pertinents illustrant cet argument :

- éviter les considérations trop personnelles.
Mon cousin, qui habite Paris, a la possibilité de visiter des musées célèbres.

- puiser plutôt vos exemples dans votre observation générale de la vie.
Une ville comme Paris offre en premier lieu tous les attraits d'une capitale culturelle : musées, théâtres, cinémas, conférences, concerts. C'est bien entendu un atout de premier ordre, qui participe à la qualité de la vie.

- chercher dans vos lectures et dans les spectacles que vous avez eu l'occasion de voir.
Dès le XIXe siècle, bon nombre de romans font de la grande ville le lieu de la vie, de la réussite, du mouvement. Ainsi Emma, héroïne de *Madame Bovary* (Flaubert), rêve, dans sa petite ville de province, aux charmes enivrants de la grande ville, à ses théâtres, à ses spectacles.

FAIRE

1 ★ **Indiquez en cochant la bonne réponse si les phrases suivantes présentent un argument ou un exemple, puis associez chaque idée à son exemple.**

1. La ville offre plus de distraction que la campagne.
   ❒ a. argument ❒ b. exemple

2. Les habitants des villes ont l'esprit plus tolérant et plus ouvert que les campagnards.
   ❒ a. argument ❒ b. exemple

3. Les citadins sont souvent originaires de régions ou de pays très variés et ils ont l'habitude de côtoyer des personnes de tous horizons et de vivre avec des voisins dont les coutumes sont différentes.
   ❒ a. argument ❒ b. exemple

4. Le citadin trouve sur place tout ce dont il a besoin qu'il s'agisse d'un blouson de cuir, d'un ordinateur, d'un livre ou d'un tapis persan.
   ❒ a. argument ❒ b. exemple

5. Cinémas, théâtres, musées, cafés, salles de concert ou de sport, etc. abondent dans les villes.
   ❒ a. argument ❒ b. exemple

6. La vie quotidienne est facilitée dans les grandes villes.
   ❒ a. argument ❒ b. exemple

2 ★★ Sujet : *À notre époque, le livre et la lecture sont menacés par l'image. Partagez-vous cette opinion ?* Pour chaque argument en faveur de cette opinion ou tentant de la nuancer, plusieurs exemples sont proposés, mais ils ne sont pas tous pertinents. À vous de faire les bons choix.

1. L'image est un redoutable concurrent de la lecture, car elle offre un plaisir plus immédiat.

❒ Exemple 1 : D'ailleurs, je vais deux fois plus au cinéma que je ne lis.

❒ Exemple 2 : Les gens passent plus de temps devant la télévision que devant un livre.

❒ Exemple 3 : Ainsi, lorsque l'on voit le film *Le Nom de la rose*, on est immédiatement plongé, par l'image, dans l'atmosphère médiévale. La lecture du même roman, plus difficile, oblige à un effort qui peut décourager certains.

2. Pourtant, la télévision, le cinéma peuvent favoriser la lecture.

❒ Exemple 1 : L'émission « Vol de nuit » permet de découvrir l'actualité littéraire : ainsi, de nombreux livres présentés deviennent des best-sellers.

❒ Exemple 2 : En fournissant des adaptations de romans, le cinéma et la télévision permettent au public de découvrir ces œuvres et stimulent en fait la lecture.

❒ Exemple 3 : Ainsi, j'aime mieux lire un livre dont j'ai déjà vu l'adaptation car l'histoire me semble moins difficile à comprendre.

3 ★★★ **Proposez, pour chaque argument concernant les plaisirs ou les dangers de la montagne, un exemple approprié.**

Arguments	**Exemples**
1. La montagne est un milieu difficile.	....
2. La montagne est toujours imprévisible.	....
3. La montagne est le dernier refuge naturel pour l'homme moderne.	....
4. La montagne offre une évasion totale.	....
5. La montagne propose un nombre infini d'activités.	....
6. La montagne est aussi le lieu de la chaleur humaine.	....

Corrigés p. 232

...FRANÇAIS 3e...

1 La construction du verbe 166
- Reconnaître la voix
- Reconnaître le temps de la voix passive
- Différencier verbe impersonnel et construction impersonnelle

2 Le participe 168
- Ne pas confondre adjectif verbal et participe présent
- Orthographier

3 Les verbes pronominaux 170
- Analyser le pronom personnel
- Accorder le participe passé

4 L'accord du participe passé... 172
- Distinguer voix active et voix passive

5 Le subjonctif 174
- Conjuguer les verbes en *-ier, -yer, -iller, -illir*
- Retrouver les formes irrégulières

6 Les emplois du subjonctif 176
- Ne pas confondre subjonctif et indicatif

7 Le conditionnel 178
- Connaître la concordance des temps
- Employer le conditionnel

8 Les propositions subordonnées (opposition, concession, condition) 180
- Choisir le mode du verbe de la subordonnée
- Respecter la concordance des temps

9 Les subordonnées circonstancielles 182
- Distinguer *comme* causal, comparatif et temporel
- Distinguer *quand* temporel et *quand* d'opposition
- Choisir le mode

10 Que...184
- Distinguer adverbe, béquille du subjonctif et conjonction de subordination dans une proposition complétive sujet

11 Les homophones 186
- Orthographier *leur*
- Distinguer *qu'elle(s)* et *quel(s)-quelle(s)*

12 **Genres et registres** ... 188
• Analyser un registre

13 **Rapporter des paroles** ... 190
• Reconnaître le discours indirect libre
• Comprendre les effets du discours indirect libre

14 **L'énonciation** ... 192
• Comprendre l'implicite
• Comprendre les ambiguïtés de l'implicite

15 **La suite de texte** ... 194
• Rédiger une suite de texte

16 **Le changement de point de vue** ... 196
• Changer la focalisation
• Passer d'une focalisation interne à une autre

17 **La structure du texte argumentatif** ... 198
• Distinguer les étapes d'un texte argumentatif

18 **Le sujet d'argumentation** ... 200
• Répondre à un sujet d'argumentation

19 **Les mots de liaison** ... 202
• Articuler ses idées
• Distinguer les deux sens de *aussi*

20 **Rédiger un paragraphe argumentatif** ... 204
• Insérer un paragraphe dans un ensemble
• Insérer une citation pour justifier un argument

21 **Le plan d'un devoir d'argumentation** ... 206
• Présenter un devoir
• Choisir le plan d'un devoir d'argumentation

22 **L'introduction** ... 208
• Reconnaître les étapes
• À éviter dans une introduction
• À quel moment rédiger l'introduction ?

23 **Le genre autobiographique** ... 210
• Distinguer les deux niveaux d'écriture
• Ne pas confondre différents genres

24 **La tragédie** ... 212
• Connaître les caractéristiques d'une tragédie
• Comprendre la règle des trois unités, la bienséance et la vraisemblance

25 **La poésie** ... 214
• Interpréter des sonorités
• Connaître les armes de la poésie engagée

GRAMMAIRE

1 La construction du verbe

OBJECTIF • Reconnaître classes grammaticales et fonctions

SAVOIR

- Un verbe **attributif** se construit avec un **attribut**.
*Il reste **mon meilleur ami**.*
- Un verbe **transitif** est construit avec un **complément d'objet** :
– un verbe **transitif direct** avec un **COD** ;
*Manger **quelque chose**.*
– un verbe **transitif indirect** avec un **COI** ;
*S'adresser **à quelqu'un**.*
– certains verbes admettent une double construction (**COD + COS**).
*Demander **quelque chose à quelqu'un**.*
- Un verbe **intransitif** est construit **sans complément d'objet**.
- **Tournure pronominale :** le verbe est construit avec le **pronom personnel réfléchi** (voir chapitre 3).
- **Tournure impersonnelle :** le verbe est construit à la 3e personne du singulier.
Le sujet ***il*** ne représente ni une personne ni une chose.
Il pleut.
- **Voix active :** le sujet grammatical agit.
- **Voix passive :** le sujet grammatical subit l'action accomplie par le complément d'agent.

SAVOIR FAIRE

• Reconnaître la voix

- ***Être*** s'emploie pour former :
– les temps composés de certains verbes à la voix active ;
– tous les temps de la voix passive.
- **Ne pas confondre :** *je suis tombé* → actif, passé composé ;
je suis battu → passif, présent.

• Reconnaître le temps de la voix passive

Pour identifier le temps d'un verbe à la voix passive, il suffit d'identifier le temps de l'auxiliaire.

*Il **est** battu.* (***présent***)	*Il **avait été** battu.* (***plus-que-parfait***)
présent passif	plus-que-parfait passif

• Différencier verbe impersonnel et construction impersonnelle

- Le verbe impersonnel n'existe qu'à la 3e personne du singulier.
Il neige.
- La construction impersonnelle :
– concerne des verbes qui peuvent être conjugués à une autre personne ;
– comprend un **sujet grammatical** (***il***) et un **sujet logique** (ou **sujet réel**) ;
– peut être transformée en tournure personnelle.
*Il est interdit de **fumer**.* (sujet logique) → *Fumer est interdit.*

1 ★ **Remplissez le tableau en indiquant la voix et le temps auxquels chaque verbe est conjugué.**

	Voix active ou passive	Temps
1. Ils ont été massacrés.		
2. Tu seras employé.		
3. Tu seras venu.		
4. J'étais obligé.		
5. Ils furent décapités.		
6. Elle aura été blessée.		
7. Elle est partie.		
8. Nous avions été nourris.		

2 ★★ **Classez, dans le tableau ci-dessous, les infinitifs des verbes employés dans les phrases suivantes, selon leur construction.**

1. Le malfaiteur que les gendarmes arrêtèrent passait pour particulièrement dangereux.
2. Augustin me montra un dessin superbe.
3. Il partit à la plage de bonne heure.
4. Nous sursautâmes en entendant le coup de feu.
5. Il demanda s'il pouvait passer la nuit chez nous.
6. Il écrivit une longue lettre à son correspondant polonais.
7. Elle s'adressa à l'agent de police pour demander son chemin.
8. J'appelai mon frère à Londres.
9. J'ai profité de ce séjour à la montagne pour faire de l'escalade.
10. Le directeur m'a renvoyé de l'école.

Verbes	Infinitifs
Attributifs	
Transitifs directs	
Transitifs indirects	
Double construction	
Intransitifs	

3 ★★ **Réécrivez les phrases suivantes à la voix passive. Attention aux accords et aux temps !**

1. Les spectateurs enthousiasmés applaudirent longuement le spectacle.
2. Jean avait entièrement repeint la maison.
3. Un éclair blanc que Marc aperçut de sa fenêtre illumina la nuit.
4. La tempête avait arraché des arbres, emporté des tuiles, dévasté le jardin.
5. Papa viendra et me soulèvera de terre !

4 ★★ **Réécrivez les phrases suivantes à la voix active.**

1. La bijouterie avait déjà été cambriolée quatre fois.
2. Bien qu'il ait été chaleureusement accueilli par ses amis, il les quitte sans un mot de remerciement.
3. Ces médicaments lui auront été prescrits par le médecin.
4. Le dîner fut rapidement dévoré par la petite troupe.
5. Cette institutrice est aimée de ses élèves.

5 ★★★ **1.** Reliez par une flèche chacune des phrases suivantes à l'une des cases de droite.

a. Il faut partir. •
b. Il n'a pas plu depuis huit mois. •
c. Il manque trois élèves ce matin. •
d. Il fait bon vivre dans ce village. •
e. Il est impossible de sortir. •
f. Il m'est arrivé un grand malheur. •
g. Il est trois heures moins cinq. •
h. Il est dangereux de se pencher par la fenêtre. •

• verbes impersonnels

• constructions impersonnelles

2. Réécrivez toutes les phrases dont la flèche aboutit à la deuxième case en utilisant une tournure personnelle.

....

....

....

....

Corrigés p. 233

2 Le participe

OBJECTIF • Distinguer adjectif verbal et participe

SAVOIR

Participe	Voix active	Voix passive	Forme pronominale
Présent	lavant tombant	étant lavé	se lavant
Passé	ayant lavé étant tombé	ayant été lavé	s'étant lavé

Le **participe présent** est invariable.

- **Dans la phrase**, il a les fonctions de l'**adjectif**.

Dans son groupe, il admet, comme le verbe, des compléments.

*Adressant **des sourires** à tout le monde, il pénétra sur scène.*

COD

groupe participe apposé au sujet

- Le **participe** peut être le **noyau** d'une proposition subordonnée **participiale** : dans ce cas, le participe a un sujet **exprimé**, **différent** de celui de la principale.

__La nuit__ tombant, nous rentrâmes.

S S

proposition participiale

La proposition participiale est toujours complément circonstanciel.

- Le **gérondif**

On appelle « gérondif » le participe présent précédé de ***en***.
Le gérondif a le même sujet que le verbe de la principale.
Il est toujours complément circonstanciel.

*Il s'est cassé la jambe **en skiant trop rapidement**.*

gérondif complément circonstanciel de cause

- L'**adjectif verbal**

Le participe se comporte comme un adjectif (accords, fonctions).

*Des livres **intéressants** – Des hommes **épuisés***

SAVOIR FAIRE

• Ne pas confondre adjectif verbal et participe présent

Il est important de différencier adjectif verbal et participe présent car le second est invariable. Il faut transposer la phrase au féminin et repérer les compléments.

Adjectif verbal	Participe présent
*Deux hommes **souriants** entrèrent.*	*Ils entrèrent, **souriant** à tout le monde.*
*→ Une jeune fille **souriante** entra.*	*→ Elle entra, **souriant** à tout le monde.*

• Orthographier

L'orthographe du participe présent et celle de l'adjectif verbal ne sont pas les mêmes pour certains verbes.

Adjectif verbal	Participe présent
*Une jeune fille **provocante** entra.*	*Une jeune fille entra, **provoquant** un scandale.*

1 ★ **Dans chacune des phrases, encadrez le (ou les) groupe(s) participe(s), puis soulignez les compléments du participe en indiquant leur fonction.**

1. Éveillé tous les matins par le roucoulement des pigeons, il rêvait secrètement de leur tordre le cou.
2. Les touristes cherchaient un guide connaissant parfaitement la région et parlant le japonais.
3. Voilà un panneau nous indiquant la route à suivre.
4. Je vis une truite se faufilant à toute vitesse entre les pierres.
5. Appuyé à la balustrade de son balcon, Paul observait la rue longeant le canal.
6. La vieille dame, distribuant du pain aux pigeons, avançait à petits pas.

2 ★★ **Réécrivez les phrases suivantes en remplaçant les propositions subordonnées relatives par un groupe participe.**

1. Pierre, qui a été reçu premier au concours du conservatoire, a organisé une fête somptueuse qui réunit tous ses amis.
2. Il a épousé une Italienne qu'il a rencontrée lors d'un séjour à Rome.
3. Le metteur en scène cherche une comédienne qui sait danser.
4. Le livre que Marc lit est un roman de Dostoïevski.
5. J'ai vu une voiture qui zigzaguait sur la route.
6. Ils ont repêché un cadavre qui avait longtemps séjourné dans l'eau.

3 ★★ **En suivant l'exemple proposé, remplacez les noms masculins par des noms féminins puis identifiez participes présents et adjectifs verbaux en les plaçant dans le tableau.**

Son discours fut très convaincant.
→ Sa phrase fut très convaincante.
Convaincant : adjectif verbal.

1. Fatigués par leur longue marche, ils s'allongèrent dans l'herbe sous les arbres frémissant au vent.
2. Les pompiers sauvèrent l'enfant étouffant dans la fumée.
3. Tout souriant, l'enfant retira un poisson frétillant de son épuisette.
4. Nous dévorâmes l'excellent gâteau de grand-mère.
5. Dormant profondément, Pierre n'entendit pas l'orage.
6. C'est un élève bruyant et agaçant, gênant souvent ses camarades.

Adjectifs verbaux	Participes présents

4 ★★ **Accordez si nécessaire.**

1. Les trois frères, remuant... sans arrêt et poussant... des cris perçant..., fatiguaient leur mère.
2. Ne regardant... ni à droite ni à gauche, Marie traversa la rue et faillit se faire renverser.
3. Les propos accablant... de son père le démoralisèrent.
4. Riant... et se bousculant..., les enfants entrèrent et réclamèrent, tout souriant... leur goûter à leur père.
5. Les logements vacant... seront certainement loués prochainement.
6. Vaquant... à leurs occupations, ils ne me virent pas arriver.

5 ★★★ Indiquez pour chaque verbe suivant :

1. le participe présent ;
2. le participe passé.

mouvoir	1.	résoudre	1. ....
	2.		2. ....
bénir	1.	acquérir	1. ....
	2.		2. ....
absoudre	1.	échoir	1. ....
	2.		2. ....
inclure	1.	joindre	1. ....
	2.		2. ....

6 ★★★ **L'orthographe de l'adjectif verbal (1) et celle du participe présent (2) correspondant aux infinitifs suivants sont différentes.**

1. Indiquez les deux formes.
2. Employez-les dans une phrase mettant en évidence leur nature.

suffoquer	1.	négliger	1. ....
	2.		2. ....
fatiguer	1.	précéder	1. ....
	2.		2. ....

Corrigés p. 233

3 Les verbes pronominaux

OBJECTIF • Reconnaître les fonctions du pronom personnel des verbes pronominaux

SAVOIR

• Construction

Les verbes pronominaux se construisent avec un pronom personnel réfléchi :
*je **me**… tu **te**… il **se**… nous **nous**… vous **vous**… ils **se**…*

On distingue deux types de verbes pronominaux.

• Les verbes essentiellement pronominaux

Ils n'existent qu'à la forme pronominale.
Le pronom personnel ne s'analyse pas.
L'oiseau s'envole.

• Les verbes occasionnellement pronominaux

Ils peuvent avoir trois sens :

- un **sens réfléchi** → l'action est faite par le sujet lui-même.
  Il se lave les cheveux.
- un **sens réciproque** → le sujet fait subir une action à un autre et réciproquement.
  Ils se battent.
- un **sens passif** → le verbe peut être remplacé par un verbe à la voix passive.
  *Les brioches **se sont** toutes **vendues**.*
  → Elles ont toutes été vendues.

SAVOIR FAIRE

• Analyser le pronom personnel

Seul le pronom personnel des verbes à sens réfléchi et réciproque est analysable.

Il peut être :

- COD ;
  *Il **se** couche.* (***Coucher*** est transitif direct.)
- COI ;
  *Ils **se** nuisent.* (***Nuire*** est transitif indirect.)
- COS.
  *Il **se** prépare un gâteau.* (***Préparer*** admet une double construction.)

• Accorder le participe passé

Voir le chapitre 4 sur l'accord du participe passé.

FAIRE

1 ★ **Remplacez la tournure pronominale par la voix passive. (Attention aux accords !)**

Les chapeaux à voilette ne se portent plus.
→ Ils ne sont plus portés.

1. Le stade de Furiani s'est construit trop rapidement.
→ ....
....
2. Les places pour le spectacle s'étaient vendues en un clin d'œil. → ....
....
3. Une rumeur se propage rapidement. → ....
....
4. Les jupes se porteront longues cet hiver.
→ ....
5. Ce plat se mange froid. → ....
....

2 ★★ **Dans les phrases suivantes, remplacez les verbes à la voix passive par des verbes pronominaux à sens passif.**

1. Ce médicament était pris dans un verre d'eau.
2. Les étoiles sont facilement observées cette nuit.
3. L'immeuble a été terminé le mois dernier.
4. La salle était lentement vidée.
5. Les pièces de cet avion sont assemblées ici.

3 ★★ **Employez chacun de ces verbes dans deux phrases : dans la première, il aura un sens réfléchi, dans la seconde, un sens réciproque.**

1. se jeter
2. se tenir
3. se parler
4. s'asperger
5. se voir

4 ★★★ **Pour chacune des phrases suivantes, cochez la case du tableau correspondante.**

1. Les adolescents de la ville se sont agglutinés au concert de Madonna.
2. Les deux ivrognes se soutenaient pour ne pas tomber.
3. Ils se sont adressé des cartes postales.
4. Rome ne s'est pas construite en un jour.
5. Ils s'enfuirent en hurlant.
6. Je me souviens de mes vacances avec émotion.
7. Ces deux romans se lisent agréablement.
8. Papa et maman se sont rencontrés sur les bancs de l'école.
9. Le château, bâti au sommet de la montagne, se voit de loin.
10. Les amoureux se nourrissent d'amour et d'eau fraîche.

	1	2	3	4	5	6	7	8	9	10
Verbes essentiellement pronominaux										
Verbes pronominaux à sens réfléchi										
Verbes pronominaux à sens réciproque										
Verbes pronominaux à sens passif										

5 ★★★ **Indiquez la fonction du pronom personnel en caractères gras.**

1. Les orages **se** sont succédé. → ....
2. Il **se** regarda dans le miroir. → ....
3. Pierre et sa femme **se** téléphonaient tous les soirs. → ....
4. Nous **nous** lançâmes des taquineries durant toute la soirée. → ....
5. Il respira profondément et **se** lança dans le vide. → ....
6. Ce peuple **se** nourrit essentiellement de racines. → ....
7. J'ai écouté les reproches qu'ils **s'**adressaient. → ....
8. Il **se** précipita dans sa voiture. → ....
9. Ils **se** sourirent. → ....
10. De loin, les deux jeunes filles **se** firent des signes. → ....

Corrigés p. 233

4 L'accord du participe passé

OBJECTIF • Accorder le participe passé

SAVOIR

• Avec l'auxiliaire *être*

Le participe passé s'accorde avec le sujet.
***Paul et Agathe** sont venus.*

• Avec l'auxiliaire *avoir*

• Le participe passé s'accorde avec le COD quand celui-ci est placé avant le verbe.
***Quels tableaux** avez-vous vus ?*
*Les monuments **que** j'ai visités étaient splendides.*

• Si le COD est ***en*** : le participe passé ne s'accorde pas.
*Les BD, j'**en** ai lu dans ma jeunesse.*

• Si le participe passé est suivi d'un verbe à l'infinitif : il s'accorde avec le COD si celui-ci complète le verbe conjugué.
*Les musiciens **que** j'ai **entendus** jouer...*
Que remplace *les musiciens*, COD du verbe *entendus* (accord).

• Il ne s'accorde pas si le COD complète l'infinitif.
*La sonate **que** j'ai **entendu** jouer.*
Que remplace *la sonate*, COD de l'infinitif *jouer* (pas d'accord).

NB : les participes passés de *laisser* et *faire* suivis d'un infinitif restent invariables.
*Je les ai **laissé** partir. Les lettres que j'ai **fait** envoyer arriveront cette semaine.*

• Verbes pronominaux

• Verbes essentiellement pronominaux ou à sens passif :
le participe passé s'accorde avec le sujet.
*Les oiseaux se sont envolé**s**.*
*Rome ne s'est pas construit**e** en un jour.*

• Verbes pronominaux à sens réfléchi ou réciproque : mêmes règles d'accord que pour le participe passé employé avec *avoir*.
*Ils **se** sont lavés.*
COD

*Ils se sont lavé **les cheveux**.*
COD

NB : Les participes des verbes pronominaux dont la forme non pronominale est un verbe transitif indirect ne s'accordent pas.
*Ils se sont **nui*** (car *nuire* est transitif indirect : *nuire à quelqu'un*).

SAVOIR FAIRE

• Distinguer voix active et voix passive

*Ils **ont** battu.* ≠ *Ils **ont été** battus.*

↑ auxiliaire *avoir* (de la voix active) ↑ auxiliaire *être* (de la voix passive)

1 ★ **Remplacez le GN-COD par un pronom. (Attention aux accords !)**

Ils ont écouté leur chanteuse préférée.
→ Ils l'ont écoutée.

1. Franck a entendu un bruit étrange.
→ ....
2. J'ai emprunté l'autoroute A1.
→ ....
3. Ils ont dérobé les bijoux de grand-mère.
→ ....
4. Qui m'a envoyé cette lettre injurieuse ?
→ ....
5. Paul lui a soudain tendu la main.
→ ....

2 ★★ **Complétez les phrases suivantes en utilisant les participes passés de la liste.**

1. *photographiées – visités – vue – admiré*
Les ruines que Marc et Paul ont .... durant leur voyage en Grèce étaient splendides. Ils ont .... les temples qu'ils ont .... La plus belle statue qu'ils ont .... était celle de Vénus.
2. *brûlées – brûlée – blessé – blessés*
La main qu'il s'est .... a vite guéri : il s'était .... en manipulant son réchaud à gaz. Au service des urgences, il a croisé des enfants qui s'étaient gravement .... en jouant avec des explosifs et deux adolescentes qui s'étaient .... en bricolant un vélomoteur.

3 ★★ **Transformez les phrases suivantes à la voix passive. (Attention aux accords et aux temps !)**

1. Un violent orage a arraché un poteau électrique.
....
....
2. Grand-père nous racontera des histoires fabuleuses tous les soirs.
....
....
3. « La mer efface sur le sable les pas des amants désunis. »
....
....
4. La police avait saisi plusieurs kilos d'héroïne à l'aéroport.
....
....

4 ★★★ **Repérez le COD. Indiquez s'il complète le verbe conjugué ou l'infinitif. Puis faites l'accord si nécessaire.**

Les enfants que tu as entendu... crier sont ceux des voisins.
→ que (pronom remplaçant « les enfants ») est COD du verbe, donc accord : entendus.

1. Les chatons que j'ai regardé... ramper sont nés hier.
2. Les oiseaux, nous les avons entendu... piailler !
3. Les peupliers qu'il a vu... abattre étaient malades.
4. Les enfants qu'il a laissé... s'amuser sont restés sages.
5. Les voleurs qu'il a voulu... arrêter l'ont blessé.
6. Mais cette robe, je l'ai fait... nettoyer !
7. Les soldats que j'ai vu... défiler semblaient harassés.

5 ★★★ **Accordez, si besoin, les participes passés.**

1. La robe que tu as repassé..... et plié..... a été rangé......
2. Je l'ai aperçu..... qui avançait péniblement : elle était chargé..... de lourdes valises. Son fils, un parfait goujat, s'est contenté..... de l'observer.
3. Ils ne t'ont pas montré..... les photographies car ils les ont toutes raté......
4. Elle s'est enivré..... et a roulé..... sous la table.
5. Elles se sont adressé..... au commissariat après avoir été agressé......
6. Elle s'est demandé..... s'ils viendraient la voir ; elle les a attendu..... longtemps. Ils sont arrivé..... très tard et se sont excusé......
7. Les livres que tu m'as prêté..... sont intéressants, je les ai tous lu......
8. Ils se sont loué..... une superbe villa sur la Côte d'Azur.
9. Les orateurs se sont succédé..... sans dissiper l'ennui de cette soirée.
10. Yasmina s'est brossé..... les dents, s'est douché..... et s'est couché..... avec un roman d'Agatha Christie.

Corrigés p. 233

5 Le subjonctif

OBJECTIF • Conjuguer les quatre temps du subjonctif

SAVOIR

Le subjonctif est composé de quatre temps :
– deux temps simples → présent – imparfait ;
– deux temps composés → passé – plus-que-parfait.

- **Présent :** – terminaisons : ***e – es – e – ions – iez – ent*** ;
  – radical :
  • verbes du 1er groupe → radical du présent de l'indicatif ;
  marcher → que je marche.
  • verbes du 2e groupe → radical du participe présent ;
  finir → que je finisse.
  • verbes du 3e groupe → radical souvent irrégulier.
  savoir → que je sache.
- **Imparfait :** – terminaisons : ***sse – sses – ^t – ssions – ssiez – ssent*** ;
  – radical : pour tous les groupes, le radical est celui du passé simple de l'indicatif.
  parler → que je parlasse.
- **Passé :** auxiliaire *être* ou *avoir* conjugué au présent du subjonctif + participe passé.
  manger → que j'aie mangé ;
  tomber → que je sois tombé.
- **Plus-que-parfait :** auxiliaire *être* ou *avoir* conjugué à l'imparfait du subjonctif + participe passé.
  manger → que j'eusse mangé ;
  tomber → que je fusse tombé.

Être		Avoir	
Présent	**Imparfait**	**Présent**	**Imparfait**
que je sois que tu sois qu'il soit que nous soyons que vous soyez qu'ils soient	que je fusse que tu fusses qu'il fût que nous fussions que vous fussiez qu'ils fussent	que j'aie que tu aies qu'il ait que nous ayons que vous ayez qu'ils aient	que j'eusse que tu eusses qu'il eût que nous eussions que vous eussiez qu'ils eussent

SAVOIR FAIRE

• Conjuguer les verbes en *-ier, -yer, -iller, -illir*

Ne pas oublier, au présent, le ***-i-*** de la terminaison des 1re et 2e personnes du pluriel qui n'est presque pas audible.
crier → que nous criions, que vous criiez.

• Retrouver les formes irrégulières

Ne pas oublier que le subjonctif présent est un temps familier que l'on emploie quotidiennement. En cas d'hésitation, il suffit de faire précéder le verbe par la formule « il faut que ».
aller → il faut que j'aille à la gare.

1 ★ Barrez les intrus dans chaque série de subjonctifs.

1. je marche – je fasse – je crois – je nie – je vienne – je salue.
2. nous marchions – nous crions – nous appelions – nous essuyions – nous accueillions – nous plions.
3. je voulusse – je suce – je pusse – je laisse – je lavasse – je passe – je visse – je glisse – je hisse – je finisse.

2 ★★ Conjuguez au présent du subjonctif les verbes entre parenthèses.

1. Pourvu qu'on (*pouvoir*) .... agir vite !
2. J'exige qu'on (*dire*) .... la vérité et qu'on (*savoir*) .... tout !
3. Je doute que tu (*avoir*) .... mal.
4. Il arrive que je (*être*) .... seul.
5. Il faut absolument que tu me (*croire*) ....
6. Je ne pense pas qu'il (*falloir*) .... partir très vite.
7. Bien que nous (*payer*) .... régulièrement nos factures, le téléphone a été coupé : il faut que tu (*aller*) .... protester.
8. Je ferai le clown jusqu'à ce que tu (*sourire*) ....

3 ★★★ Conjuguez les verbes au temps indiqué du subjonctif pour remplir la grille de mots croisés.

Horizontalement

I. *Avoir* – Présent – 3e pers. pl. **II.** *Rire* – Présent – 2e pers. sing. **III.** *Organiser* – Présent – 3e pers. sing. **IV.** *Lire* – Présent – 2e pers. sing. **V.** *Faire* – Présent – 2e pers. pl. **VI.** *Libérer* – Imparfait – 1re pers. pl. **VII.** *Vivre* – Présent – 3e pers. sing. **VIII.** *Crier* – Présent – 1re pers. pl. **IX.** *Tenir* – Imparfait – 3e pers. sing. **X.** *Éprouver* – Imparfait – 3e pers. sing. **XI.** *Taire* – Imparfait – 2e pers. sing. **XII.** *Avoir* – Présent – 1re pers. sing. **XIII.** *Éprouver* – Imparfait – 1re pers. sing. **XIV.** *Vouloir* – Présent – 1re pers. sing.

Verticalement

a. *Arriver* – Présent – 1re pers. pl. **b.** *Aller* – Présent – 3e pers. sing. **c.** *Falloir* – Présent – 3e pers. sing. **d.** *Raser* – Imparfait – 3e pers. sing. **e.** *Venir* – Présent – 2e pers. pl. **f.** *Nier* – Présent – 1re pers. sing. **g.** *Tirer* – Imparfait – 1re pers. sing. **h.** *Venir* – Imparfait – 2e pers. sing. **i.** *Avoir* – Présent – 3e pers. sing. **j.** *Savoir* – Imparfait – 1re pers. sing.

Corrigés p. 233

6 Les emplois du subjonctif

OBJECTIF • Comprendre les valeurs du subjonctif

SAVOIR

• Dans une proposition indépendante

Dans une proposition indépendante, le subjonctif exprime :

- l'ordre ou la défense ; *Qu'il disparaisse !*
- le souhait ; *(Pourvu) qu'il fasse beau !*
- la supposition ; *Soit un triangle ABC.*

• Dans une proposition subordonnée

Dans une proposition subordonnée, le subjonctif est obligatoire :

- dans les complétives exprimant l'ordre, la défense, le doute, la crainte, le sentiment ;
Je veux qu'il vienne.
- dans les conjonctives circonstancielles introduites par *avant que, jusqu'à ce que, pour que, afin que, sans que, bien que, quoique…*
Bien qu'il pleuve, il sort sans parapluie.

• Concordance des temps

Certains temps du subjonctif ont disparu de la langue moderne ; la langue littéraire, elle, utilise toujours les quatre temps du subjonctif selon les règles de concordance suivantes.

Temps de la principale	Temps de la subordonnée
Présent et futur de l'indicatif	• Fait simultané ou postérieur au fait exprimé dans la principale → subjonctif présent. *Je doute qu'il obéisse.* • Fait antérieur au fait exprimé dans la principale → subjonctif passé. *Je doute qu'il ait obéi.*
Passé de l'indicatif ou conditionnel	• Fait simultané ou postérieur au fait exprimé dans la principale → subjonctif imparfait. *Je doutais qu'il obéît.* • Fait antérieur au fait exprimé dans la principale → subjonctif plus-que-parfait. *Je doutais qu'il eût obéi.*

SAVOIR FAIRE

• Ne pas confondre subjonctif et indicatif

Pour déterminer s'il s'agit de l'indicatif ou du subjonctif, on peut remplacer le verbe par *être* (dont la forme est différente aux deux modes).

Subjonctif	Indicatif
*Bien qu'il **coure** vite, il sera en retard.*	*Je sais qu'il **court** vite.*
*→ Bien qu'il **soit** rapide…*	*→ Je sais qu'il **est** rapide.*
*Je souhaite qu'il **travaille**.*	*Je me demande s'il **travaille**.*
*→ Je souhaite qu'il **soit** sérieux.*	*→ Je me demande s'il **est** sérieux.*

FAIRE

1 ★ Reportez le numéro de chaque phrase dans le tableau suivant de façon à préciser les valeurs du subjonctif.

1. Pourvu que papa conduise prudemment.
2. Qu'il pleuve ou qu'il vente, je ferai cette promenade.
3. Que le diable l'emporte !
4. Que tout le monde sache la vérité !
5. Qu'il sorte immédiatement !

Ordre ou défense	Souhait	Supposition

2 ★★ Barrez le verbe qui ne peut être employé dans les phrases suivantes. (Attention, dans certains cas, les deux solutions sont correctes !)

1. Bien que je { suis / sois } petit, je suis très fort.
2. Les souris ne dansent qu'après que le chat { est parti / soit parti. }
3. Crois-tu qu'il { sait / sache } où se trouve le trésor ?
4. Je ne pense pas qu'il { dit / dise } la vérité.

3 ★★ Barrez le ou les verbes de sorte que la phrase obtenue soit correcte. Utilisez le tableau des concordances des temps. (Attention ! Il existe deux possibilités pour certaines phrases.)

1. J'aurais voulu qu'il { vienne. / vînt. }
2. Il exigea qu'il { disparaisse. / disparût. }
3. Nous étions tous malheureux qu'il { ait échoué. / eut échoué. / eût échoué. }
4. J'espérais qu'il { me remarque. / me remarquât. / m'eût remarqué. }

4 ★★★ Indiquez si le verbe en gras est conjugué au subjonctif ou à l'indicatif.

1. Il faut que tu te **lèves** tôt demain.
→ ……
2. Ils sont rentrés avant que le soleil **se couche**.
→ ……
3. Je voudrais que tu t'**arrêtes** de fumer.
→ ……
4. J'apprends que tu **paresses** au lieu de travailler.
→ ……
5. Bien qu'il **parle** fort, la vieille dame ne l'entend pas. → ……
6. J'exige que tu **changes** d'attitude.
→ ……
7. Il est ravi que son gazon **pousse**.
→ ……
8. Il me semble qu'elle **parle** dans son sommeil.
→ ……
9. J'aimerais que tu **conduises** avec plus de prudence. → ……
10. Je sais que ton frère n'**aime** pas les raviolis, je ne lui en proposerai pas. → ……
11. Il souhaite que la fête **se déroule** sans incident.
→ ……

5 ★★★ Conjuguez les verbes entre parenthèses au présent de l'indicatif ou du subjonctif selon le cas.

1. Il paraît que tu (*aller*) …… bien.
2. Je souhaite qu'il me (*croire*) …… mais je constate qu'il ne me (*croire*) …… pas.
3. Bien qu'il (*courir*)……, il sera en retard.
4. Je voudrais tant qu'il me (*sourire*) …… quelquefois !
5. J'apprends qu'il (*mourir*) …… dans de grandes souffrances alors que je souhaite qu'il (*mourir*) …… paisiblement.

Corrigés p. 234

7 Le conditionnel

OBJECTIF • Conjuguer et employer le conditionnel

SAVOIR

• Conditionnel présent

Il se forme sur le radical du futur auquel on ajoute les terminaisons :
***-ais**, **-ais**, **-ait**, **-ions**, **-iez**, **-aient**.*

• Conditionnel passé 1re forme

Il se forme avec l'auxiliaire ***être*** ou ***avoir*** au conditionnel présent + le participe passé.

• Conditionnel passé 2e forme

Il est **identique au plus-que-parfait du subjonctif**.
Il se forme avec l'auxiliaire ***être*** ou ***avoir*** au subjonctif imparfait + le participe passé.
Je fusse arrivé. – J'eusse vu.
Il appartient à la langue soutenue.

SAVOIR FAIRE

• Connaître la concordance des temps

• Le conditionnel présent exprime le **futur dans le passé**.

*Le médecin **déclare** qu'il **repassera** demain.*
(déclare : présent ; repassera : futur)

*Le médecin **déclara** qu'il **repasserait** le lendemain.*
(déclara : passé ; repasserait : cond. présent)

• Le conditionnel passé 1re forme exprime le **futur antérieur dans le passé**.

*Le médecin **déclare** qu'il **repassera** dès qu'on l'**aura appelé**.*
(déclare : présent ; repassera : futur ; aura appelé : futur antérieur)

*Le médecin **déclara** qu'il **repasserait** dès qu'on l'**aurait appelé**.*
(déclara : passé ; repasserait : cond. présent ; aurait appelé : cond. passé)

• Employer le conditionnel dans une phrase comportant une proposition subordonnée circonstancielle de condition

Le conditionnel exprime (dans la principale) une action soumise à une condition (exprimée dans la proposition circonstancielle).

• Le conditionnel présent exprime :

– le **potentiel** (action réalisable dans l'avenir) ;
*S'il faisait beau demain, nous **irions** nous promener.*

– l'**irréel du présent** (action non réalisée dans le présent) ;
*S'il faisait beau aujourd'hui, nous **irions** nous promener.*

• Le conditionnel passé (1re et 2e formes) exprime :
– l'**irréel du passé** (action non accomplie dans le passé).
*S'il avait fait beau hier, nous **serions allés** nous promener.*
*S'il eût fait beau hier, nous **fussions allés** nous promener.*

• Employer le conditionnel pour exprimer :

• l'**imaginaire**, le **rêve**, l'**irréel**	*Nous nous **serions aimés** dans une autre vie.*
• l'**incertitude**	*Le terroriste **aurait été arrêté**.*
• l'**atténuation**	***Pourriez**-vous me prêter votre journal ?* (demande polie)

1 ★ **Conjuguez les verbes suivants à la 1re personne du singulier et du pluriel du conditionnel présent et passé 1re forme.**

conquérir – projeter – essuyer – plier – accourir – nourrir – venir – mourir – jouer – prévoir – se noyer – pouvoir – lever.

2 ★ **Réécrivez les phrases suivantes en conjuguant le verbe de la principale au passé simple. Effectuez les modifications nécessaires dans les propositions subordonnées.**

1. Elle m'annonce qu'elle sera présente au mariage de Paul.

2. L'institut météorologique pense que le soleil brillera dans toute la France aussitôt que la perturbation se sera éloignée.

3. J'espère que cette mésaventure lui aura donné l'occasion de réfléchir et l'empêchera de se conduire avec tant de désinvolture.

4. Le rallye Paris-Moscou-Pékin commence sur la place de la Concorde et n'atteindra la capitale de la Chine qu'après que le convoi sera passé par la place Rouge.

5. Nous nous demandons si nous pourrons arriver à l'heure.

3 ★★ **Complétez le tableau suivant.**

	Voix	Mode	Temps
Je parcourais			
Il serait blessé			
Nous aurons été battus			
Ils eussent mangé			
J'aurai voulu			
Nous logerions			
Il eut fini			
Tu serais tombé			

4 ★★ **Indiquez la valeur du conditionnel en reportant le numéro de la phrase dans la case qui convient.**

1. Ils n'auraient pas été renversés sans ce détour décidé subitement.
2. Tu devrais partir maintenant si tu veux éviter les embouteillages.
3. Je voudrais un kilo d'abricots et deux de pêches, s'il vous plaît.
4. Elle aurait été vue en compagnie d'un homme louche.
5. Il serait utile que nous nous revoyions d'ici une quinzaine de jours.
6. Elle serait devenue riche dans n'importe quelles circonstances, tant elle y tenait.

Valeur	n° des phrases
imaginaire / rêve	
incertitude	
atténuation	

5 ★★★ **Indiquez par une flèche si les phrases suivantes expriment un potentiel ou un irréel du présent.**

1. Si tu étais moins grognon, tu aurais plus d'amis. •
2. Si la marée était haute avant la nuit, nous pourrions aller voir les vagues claquer contre la jetée. •
3. Si Paul nous rejoignait assez tôt, nous finirions la soirée au cinéma. •
4. En partant ce soir, tu profiterais de la fraîcheur de la nuit pour effectuer ton trajet. •
5. Si Marc faisait un peu de sport, il serait plus dynamique. •
6. Si j'étais riche, je passerais mon temps à voyager. •

• potentiel

• irréel du présent

6 ★★★ **Rédigez au conditionnel un texte présentant un monde tel que vous le rêvez.**

....

....

....

....

....

....

....

Corrigés p. 234

6e 5e 4e 3e Corrigés

GRAMMAIRE

8 Les propositions subordonnées (opposition, concession, condition)

OBJECTIF • Exprimer opposition, concession et condition

SAVOIR

• L'opposition et la concession

• L'**opposition** simple exprime un rapport d'opposition entre deux faits indépendants. La **concession** exprime une contradiction entre deux faits.

• **Conjonctions de subordination** : *alors que, tandis que, quand, lorsque, pendant que, au lieu que, pendant que, bien que, quoique, sans que, loin que, quand bien même, encore que, à moins que, si … que…*

Je suis petite ***alors que*** *mes parents sont grands.* ***Bien qu'****il ait des problèmes, il reste souriant.*

• La condition

• La **condition** exprime une hypothèse ou une supposition qui doit se réaliser pour que l'action de la principale se réalise.

• **Conjonctions de subordination** : *si, même si, sauf si, à condition que, en admettant que, à supposer que, que … que, au cas où, pourvu que…*

Qu'*il vente ou* ***qu'****il neige, nous viendrons !*

SAVOIR FAIRE

• Choisir le mode du verbe de la subordonnée

• **Conjonctions suivies de l'indicatif :**
alors que, pendant que, tandis que, quand, lorsque, au cas où.

• **Conjonctions suivies du subjonctif :**
au lieu que, bien que, quoique, sans que, loin que, quand bien même, encore que, à moins que, si … que, à condition que, en admettant que, à supposer que, que … que, pourvu que …

• **Conjonction suivie du conditionnel :**
au cas où.

• Respecter la concordance des temps

Proposition subordonnée	Proposition principale
Si + présent (indicatif)	Futur (indicatif)
Si le vent ***se lève****, nous* ***rangerons*** *nos feuilles.*	
Si + imparfait (indicatif)	Conditionnel présent
Si le vent ***se levait****, nous* ***rangerions*** *nos feuilles.*	
Si + plus-que-parfait (indicatif)	Conditionnel passé (1re forme)
Si le vent ***s'était levé****, nous* ***aurions rangé*** *nos feuilles.*	
Si + conditionnel passé	Conditionnel passé (2e forme)
Si le vent ***se fût levé****, nous* ***eussions rangé*** *nos feuilles.*	

FAIRE

1 ★ **Indiquez si les propositions en gras expriment l'opposition simple ou la concession.**

1. Je reste calme **tandis que tu te fâches**.
2. **Alors qu'il a du temps**, il se dépêche.
3. **Quoiqu'il soit gentil**, il a refusé de lui rendre un service.
4. **Quelle que soit son opinion**, il la garde pour lui.
5. **Quoi que tu dises**, je ne resterai pas.
6. Il traîne **quand il doit être à la réunion dans un quart d'heure** !

2 ★★ **Établissez un rapport de concession ou d'opposition entre les deux phrases en les reliant par un lien de subordination. Pensez à varier les conjonctions de subordination.**

1. Louis est sage. Sa sœur est turbulente.
2. Sophie reste maigre. Elle mange avec appétit.
3. Il ne sort jamais. Il se plaint de sa solitude.
4. Elle est joyeuse. Son époux est bougon.
5. Il fait chaud. Il enfile un pull pour sortir.
6. Ils sont impatients de rentrer. Ils doivent attendre de longues heures qu'un métro se présente en raison de la grève.

3 ★★★ **Transformez les compléments circonstanciels en gras par une proposition subordonnée d'opposition ou de concession en variant les mots subordonnants.**

1. **Malgré son travail**, il a raté son contrôle de mathématiques.
2. Il écoute de la musique, **pourtant il doit finir son exercice**.
3. **Au lieu de fuir**, il restait immobile.
4. **En dépit de son courage**, il a dû renoncer à son exploit.
5. **Ils ont beau trembler de froid**, ils continuent à travailler pour remettre le réseau électrique en marche.
6. Elle reste souriante et attentionnée **malgré les chagrins qui l'accablent**.

4 ★★★ **Réécrivez les phrases en remplaçant le complément circonstanciel de condition par une proposition subordonnée circonstancielle de même sens. Variez les conjonctions de subordination.**

1. Avec plus de travail et de sérieux, tu réussirais certainement.
2. Tu obtiendras des renseignements supplémentaires en t'adressant au syndicat d'initiative.
3. Elle aurait eu du mal à surmonter son chagrin, sans un entourage compréhensif et chaleureux.
4. En prenant la route dès le lever du jour, nous pourrions être à Marseille avant la tombée de la nuit.

5 ★★★ **Complétez les propositions subordonnées de condition en respectant les règles de concordance des temps.**

1. Si tu (*se dépêcher*) ...., nous arriverons à temps.
2. Si la dispute familiale (*s'apaiser*) ...., Paul et Marie n'auraient pas quitté la table.
3. Si la sonnerie (*ne pas retentir*) .... à ce moment, tu eusses passé un mauvais quart d'heure.
4. Si tu (*se lever*) .... plus tôt, tu serais moins souvent en retard !
5. Si je (*se lever*) .... plus tôt, je serai moins souvent en retard.

6 ★★★ **Complétez les propositions principales en respectant les règles de concordance des temps.**

1. Si Rachid et son sens de l'orientation eussent été là, nous ne (*se perdre*) ....
2. Si tu acceptes ses excuses, vous (*se réconcilier*) ....
3. Si Sophie n'avait pas été aussi patiente et ne m'avait pas consacré tant de son temps, je (*ne pas progresser*) .... cette année en mathématiques.
4. Si tu étais plus agréable, les gens (*se montrer*) .... plus aimables.
5. Si les élèves écoutent, ils (*progresser*) ....

Corrigés p. 234

9 Les subordonnées circonstancielles

OBJECTIF • Reconnaître toutes les circonstances

SAVOIR

• Définition

Les propositions subordonnées circonstancielles indiquent les différentes circonstances de l'action exprimée par la proposition principale.

• Les différentes circonstances exprimées par la subordonnée

• Le **temps** grâce aux conjonctions : *quand, lorsque, comme, dès que, pendant que, tandis que, après que, avant que, jusqu'à ce que, depuis que...*
Les feuilles tombent quand l'automne arrive.

• La **cause** grâce aux conjonctions : *parce que, puisque, comme, du moment que, étant donné que, vu que ...*

• La **conséquence** grâce aux conjonctions : *si ... que, tellement ... que, de sorte que, si bien que, trop ... pour, pas assez ... pour ...*

• Le **but** grâce aux conjonctions : *pour que, afin que, de peur que, de crainte que, dans l'espoir que ...*

• La **comparaison** grâce aux conjonctions : *comme, ainsi que, de même que, aussi ... que, plus ... que, mieux ... que, moins ... que ...*

• La **condition** / l'**opposition** ou la **concession** (voir p. 180).

SAVOIR FAIRE

• Distinguer *comme* causal, comparatif et temporel

***Comme tu es malade**, tu dois garder la chambre.* → On peut remplacer par une conjonction de **cause** : ***Puisque** tu es malade, tu dois garder la chambre.*	*Elle marche **comme le ferait une vieille femme**.* → On peut remplacer par une conjonction de **comparaison** : *Elle marche **ainsi que** le ferait une vieille femme.*	***Comme j'arrivais**, il se mit à pleuvoir.* → On peut remplacer par une conjonction de **temps** : ***Quand** j'arrivais, il se mit à pleuvoir.*

• Distinguer *quand* temporel et *quand* d'opposition

***Quand Marc arriva**, ils se mirent à jouer.* → On peut remplacer par une conjonction de **temps** : ***Lorsque** Marc arriva, ils se mirent à jouer.*	*Marie joue **quand elle devrait travailler**.* → On peut remplacer par une conjonction d'**opposition** : *Marie joue **alors qu**'elle devrait travailler.*

• Choisir le mode

Le mode de la proposition subordonnée dépend de la conjonction de subordination.

• Conjonctions suivies de l'**indicatif** : *quand, lorsque, comme, dès que, pendant que, tandis que, après que, depuis que, parce que, puisque, du moment que, étant donné que, vu que, si ... que, tellement ... que, de sorte que, si bien que, trop ... pour, pas assez ... pour ..., ainsi que, de même que, aussi ... que, plus .... que, mieux ... que, moins ... que ...*

• Conjonctions suivies du **subjonctif** : *avant que, jusqu'à ce que, pour que, afin que, de peur que, de crainte que, dans l'espoir que ...*

FAIRE

1 ★ **Indiquez la valeur de *comme* en reportant le numéro dans le tableau.**

1. Comme il court vite, il a pu rattraper le bus.
2. J'ai emprunté tous les livres de cet auteur, comme tu me l'avais demandé.
3. Comme sa carte était périmée, il n'a pas eu droit à la réduction proposée.
4. Marie, arrivée la première, bronzait, comme les autres invités s'installaient.
5. Comme il arrivait au sommet, un gros nuage recouvrit la montagne entière.
6. Dès qu'il tente de nager, il coule comme s'il était en fer !
7. Comme il n'a pas rendu son devoir, il a été puni.

Comme temporel	Phrases n°
Comme causal	Phrases n°
Comme comparatif	Phrases n°

2 ★ **Indiquez la valeur de *quand* en reportant le numéro de la phrase dans le tableau.**

1. Les voyageurs saisirent leurs bagages quand le train entra en gare.
2. Quand papa est de bonne humeur, l'ambiance est détendue, mais c'est bien rare !
3. Fred aide sa sœur à déménager quand le médecin lui a prescrit un repos absolu : il risque de ne jamais guérir s'il refuse de respecter les conseils de son médecin.
4. Il l'attendait avec impatience et il lui adressa un immense sourire quand il l'aperçue enfin dans la foule qui avançait.
5. Elle se bourre de gâteaux quand elle devrait se mettre à la diète. Elle n'a aucune volonté.

Quand temporel	Phrases n°
Quand d'opposition	Phrases n°

3 ★★ **Indiquez la valeur des propositions subordonnées circonstancielles en cochant la case qui convient.**

	Temps	Cause	Conséquence	But	Comparaison	Opposition Concession	Condition
1. Il est si triste qu'il ne sourit plus jamais.							
2. Il fait tout pour que sa situation s'améliore.							
3. Il se repose depuis qu'il est arrivé.							
4. Il est bien plus grand que je ne le pensais !							
5. Si tu veux, je peux rester.							
6. Je serai là tôt comme tu me l'as demandé.							
7. Puisqu'elle propose de t'aider, accepte !							
8. Il a réussi son bac bien qu'il ait raté une épreuve.							

4 ★★★ **Transformez chaque complément circonstanciel par une proposition subordonnée de même sens. (Attention aux modes !)**

1. Il se jette du plongeoir malgré son vertige.
2. Mon père punit toujours tout le monde avant de savoir qui est coupable.
3. Après avoir dormi, il semblait de bien meilleure humeur.
4. Elle a envoyé de nombreuses lettres pour demander un entretien.
5. En raison de la pluie, le pique-nique est reporté.
6. Il se comporte comme un enfant.
7. Par temps de pluie ou par beau temps, tu peux compter sur notre présence.
8. Dès le lever du soleil, Marc saute hors de son lit.

Corrigés p. 234

GRAMMAIRE

10 Que

OBJECTIF • Distinguer les différentes natures de *que*

SAVOIR

• Conjonction de subordination

Que, conjonction de subordination, introduit la proposition subordonnée complétive (1), permet de composer de nombreux subordonnants circonstanciels (2) et leur sert de conjonction de reprise (3) dans la coordination ou la juxtaposition de propositions subordonnées circonstancielles.

***Que** tu fumes m'ennuie. Je veux **que** tu viennes.* (1)

*Parce **que*** (2) *je travaille et **que*** (3) *je suis sérieuse, je réussis.*

• Pronom relatif

Que, pronom relatif, remplace le nom antécédent de la proposition subordonnée relative. Il est le plus souvent COD du verbe.

*L'homme **que** j'observe se conduit étrangement.*

pronom relatif, COD du verbe *observe*.

• Pronom interrogatif

Que, pronom interrogatif, permet de poser une question dans une interrogative directe ou indirecte (il devient ***ce que***).

Il est essentiellement COD mais peut avoir d'autres fonctions.

***Que** veux-tu ?* (COD de *veux*) ***Que** suis-je désormais ?* (attribut du sujet *je*)

*Je me demande **ce que** tu veux* (COD de *veux*) */ **ce que** je suis désormais.* (attribut du sujet *je*)

• Adverbe

Que, adverbe, équivaut à *combien*, *comme*.

***Que** cet homme est sot !*

• Béquille du subjonctif dans une phrase impérative

***Que** les acteurs entrent !*

• Élément d'une négation restrictive / d'une comparaison

*Il **ne** boit **que** de l'eau. Il est **plus** grand **que** son frère.*

SAVOIR FAIRE

• Distinguer adverbe, béquille du subjonctif et conjonction de subordination dans une proposition complétive sujet

Adverbe	Béquille du subjonctif	Conjonction de subordination
Que tu es beau ! → remplacer par *comme, combien* : ***Comme** tu es beau !*	*Que Marie se sauve !* → remplacer par un verbe permettant de reconnaître le subjonctif : *Qu'elle **sache** se sauver !* → remplacer *que* par *il faut que* : ***Il faut que** Marie se sauve.*	*Que tu souffres m'inquiète.* → repérer les deux verbes et les deux propositions : *Que tu **souffres** / m'**inquiète**.*

FAIRE

1 ★ **Indiquez si *que* (*qu'*) est adverbe, béquille du subjonctif ou conjonction de subordination d'une subordonnée complétive sujet, en reportant le numéro des phrases dans le tableau.**

1. Que la météo est mauvaise !
2. Que les gens sont grossiers !
3. Qu'il t'agace est compréhensible !
4. Que la fête commence !
5. Qu'elle est naïve !
6. Que la crainte est mauvaise conseillère !
7. Que les gens sortent ou qu'ils se taisent !
8. Que tu sois déjà levé m'étonne !

Adverbe	Béquille du subjonctif	Conjonction de subordination

2 ★ **Soulignez les pronoms relatifs en bleu et les conjonctions de subordination en rouge.**

1. La femme qu'elle est devenue m'intrigue.
2. Je ne veux pas que tu te fatigues.
3. Que tu aies remporté le tournoi ne m'étonne pas et je suis sûr que tu gagneras encore l'an prochain.
4. Quand tu seras là et que tu te seras reposé, nous étudierons ton problème.
5. Les enfants du voisin que tu as grondés hier se sont excusés pour la gêne qu'ils t'ont causée.
6. Paul souhaite que tu lui présentes l'éditeur que tu comptes dans tes amis.

3 ★ **Reliez les phrases en une seule comportant une ou plusieurs propositions subordonnées relatives introduites par *que*.**

1. J'observe un homme. L'homme marche péniblement.
2. Vous appréciez un partenaire. Choisissez un partenaire.
3. Le chat a attrapé une souris. Elle a réussi à se sauver.
4. Tu as préparé la tarte. La tarte était délicieuse. Nous avons dévoré la tarte.

4 ★★ **Soulignez les pronoms relatifs en bleu, les conjonctions de subordination en rouge, les pronoms interrogatifs en vert.**

1. Sais-tu que Pierre, que tu as rencontré chez moi, est malade ?
2. Je ne sais que décider. Démissionner ou poursuivre une carrière que je n'apprécie plus ?
3. Le film que tu as vu hier est-il celui que je t'ai conseillé ?
4. Il se demande ce que sa sœur, qu'il voit aller et venir, complote, et suppose qu'elle prépare une surprise.

5 ★★★ **Complétez les phrases de sorte à introduire le *que* (ou *qu'*) de la nature demandée.**

1. Adverbe → Que l'air ....
2. Conjonction de subordination → Que l'air ....
3. Béquille du subjonctif → Que l'air ....
4. Pronom relatif → L'air que ....
5. Conjonction de reprise → Comme l'air est pur et que ....
6. Une négation restrictive → L'air ne ....
7. Une comparaison → L'air ....

6 ★★★ **Indiquez la nature de chaque *que* mis en gras.**

1. Je pense **que** Thomas a tort de ne se nourrir **que** de fruits quand il commence un régime et **qu**'il veut perdre du poids rapidement.
2. **Que** ceux **que** j'ai nommés me suivent et **que** les autres m'attendent.
3. Sais-tu **que** ce roman **que** j'ai achevé hier est passionnant ? Il ne met en scène **que** des personnages plus mystérieux les uns **que** les autres.
4. **Que** le pays **que** j'ai traversé soit réputé comme dangereux ne m'a pas empêché de ne croiser **que** des gens adorables qui se sont demandé ce **qu**'une jeune fille seule faisait dans une contrée dont la réputation est si mauvaise !
5. **Que** l'argument **que** tu lui as opposé fut pertinent ! Il n'a su **que** te répondre !

Corrigés p. 234

LECTURE-ÉCRITURE

11 Les homophones

OBJECTIF • Distinguer et orthographier des homophones

SAVOIR

• Le rôle de l'accent circonflexe

*Il a **dû** partir. Un dû* verbe *devoir*	*Il mange **du** pain.* déterminant	
*Il est **sûr** de lui. (sûrs, sûre(s))* adjectif	*Il est **sur** la table.* préposition	*Ce fruit est **sur**.* (= aigre) *(surs, sure(s))* adjectif
*L'arbre a **crû**.* *Il **crût** rapidement.* verbe *croître*	*Paul a **cru** mourir.* *Il **crut** mourir.* verbe *croire*	*La viande est **crue**.* *(cru, crus, crues)* adjectif
*Le fruit est **mûr**. (mûrs, mûre(s))* adjectif	*La **mûre** est un fruit.* substantif féminin	*Le **mur** s'écroule.* substantif masculin

• Les homophones grammaticaux

• **Leur**

Leur, déterminant ou pronom possessif, s'accorde.

*Ils sortent **leurs** affaires. Les **leurs** sont toujours affamés.*

Leur, pronom personnel, reste invariable.

*Les enfants ont faim. On **leur** donne à manger.*

• **Quel(s) – quelle(s) / qu'elle(s)**

Quel est déterminant (interrogatif ou exclamatif) et s'accorde avec le nom.

***Quel** gentil garçon ! **Quelle** heure est-il ?*

Qu'elle(s) est composé de la forme *que* élidée et du pronom personnel féminin.

*J'aimerais **qu'elles** viennent.*

• **Quelque(s) / quel(les) que**

Quelque(s), adjectif, s'accorde. Adverbe, il reste invariable.

*Donne-moi **quelques*** (= plusieurs) *idées. Donnez-m'en **quelque*** (= environ) *3 kilos.*

Quelque (= si) *gentil qu'il soit d'habitude, il s'est montré grossier.*

Quel(s) que et *quelle(s) que* sont des adjectifs qui s'accordent.

***Quelles que** soient les raisons de ton absence, tu aurais dû prévenir.*

SAVOIR FAIRE

• Orthographier *leur*

Leur s'accorde quand il est avant un nom ou après un déterminant.

*Leur enfant – leurs enfants / le leur – les **leurs** – un des leurs*

Il reste invariable quand il est avant un verbe.

*Je **leur** demande s'ils ont faim.*

• Distinguer *qu'elle(s)* et *quel(s) – quelle(s)*

Qu'elle(s)	***Quel(s) – quelle(s)***
Qu'elles sortent ! → On peut remplacer le pronom *elles* par un autre afin de comprendre la construction : *Qu'**ils** sortent ! Que **je** sorte !*	*Quel sot !* → On peut remplacer le déterminant par un autre : ***un** sot.*

1 ★ **Complétez avec *leur* ou *leurs*.**

1. .... père est plus sévère que le nôtre et .... mère est moins joyeuse que la nôtre. Je n'envie vraiment ni .... parents ni .... vie !
2. Votre chien aboie tandis que les .... restent silencieux. Ne pouvez-vous pas .... demander ...... méthodes de dressage ?
3. Nous ...... avons offert un énorme bouquet pour fêter .... mariage.
4. Les élèves sortent .... livre et .... crayons de couleur et ils travaillent dans .... coin. De temps en temps, le professeur ...... donne des conseils.

2 ★ **Complétez avec *quel – quels – quelle – quelles – qu'elle* ou *qu'elles*.**

1. ...... mouche t'a piqué ? Pourquoi faire cette comédie à ta mère alors .... est toujours à ton service !?
2. ..... soient ici ou là m'importe peu, j'aimerais juste .... me donne des nouvelles et que je ne me pose pas diable sait .... questions en leur absence.
3. Sais-tu à ..... moment il arrivera ? Et as-tu décidé .... chambre il faut préparer ?
4. ...... temps ! ... vent ! ..... énormes grêlons !
5. Crois-tu ..... tiendront leur promesse ? Je pense .... sont loyales mais va savoir .... influences peuvent leur faire changer d'avis !

3 ★★ **Complétez les phrases en choisissant parmi les formes proposées celles qui conviennent.**

1. *sur – sûr(s) – sûre(s) – sur(s) – sure(s)*
Il a posé les pommes .... la table ; il n'était pas ..... de pouvoir les accommoder tant ces fruits étaient ...... Il a demandé conseil à sa mère qui était ....., elle, que le résultat serait atroce.
2. *du – dû – dus – due – dues – dut*
Il a ... se résoudre à partir sans rendre la somme ..... à sa sœur. Tant pis ! Il restituerait l'argent .... à sa prochaine visite ; il préférait ne pas rater le seul train .... dimanche soir. Les billets .... ne constituaient pas une somme si importante.
Il ... réclamer son ..... . Mais Paula niait qu'une somme fut ..... . Elle n'avait pas de parole, mais ... culot, oui !
3. *cru – crus – crue – crue – crut – crû – crût*
Le bambou a incroyablement ...... durant notre absence ! Je n'en ai pas ..... mes yeux !
Les carottes sont encore à moitié .... ! As-tu ..... que nous les aimions dures ?
La rivière a .... et a inondé la maison ! Cette ..... a abîmé nos meubles.
Je ...... qu'il avait ..... mon histoire mais il n'en ..... pas un mot !
4. *mûr – mûrs – mûre – mûres – mur – murs*
Les ..... qui soutiennent ces buissons de .... bien .... sont abîmés. Il faut que ces fruits ..... soient rapidement cueillis afin que nous arrachions les plantes et puissions réparer un ...... après l'autre.
Avez-vous vu ces ... qui poussent le long de ce .... ? Oui, mais j'attends qu'elles soient ....., je déteste les fruits pas assez .....

4 ★★★ **Complétez avec *quelque – quelques – quel(s) que* ou *quelle(s) que*.**

1. Ton calcul présente .... erreur.
2. ... destination que tu choisisses, il faut te dépêcher de prendre tes billets d'avion et ... informations sur le pays.
3. ... soit le motif de ton refus, tu dois l'expliquer.
4. ... fillettes bavardaient, ... garçons jouaient.
5. Je reste à la maison ... soient tes propositions de sortie : j'ai ... travaux à finir.
6. Nous sommes à ... cent mètres du restaurant.
7. ... soient leurs alibis, ils seront condamnés.
8. ... tristes que vous soyez, il faut vous montrer aimables.
9. La toux persistera ... semaines ... soit le traitement.

Corrigés p. 235

12 Genres et registres

OBJECTIF • Reconnaître le genre et le ton d'un texte

SAVOIR

• Le genre

Le genre littéraire permet de classer les textes selon :
– leur **forme** (poésie, théâtre, récit) ;
– leur **contenu** (aventure, policier…) ;
– leur **registre**.

Ces différents éléments se combinent pour définir un genre.

• Le registre

Le registre d'un texte a pour but de provoquer, chez le lecteur, un certain sentiment (tristesse, amusement, angoisse…).

• Le **registre comique** provoque le rire ou le sourire.

• Le **registre pathétique** engendre un sentiment de compassion en décrivant les souffrances d'un personnage.

• Le **registre lyrique** permet de faire partager des sentiments intenses, qu'il s'agisse de bonheur absolu ou de tristesse profonde.

• Le **registre fantastique** provoque un sentiment d'angoisse.

• Le **registre tragique** suscite la terreur, l'effroi car il présente un personnage prisonnier d'un terrible destin.

• Le **registre épique** met en scène des combats, souligne l'héroïsme du personnage et permet de donner aux événements une dimension hors du commun, ce qui vise à susciter l'admiration.

SAVOIR FAIRE

• Analyser un registre

• Il faut repérer les **champs lexicaux**.

Un texte pathétique présente un champ lexical de la souffrance ; un texte fantastique, un champ lexical de la peur ou de l'étrangeté.

• Il faut être attentif à la **ponctuation**.

Le registre lyrique d'un texte peut être souligné par des points d'exclamation ; des points de suspension peuvent signaler un sous-entendu comique ou inquiétant.

• Il faut repérer les **figures de rhétorique**.

Une hyperbole peut avoir un effet comique.
Je meurs, je suis mort, je suis enterré ! (Molière)

Elle peut aussi caractériser un texte lyrique.
Les maux que j'ai soufferts égalent le nombre des étoiles. (Ovide)

FAIRE

1 ★ Indiquez le registre de chacun des textes suivants.

1. As-tu donc oublié que ton libérateur,
C'est le livre ? Le livre est là, sur la hauteur ;
Il luit ; parce qu'il brille et qu'il les illumine,
Il détruit l'échafaud, la guerre, la famine ;
Il parle, plus d'esclave et plus de paria.

Victor Hugo, *L'Année terrible*, 1872.

2. Près du lit où gisait la mère de famille
Deux tout petits enfants, le garçon et la fille,
Dans le même berceau souriaient endormis.
La mère se sentant mourir, leur avait mis
Sa mante sur les pieds et sur le corps sa robe
Afin que dans cette ombre où la mort [nous dérobe,
Ils ne sentissent plus la tiédeur qui décroît,
Et pour qu'ils eussent chaud pendant [qu'elle aurait froid.

Victor Hugo, *La Légende des siècles*, 1859.

3. Hélas ! je ne connaissais plus la béatitude du repos, ni le jour ni la nuit ! Durant le jour, la créature ne me laissait pas seul un moment ; et, pendant la nuit, à chaque instant, quand je sortais de mes rêves pleins d'une intraduisible angoisse, c'était pour sentir la tiède haleine de *la chose* sur mon visage, et son immense poids – incarnation d'un cauchemar que j'étais impuissant à secouer – éternellement posé sur mon cœur !

Edgar Poe, *Le Chat noir.*

4. Partout où l'on jetait les yeux, on n'entendait que deuil et gémissements, et tout offrait […] le tableau de funérailles où la douleur ne reste pas muette. Femmes, hommes, enfants aussi, déplorent ma perte et il n'est pas un coin de la demeure qui ne soit arrosé de larmes.

Ovide, *Tristes.*

5. À la terrasse du café, des couples pratiquaient le bouche à bouche, et la salive dégoulinait le long de leurs mentons amoureux ; parmi les plus acharnés à faire la ventouse se trouvaient Lamélie et un ératépiste. […] Lamélie fermait les yeux et se consacrait religieusement à la languistique.

Raymond Queneau, *Les Fleurs bleues*.

6. La lance de Tristan heurte les écailles et vole en éclats. Aussitôt le preux tire son épée, la brandit et en assène un coup terrible sur la tête du dragon, mais sans même entamer le cuir. Le monstre a senti l'atteinte : il lance ses griffes contre l'écu, les y enfonce et en fait voler les attaches. La poitrine découverte, Tristan le requiert encore de l'épée et le frappe sur les flancs d'un coup si violent que l'air en retentit.

Tristan et Iseult

7. […] Quelquefois, le dimanche, je vais là, et j'y reste avec un livre, à regarder le soleil couchant.
– Je ne trouve rien d'admirable comme les soleils couchants, reprit-elle, mais au bord de la mer surtout.
– Oh ! J'adore la mer, dit Léon.
– Et puis ne vous semble-t-il pas, répliqua Mme Bovary, que l'esprit vogue plus librement sur cette étendue sans limites, dont la contemplation vous élève l'âme et donne des idées d'infinis, d'idéal ?

Flaubert, *Madame Bovary*, 1857.

2 ★★ Complétez par un mot de même famille que le mot en gras. Utilisez un dictionnaire si besoin.

1. Le registre **épique** provient d'un genre disparu : l'é........................ .
2. La Fontaine, auteur de **fables**, est un célèbre f.. . Celui qui arrange la vérité à sa manière est, lui, un f............................, un mythomane qui af...................... .
3. Un é................ rédige des **épîtres**, c'est-à-dire des lettres : il est l'auteur d'une correspondance. Quand un auteur compose des lettres fictives pour les publier, on parle de roman é....................................... .
4. Le radical du mot **lyrisme** vient de l'instrument du personnage mythologique Orphée : la l............ .
5. Un auteur de **romans** est un r................... . Celui dont l'existence est pleine d'aventures et de rebondissements mène une vie r.................. .
6. Le registre pathétique éveille la **pitié**. Un personnage est digne de pitié quand il est dans une situation p........................ et que le lecteur s'ap.................. sur son sort.

3 ★★★ Un homme tombe dans un puits. Racontez cet incident de deux façons différentes en utilisant un registre comique puis un registre pathétique.

Corrigés p. 235

LECTURE-ÉCRITURE

13 Rapporter des paroles

OBJECTIF • Reconnaître le discours indirect libre

SAVOIR

Les paroles ou les pensées d'un personnage peuvent être rapportées de quatre manières différentes.

• Le discours direct

Il rapporte les paroles telles qu'elles ont été prononcées entre guillemets.

« Viendras-tu me chercher à la gare ? » demanda Paul.

• Le discours indirect

Il rapporte les paroles dans une proposition subordonnée introduite par un verbe de parole et élimine les traces d'oralité.

Paul demanda à son ami s'il viendrait le chercher à la gare.

• Le discours narrativisé

Il se contente d'évoquer des paroles sans détailler.

Paul parla de son arrivée à son ami.

• Le discours indirect libre

Il mêle la voix du narrateur et du personnage.

Viendrait-il le chercher ? Paul l'ignorait.

SAVOIR FAIRE

• Reconnaître le discours indirect libre

Il présente des marques du discours direct (qui relèvent de la voix du personnage) et des marques du discours indirect (qui appartiennent à la voix du narrateur).

Pierre s'était mis à marcher de long en large, de son lit à sa fenêtre. ***Qu'allait-il faire ?*** *Il se sentait trop bouleversé pour passer ce jour-là dans sa famille. Il voulait encore rester seul, au moins jusqu'au lendemain, pour réfléchir, se calmer, se fortifier pour la vie de chaque jour qu'il lui faudrait reprendre.* ***Eh bien, il irait à Trouville, voir grouiller la foule sur la plage.***

Maupassant, *Pierre et Jean*, 1888.

Les passages en gras sont au **discours indirect libre**.

• On trouve dans ce passage des marques de discours direct :
– une question directe (inversion sujet-verbe + point d'interrogation) : *Qu'allait-il faire ?*
– une marque d'oralité : *Eh bien...*
Si on transforme au **discours direct** : « *Que vais-je faire ?* » / « *Eh bien, j'irai à Trouville, voir grouiller la foule sur la plage.* »

• On trouve aussi des marques de **discours indirect** :
– la marque de la 3e personne ;
– des temps verbaux : imparfait et conditionnel (futur dans le passé).
Si on transforme au **discours indirect** : *Il se demandait ce qu'il allait faire. / Il se dit qu'il irait à Trouville voir grouiller la foule sur la plage.*

• Comprendre les effets du discours indirect libre

Il est un outil de la **focalisation interne** puisqu'il permet d'entrer dans une conscience.

FAIRE

1 ★ **Transformez les questions en discours indirect en complétant le verbe proposé par la proposition subordonnée qui convient.**

1. Quelles sont les caractéristiques d'une tragédie ?
→ Nous verrons ....

2. Ce texte propose-t-il une vision séduisante du bonheur ?
→ On peut se demander ....

3. Quels arguments Voltaire propose-t-il pour condamner la guerre ?
→ Il sera judicieux de se demander ....

4. Comment cette pièce de théâtre parvient-elle à émouvoir le spectateur ?
→ Nous verrons ....

5. Est-ce que ce texte est un réquisitoire ou un plaidoyer ?
→ Nous pourrons nous demander ....

6. À quel genre ce texte appartient-il ?
→ Il faut se demander ....

2 ★★ **Lisez cet extrait puis répondez aux questions.**

Plantée devant *L'Assommoir* [*C'est le nom d'un cabaret*], Gervaise songeait. Si elle avait eu deux sous, elle serait entrée boire la goutte. Peut-être qu'une goutte lui aurait coupé la faim. Ah ! Elle en avait bu des gouttes ! Ça lui semblait bien bon tout de même. Et, de loin, elle regardait la machine à saouler [*Il s'agit de l'alambic qui permet de fabriquer de l'alcool*].

Zola, *l'Assommoir*, 1877.

1. Repérez le discours indirect libre.
2. Relevez tous les éléments qui vous ont permis de répondre.

3 ★★ **Repérez les passages de discours indirect libre dans les extraits suivants. Puis réécrivez-les au discours direct et au discours indirect.**

1. Il met bas son fagot, il songe à son malheur.
Quel plaisir a-t-il eu depuis qu'il est au monde ?

La Fontaine, « La mort du bûcheron », *Fables*, 1678.

2. Un fermier d'à côté leur offrit ce conseil : « Vous devriez avoir un chien ». C'était vrai, cela ; elles devraient avoir un chien, quand ce ne serait que pour donner l'éveil. Pas un gros chien, Seigneur! Que feraient-elles d'un gros chien ! Il les ruinerait en nourriture.

Maupassant, « Pierrot », *Contes de la Bécasse*, 1883.

3. Des députés du peuple Rat
S'en vinrent demander quelque aumône légère :
Ils allaient en terre étrangère
Chercher quelque secours contre le peuple chat ;
Ratopolis était bloquée :
On les avait contraints de partir sans argent.

La Fontaine, « Le rat qui s'est retiré du monde », *Fable VII*, 1678.

4 ★★★ **Repérez les différents types de discours utilisés pour rapporter les paroles des personnages.**

[Durant la Seconde Guerre mondiale, la mère d'un petit garçon a été arrêtée et va être déportée. Le père confie son fils à madame Bufferand et rejoint sa femme à la gare, où il est aussi arrêté.]

Le lendemain, il était en train de jouer avec les cubes, il entendit madame Bufferand qui parlait dans la salle à manger. Les cubes devaient représenter le portrait d'un monsieur avec une collerette et un chapeau à plume. Il manquait encore l'œil et le chapeau. Le petit garçon se leva et mit son oreille contre le trou de la serrure, qui était juste à sa hauteur en se hissant sur la pointe des pieds. Il n'entendait pas très bien parce que les dames ne parlaient pas tout haut, elles chuchotaient. Madame Bufferand parlait de la gare. Oui, disait-elle, oui, lui aussi : il cherchait à apercevoir sa femme dans un compartiment, ils l'ont reconnu. Grands dieux, dit l'autre dame, il n'avait donc pas pu s'empêcher... Non, dit madame Bufferand, il n'a pas pu, qui donc aurait pu ? Il disait tout le temps « C'est ma faute, c'est ma faute ! ». Et puis on parla de lui, le petit garçon. Heureusement, disait la dame, heureusement que madame Bufferand était là. Madame Bufferand répondit des mots, mais quelque chose mouillait son chuchotement et on ne pouvait pas comprendre.

Vercors, *Ce jour-là*,© Albin Michel, 1943.

Corrigés p. 235

14 L'énonciation

OBJECTIF • Savoir repérer les interventions d'un locuteur

SAVOIR

• Définition

L'énonciation renvoie à la **situation de communication** ; elle concerne donc le locuteur, le destinataire, le lieu et le moment de la communication. Étudier l'énonciation permet essentiellement de cerner la subjectivité du locuteur.

• Les marques de l'énonciation

• **Les éléments de la communication :**
– la présence d'un **locuteur** et d'un **destinataire** : marques de 1re et 2e personnes (pronoms : *je, tu*… ; déterminants : *ma, nos, tes*…) ; utilisation de l'impératif, ou de la forme interrogative.
– le **lieu** et le **moment** : mots qui ancrent l'échange dans le lieu (*ici, là*…) et le moment (*aujourd'hui, demain, hier*…) ; l'utilisation des temps verbaux (présent, futur…).
***Prends tes** affaires et **sors** d'**ici** !*

• **La subjectivité du locuteur et ses intentions :**
– les marques de jugement (termes mélioratifs ou péjoratifs…) ;
– les modalisateurs : ils expriment un degré de certitude (*assurément, peut-être*…) ;
– utilisation du conditionnel, ou de verbes comme *sembler, paraître*… ;
– l'expression de sentiments.
*Il **aurait été** arrêté.* → La présence du locuteur est lisible au doute qu'il émet grâce au conditionnel.

SAVOIR FAIRE

• Comprendre l'implicite

L'implicite concerne le sens sous-entendu par un énoncé. Il s'oppose au sens explicite.

Énoncé 1 : *Fred a arrêté de fumer.* → Cet énoncé délivre une information explicite : Fred fumait, il ne fume plus.

Énoncé 2 : *Fred a arrêté de fumer, lui.* → Cet énoncé renvoie à la situation d'énonciation et nous comprenons que le locuteur fait un **reproche implicite** au destinataire : celui de fumer et de ne pas faire l'effort d'arrêter.

• Comprendre les ambiguïtés de l'implicite

L'implicite, parfois proche de l'insinuation, est sujet à des interprétations diverses selon la situation d'énonciation et à des malentendus. L'interprétation est fragile.
J'estime que les enfants doivent maintenant aller se coucher.

En fonction de l'énonciation, cet énoncé contient des implicites différents.
→ Les enfants ont l'air fatigué.
→ Les enfants nous gênent, la soirée serait plus tranquille s'ils se couchaient.
→ Leurs parents sont irresponsables et beaucoup trop permissifs.

FAIRE

1 ★ Lisez le texte suivant puis répondez aux questions.

Oui, madame, j'ai mis mes enfants aux Enfants-Trouvés ; j'ai chargé de leur entretien l'établissement fait pour cela. Si ma misère et mes maux m'ôtent le pouvoir de remplir un soin si cher, c'est un malheur dont il faut me plaindre, et non un crime à me reprocher. Je leur dois la subsistance, je la leur ai procurée meilleure ou plus sûre au moins que je n'aurais pu la leur donner moi-même. [...] « Il ne faut pas faire d'enfants quand on ne peut pas les nourrir. » Pardonnez-moi, madame, la nature veut qu'on en fasse puisque la terre produit de quoi nourrir tout le monde [...]. Je sais que ces enfants ne sont pas élevés délicatement : tant mieux pour eux, ils en deviennent plus robustes ; on ne leur donne rien de superflu mais ils ont le nécessaire. [...] par la rustique éducation qu'on leur donne, ils seront plus heureux que leur père.

Rousseau, *Lettre à Madame de Francueil*, 1751.

1. Relevez toutes les marques qui renvoient au destinataire.

....

2. Relevez les éléments qui font comprendre que cette lettre est une réponse à celle que lui a adressée le destinataire.

....

3. Quelles sont les intentions de Rousseau dans cette lettre ? Justifiez votre réponse.

....

4. Quel sentiment espère-t-il, selon vous, éveiller chez le destinataire ?

....

2 ★★ Reformulez les implicites que peuvent contenir ces énoncés selon des situations d'énonciation que vous préciserez.

1. La poubelle est pleine !
2. Qu'est-ce que tu fabriques ?
3. Tu es bien élégant aujourd'hui !
4. Il ne déteste pas l'alcool...
5. Il fait chaud, non ?

3 ★★★ Lisez cet extrait d'un poème de Ronsard puis répondez aux questions.

Quand vous serez bien vieille, au soir à la chandelle,
Assise auprès du feu, dévidant et filant,
Direz chantant mes vers en vous émerveillant :
« Ronsard me célébrait du temps que j'étais belle. » [...]
Vous serez au foyer une vieille accroupie,
Regrettant mon amour et votre fier dédain.
Vivez, si m'en croyez, n'attendez à demain :
Cueillez dès aujourd'hui les roses de la vie.

Ronsard, *Sonnets pour Hélène*, 1578.

1. Qui est le destinataire ? Qu'apprend-on à son sujet ? Relevez les indices qui vous ont permis de répondre.
2. Quel sentiment explicite le poète exprime-t-il ? Justifiez votre réponse.
3. Quels sentiments implicites le poète éprouve-t-il ? À quels indices pouvez-vous le deviner ?
4. Relevez les impératifs. Que révèlent-ils des intentions du poète ?

Corrigés p. 235

15 La suite de texte

OBJECTIF • Rédiger une suite en respectant les caractéristiques du texte

SAVOIR

Pour rédiger une suite de texte, il faut toujours mettre son imagination au service d'un texte, c'est-à-dire respecter le contenu et le style du texte.

• Le contenu du texte

Il s'agit de :
– la situation ;
– les personnages (leur caractère, leur origine sociale…) ;
– le décor et la présence éventuelle d'objets, d'animaux ;
– l'époque.

• Le style du texte

Il est défini par :
– la personne grammaticale et l'identité du narrateur ;
– le temps grammatical ;
– le registre (comique, mélancolique, fantastique…) ;
– le niveau de langue ;
– les procédés d'écriture (mélange de récit et de dialogues, mélange de récit et de *flash-back*…).

SAVOIR FAIRE

• Rédiger une suite de texte

• **Lire** attentivement le texte **plusieurs fois** afin de repérer les éléments à respecter.

• **Ne pas rédiger d'introduction :** recopier la dernière phrase du texte pour débuter le devoir.

• **Déterminer la date du texte** en consultant un dictionnaire des noms propres ou un dictionnaire des œuvres afin d'éviter les anachronismes.
Par exemple, faire retentir un téléphone alors que le texte se situe au XVIIe siècle.

• **Rédiger un dénouement.**

• **Mettre son imagination au service du texte** :
– **limiter le récit dans la durée :** la suite de texte doit simplement achever un épisode. Il ne faut surtout pas (sauf si le texte vous y invite) prolonger le récit jusqu'à la mort des personnages ;
– **respecter le lieu ;**
Si le texte évoque une altercation entre deux automobilistes devant un feu rouge, la rédaction devra respecter ce décor.
– **tirer parti du thème d'un texte.**
Si le texte met en présence un enfant riche et un enfant pauvre, la rédaction devra développer le problème de la différence sociale.

FAIRE

1 ★ **Lisez attentivement le texte suivant et remplissez le tableau ci-contre.**

J'aimais apercevoir papa lorsqu'il rentrait. Découvrir, à travers les vitres du car, son profil abrupt me tirait des larmes et, plus encore sur ce visage redoutablement expressif, cette douceur à fleur de peau qui animait son teint dès qu'il nous reconnaissait.
Ce jour-là, il enjamba le marchepied avec un grand rire qui fit sursauter les passagers. Sa vieille valise cabossée lui étirait l'épaule gauche. Un mystérieux colis ficelé dans un papier rouge à la main droite.
Son pantalon de velours froissé et terni aux genoux, ses souliers mal cirés, férocement, magistralement beau, il leva le bras droit à l'extrémité duquel le paquet suspendu se balançait comme un lampion ventru de fête foraine et prononça solennellement :
« Je vous salue Amigos… » […]
Les voyageurs ébahis tendaient dans notre direction un cou démesuré, des yeux globuleux. Nous les regardâmes avec une sorte de hauteur, car nul ne savait, comme papa, éclabousser le silence d'une voix aussi forte, ni s'adresser aux siens avec un tel panache. Il posa à terre ses deux fardeaux, nous empoigna les uns après les autres pour nous embrasser. […] Maman, au milieu de nous, un peu raide, un peu pâle, attendait sans rien dire. D'habitude, c'est toujours vers elle qu'il allait d'abord. L'ayant enfin regardée en face avec une taquinerie terrible, il nous demanda : « Amigos, qui est donc cette belle dame qui est là, avec vous ? »

Catherine Paysan,
Nous autres les Sanchez, © Éditions Denoël, 1976.

Situation	
Personnages (caractère, origine sociale)	
Décor (lieu – présence d'objets, d'animaux)	
Époque	
Personne grammaticale, identité du narrateur	
Temps grammatical	
Registre	
Niveau de langue	
Procédés d'écriture	

2 ★★ **Rédigez la suite du texte de Catherine Paysan que vous avez étudié dans l'exercice 1.**

3 ★★★ **Imaginez le récit pouvant s'achever par ce texte de Stephan Zweig. Avant de le rédiger, soulignez ci-dessous tous les éléments qui devront trouver une place et un éclaircissement.**

Les mains tremblantes de l'écrivain lâchèrent la lettre. Puis il réfléchit longuement. Confusément montait en lui le souvenir quelconque d'une enfant du voisinage et d'une jeune fille, d'une femme rencontrée dans un établissement de nuit, mais ce souvenir restait vague et indistinct, comme une pierre qui brille et qui tremble au fond de l'eau sans qu'on puisse discerner sa forme. Il remuait en lui de tendres souvenirs mais rien ne devenait précis. Il lui semblait avoir rêvé de toutes ces figures, rêvé souvent et profondément, mais seulement rêvé. Son regard tomba alors sur le vase bleu qui se trouvait devant lui sur la table de travail. Il était vide, vide pour la première fois le jour de son anniversaire. Il eut un tressaillement de frayeur. Ce fut pour lui comme si, soudain, une porte invisible s'était ouverte et qu'un courant d'air glacé, sorti de l'autre monde, eût pénétré dans la quiétude de sa chambre. Il sentit que quelqu'un venait de mourir ; il sentit qu'il y avait eu là un immortel amour : au plus profond de son âme quelque chose s'épanouit, et il pensa à l'amante invisible aussi immatériellement et aussi passionnément qu'à une musique lointaine.

Stephan Zweig, *Lettre d'une inconnue*
© Éditions Stock, 2009.

Corrigés p. 236

16 Le changement de point de vue

OBJECTIF • Passer d'un point de vue à un autre

SAVOIR

• Définition

Le point de vue ou focalisation concerne la **voix du narrateur**, qui peut être un personnage ou une simple instance à partir de laquelle le récit est mené.

• Les focalisations

• Focalisation zéro

Le narrateur est omniscient, donc la narration ne se focalise sur aucun personnage.

Il avait eu du mal à ne pas rire devant l'opportunité du cadeau qu'elle lui avait fait [...]. Elle ne se doutait pas de ce qu'il avait préparé pour continuer la fête.

Frédéric Brown, *Cauchemar en jaune*, © Éditions Denoël, 1963, 1981.

• Focalisation interne

Le point de vue est celui d'un personnage.

Cette focalisation peut être constante ou variable : la narration peut, en effet, adopter différents points de vue internes successivement.

À travers la barrière, entre les vrilles des fleurs, je pouvais les voir frapper.

William Faulkner, *Le Bruit et la Fureur*, 1929.

• Focalisation externe

Le narrateur reste extérieur, il se contente d'enregistrer ce qui peut être vu ou entendu.

Deux hommes débouchèrent du sentier [...]. Le premier homme s'arrêta net dans la clairière.

John Steinbeck, *Des Souris et des Hommes*, 1937.

SAVOIR FAIRE

• Changer la focalisation

Si le texte de départ est écrit en focalisation zéro ou en focalisation externe, pour passer en focalisation interne, il faut :
– introduire le pronom personnel *je* ;
– conserver tous les éléments visibles et audibles par le personnage ;
– imaginer ses pensées tout en supprimant celles des autres.

• Passer d'une focalisation interne à une autre

C'est le cas le plus fréquent.

Pour passer du point de vue d'un personnage à un autre, il faut :
– analyser le caractère du personnage à partir du point de vue duquel la scène sera racontée ;
– analyser les rapports entre les différents personnages ;
– conserver tous les éléments audibles et visibles par le nouveau narrateur ;
– transformer le personnage-narrateur du texte original en un personnage comme les autres en éliminant toutes ses pensées ;
– transformer un personnage en personnage-narrateur en lui attribuant des pensées ;
– veiller à la modification des pronoms personnels et des adjectifs possessifs.

Je lui *interdisais de sortir s'****il n'****avait pas appris* ***ses*** *leçons* devient, du point de vue du fils :
Il m'*interdisait de sortir si* ***je n'****avais pas appris* ***mes*** *leçons.*

1 ★ La nouvelle *Ce jour-là* de Vercors (1943) est écrite en focalisation interne, du point de vue de l'enfant, et commence ainsi :

> Le petit garçon mit sa petite main dans celle de son père sans s'étonner. Pourtant il y avait longtemps, pensait-il. On sortit du jardin. Maman avait mis un pot de géranium à la fenêtre de la cuisine, comme chaque fois que papa sortait. C'était un peu drôle.
>
> © DR

Les deux paragraphes ci-dessous modifient la focalisation. Identifiez le point de vue de chacun et justifiez votre réponse.

1. Le père prit la main de son fils. Ils étaient prêts. Ils sortirent du jardin. Un pot de géranium rouge vif trônait à la fenêtre de la cuisine. Le père ne lui jeta qu'un coup d'œil rapide. L'enfant, lui, regarda le pot d'un air intrigué.

2. Le père, attendri, saisit la petite main de son fils qui se glissait dans la sienne. Voilà longtemps qu'il n'avait pas emmené le petit en promenade. Il la tenait fermement au moment de passer la porte du jardin. Il vérifia discrètement que sa femme avait bien pensé à déposer sur le rebord de la fenêtre le pot de géranium qui leur servait de code en cas de danger.

2 ★★ **Récrivez les passages suivants, extraits de *L'Étranger* d'Albert Camus (le narrateur étant à chaque fois Meursault). Faites les transformations nécessaires.**

1. Confiez la narration à Salamano.

> J'étais accroupi sur mon lit et Salamano s'était assis sur une chaise devant la table. Il me faisait face et il avait ses deux mains sur les genoux. Il avait gardé son vieux feutre. Il mâchonnait des bouts de phrases sous sa moustache jaunie. Il m'ennuyait un peu mais je n'avais rien à faire et je l'ai interrogé sur son chien. Il m'a dit qu'il l'avait eu à la mort de sa femme.

2. Confiez la narration au concierge.

> Le concierge a tourné le commutateur et j'ai été aveuglé par l'éclaboussement soudain de la lumière. Il m'a invité à me rendre au réfectoire pour dîner.
>
> Mais je n'avais pas faim. Il m'a offert alors d'apporter une tasse de café au lait. Comme j'aime beaucoup le café au lait, j'ai accepté et il est venu un moment après avec le plateau.

3 ★★★ **Racontez la scène suivante du point de vue de l'un des policiers.**

Avant de rédiger, soulignez :

– en bleu les éléments visibles et audibles par le policier ;

– en rouge les pensées et tout ce qui n'appartient qu'à l'univers mental du narrateur.

> *[Le narrateur, fou, vient de tuer l'homme qui le logeait et de cacher le cadavre sous le plancher.]*
>
> Quand j'eus fini tous ces travaux, il était quatre heures. [...] On frappa à la porte de la rue. Je descendis pour ouvrir avec un cœur léger – car qu'avais-je à craindre *maintenant* ? Trois hommes entrèrent qui se présentèrent, avec une parfaite suavité, comme officiers de police. Un cri avait été entendu par un voisin pendant la nuit. [...] Je souris – car qu'avais-je à craindre ? Je souhaitai la bienvenue à ces gentlemen. – Le cri, dis-je, c'était moi qui l'avais poussé pendant un rêve. Le vieux bonhomme, ajoutai-je, était en voyage dans le pays. Je promenai mes visiteurs par toute la maison. Je les invitai à chercher, et à *bien* chercher [puis] j'apportai des sièges dans la chambre [...] tandis que moi-même, avec la folle audace d'un triomphe parfait, j'installai ma propre chaise sur l'endroit même qui recouvrait le corps. [...] Ils s'assirent et ils causèrent de choses familières auxquelles je répondis gaiement. Mais, au bout de peu de temps, je sentis que je devenais pâle, et je souhaitai leur départ. [...] Il me semblait que mes oreilles me tintaient. [...] Je bavardai plus abondamment pour me débarrasser de cette sensation. [...] *C'était un bruit sourd, étouffé, fréquent, ressemblant beaucoup à celui que ferait une montre enveloppée dans du coton.* Je respirai laborieusement. [...] Je causai plus vite [...] mais le bruit croissait incessamment. Je me levai. [...] J'arpentai çà et là le plancher lourdement à grands pas. [...] J'agitais la chaise sur laquelle j'étais assis et je la faisais crier sur le parquet ; mais le bruit dominait toujours. [...] Et toujours les hommes causaient, plaisantaient et souriaient. [...] Je ne pouvais plus supporter longtemps ces hypocrites sourires ! Je sentis qu'il fallait crier ou mourir. [...]
>
> – Misérables ! – m'écriai-je, – Ne dissimulez pas plus longtemps ! J'avoue la chose ! – Arrachez les planches ! C'est là, c'est là ! – C'est le battement de son affreux cœur !
>
> Edgar Poe, *Le Cœur révélateur*.

Corrigés p. 236

LECTURE-ÉCRITURE

17 La structure du texte argumentatif

OBJECTIF • Distinguer thèse et argumentation

SAVOIR

- Dans un **texte argumentatif**, l'auteur présente son opinion sur un sujet et cherche à la faire partager à son lecteur, il cherche à **convaincre**.
- L'opinion que l'auteur défend est la **thèse**. Pour convaincre le lecteur de la justesse de sa thèse, l'auteur présente des **arguments** et propose des **exemples** afin d'illustrer concrètement ses idées. Les exemples peuvent être tirés de l'expérience personnelle, de l'histoire, de la littérature, du cinéma, etc.
- Autrement dit, le texte argumentatif justifie une thèse grâce à des arguments et à des exemples.

SAVOIR FAIRE

Distinguer les étapes d'un texte argumentatif

- Repérer la thèse de l'auteur.
- Repérer les arguments et les exemples.
- Repérer les mots de liaison.
- Repérer la conclusion.

Texte	Repérage
Les souvenirs peuvent, dans une vie, revêtir une grande importance. On ne peut imaginer, sans un sentiment d'effroi, une vie totalement dépourvue de souvenirs. La mémoire est en effet ce qui permet à l'homme d'avoir une histoire, de se sentir entier, humain.	Thèse
Le souvenir est indiscutablement positif quand il est agréable. Il permet **alors** de revivre par l'imagination des périodes heureuses ; il est toujours bon de se souvenir quand il s'agit de moments heureux. ***C'est ainsi*** *que l'on se replonge avec joie dans des souvenirs de vacances ou d'amitié partagée, que l'on parle volontiers de son enfance quand elle est pleine de douceurs et de rires.*	Argument 1 et *exemple*
Le souvenir est **par ailleurs** un moyen pour adoucir certaines périodes douloureuses d'une vie ; se replonger dans une période heureuse par la pensée peut consoler et le souvenir devient comme un écran qui protège de la réalité. *L'exemple de Robinson illustre cet argument puisqu'au début de son séjour sur l'île, il passe de longues semaines perdu dans ses pensées ; c'est un moyen pour lui de ne pas voir la réalité en face et de mieux supporter sa solitude.*	Argument 2 et *exemple*
La fonction fondamentale du souvenir est **également** illustrée par le rôle qu'il tient dans la psychanalyse. Face au médecin, le patient souffrant retrace sa vie et surtout les événements douloureux afin de se libérer de la douleur, des traumatismes subis dans son passé. ***En effet****, il est fréquent de constater qu'un parent violent a lui-même été victime de violence de la part de ses propres parents et que le seul moyen de sortir de ce cercle vicieux est de trouver quelqu'un à qui parler, d'analyser, d'essayer de comprendre – de vivre avec sa mémoire et ses souvenirs.*	Argument 3 et *exemple*
Par conséquent, le souvenir est une manière d'intégrer le passé au présent. C'est une composante essentielle de l'être humain qui lui permet d'évoluer.	Conclusion

FAIRE

1 ★ **Repérez les étapes du texte argumentatif suivant et encadrez les mots de liaison.**

Texte	Repérage
Les images de violence au cinéma et à la télévision ont certainement une influence sur notre comportement.	....
D'une part, elles encouragent la violence. Ainsi les jeux, les gestes, les paroles des enfants et des adolescents reproduisent souvent la brutalité ou l'agressivité de tel héros de fiction qui devient pour eux une sorte de modèle. Mais si les enfants sont attirés par de telles images, ils ne font que suivre les adultes sur ce point. En effet, si le public adulte n'aimait pas voir ou ne proposait pas d'images violentes, les enfants auraient bien moins l'occasion d'être influencés par elles.	....
D'autre part, ces images augmentent la peur de la violence qui devient alors un élément primordial de notre quotidien. Plutôt que d'essayer de contrôler cette violence et la peur qu'elle engendre, nous les subissons comme si nous étions impuissants et paralysés face à elles. On constate, en effet, que les habitants des cités vivent dans la crainte d'une certaine jeunesse (certes parfois turbulente) comme s'il s'agissait de criminels, au lieu de tenter d'établir un dialogue.	....
Voilà pourquoi l'accent doit être mis sur l'éducation : elle seule peut nous permettre de maîtriser la violence et la peur en nous aidant à les comprendre au lieu d'être influencés par elles ou de les subir.	....

2 ★★ **Remettez dans l'ordre les différentes étapes présentées ci-dessous afin de retrouver le texte original. Attention aux mots de liaison qui permettent de retrouver l'organisation des idées.**

A. En premier lieu, lire c'est découvrir un autre monde et parfois une autre époque.

B. En ce sens, la lecture est une sorte de voyage dans des lieux ou des temps inconnus.

C. De toute évidence, la lecture est une source inépuisable d'enrichissement.

D. Par conséquent, un seul conseil : lisez !

E. La lecture apporte enfin des plaisirs sans cesse renouvelés : rencontrer de nouveaux personnages, une nouvelle histoire, de nouveaux mots ; au fil des pages, se demander ce qui va arriver et si l'issue de l'histoire sera heureuse ; partager un moment la vie et les sentiments du héros et des personnages nés de l'imagination des écrivains.

F. La lecture permet aussi de mieux se connaître : nous découvrons dans les livres des sentiments, des réactions qui nous aident à comprendre notre personnalité.

3 ★★★ **Formulez la thèse défendue par les arguments suivants.**

Argument 1 : Si, dans une salle de classe, une cour de récréation, des enfants d'origines sociales diverses peuvent se côtoyer, se découvrir, échanger, ceux issus de classes sociales favorisées découvrent que tout le monde ne bénéficie pas des mêmes avantages qu'eux ; ceux des classes moins aisées peuvent être entraînés dans une émulation favorable à l'ambition et à la réussite.

Argument 2 : Les enfants qui bénéficient d'une mixité sociale à l'école sont sans doute plus tolérants, plus ouverts à l'autre, plus capables d'apprécier les différences, de s'intéresser à autrui. Côtoyer la différence freine l'installation du préjugé, du mépris et développe le regard critique sur ses propres valeurs.

Thèse : ....
....
....
....
....
....

Corrigés p. 236

LECTURE-ÉCRITURE

18 Le sujet d'argumentation

OBJECTIF • Chercher des pistes de réflexion à partir des mots-clés

SAVOIR

Le sujet d'argumentation invite à réfléchir sur un thème proposé.
Il peut prendre plusieurs formes :

- une **question précise** :
La lecture est-elle simplement un moyen d'évasion ?
- une **opinion suivie d'une question** :
La lecture, selon certains, permet de s'évader. Partagez-vous cette opinion ?
- une **question large** :
À quoi sert la lecture ?
- une **alternative** :
Pensez-vous que la lecture est un simple loisir ou qu'elle permet aussi de s'enrichir ?

SAVOIR FAIRE

• Répondre à un sujet d'argumentation

Sujet : *Voyager, est-ce simplement suivre les étapes d'un guide touristique ?*

- **Souligner les mots-clés**
Voyager, est-ce simplement suivre les étapes d'un guide touristique ?
- **Comprendre leur sens**
« Les étapes d'un guide touristique » désignent les points de passage obligés d'un voyage : les monuments à voir, les musées à visiter, les lieux pittoresques. « Suivre les étapes d'un guide touristique » revient donc à suivre des itinéraires préétablis, c'est-à-dire décidés à l'avance.
- **Établir le rapport entre les mots-clés**
Ce sujet propose une définition du voyage : voyager, c'est suivre les étapes d'un guide touristique.
- **Être attentif aux pistes que suggère le sujet**
« Est-ce simplement… ? » suggère qu'il y a d'autres définitions du voyage, d'autres façons de voyager. À vous de trouver lesquelles.
- **Chercher des pistes de réflexion à partir des mots-clés du sujet**
« Étapes d'un guide touristique » s'oppose à « aventures », « découvertes par soi-même », « rôle du hasard et des rencontres avec les habitants »…
- **Reformuler le sujet**
Voyager, est-ce synonyme d'itinéraires préétablis, de visites touristiques décidées à l'avance ou n'y a-t-il pas d'autres manières de voyager qui laissent une plus grande place au hasard, aux envies nées sur place, aux rencontres ?
- **Trouver le plan à partir du sujet**

I. Les fonctions positives d'un guide touristique
  1. Il permet une première approche du pays.
  2. Il permet d'organiser les étapes en fonction des curiosités.
  3. Il donne une idée des choses à voir…
II. Les autres façons de voyager

FAIRE

1 ★ Voici un sujet de réflexion : Selon vous, les études servent-elles d'abord à acquérir une culture générale ?
Parmi les phrases suivantes, laquelle vous semble définir le sens de « culture générale » ?

1. La culture générale, c'est l'étude des grands textes. ❑
2. La culture générale désigne l'acquisition d'une méthode qui vaut pour tout type de travail. ❑
3. Avoir une culture générale, c'est être bon en maths parce que c'est la matière la plus importante aujourd'hui. ❑
4. La culture générale, c'est la découverte d'un vaste ensemble de connaissances dans des domaines variés, sans but préalable d'utilisation pratique ou professionnelle. ❑
5. La culture générale, c'est connaître une ou deux choses sur tout et n'importe quoi. ❑

2 ★ **Parmi les propositions suivantes, laquelle peut-on relier aux pistes de réflexion que suggère le sujet présenté dans le premier exercice ?**

1. La culture générale ne sert à rien, donc l'école a d'autres fonctions. ❑
2. L'école a aussi d'autres fonctions : apprendre à un individu à s'intégrer dans une communauté en respectant des règles, réfléchir à une orientation possible... ❑
3. Le premier but de l'école, c'est de donner un métier. ❑
4. L'école devrait être supprimée parce qu'on apprend mieux dans la vie, sur le tas. ❑

3 ★ **Parmi ces formulations, laquelle vous paraît correspondre au sujet proposé dans le premier exercice ?**

1. L'enseignement que je reçois a, en premier lieu, pour fonction d'ouvrir mon esprit par la découverte et l'apprentissage de connaissances variées, mais j'y découvre aussi d'autres avantages. ❑
2. Il faut étudier pour tout connaître, dans tous les domaines. ❑
3. La culture générale ne sert pas à grand-chose, je vais donc démontrer que le but principal de l'école, c'est de me donner un bon métier qui me rapporte beaucoup d'argent. ❑

4 ★★ Selon vous, l'argent est-il un élément essentiel au bonheur ?

1. Donnez une définition du mot *bonheur*.

....

....

....

....

2. En quoi l'argent peut-il contribuer au bonheur ? Trouvez trois arguments.

a. ....

....

b. ....

....

c. ....

....

3. Quels autres facteurs peuvent entrer dans la recherche du bonheur ?
Trouvez-en au moins trois.

....

....

....

....

....

....

5 ★★★ **Pour chacun des sujets suivants : repérez les mots-clés ; cherchez d'autres pistes de réflexion à partir des mots-clés ; reformulez le sujet.**

Sujet 1. Peuplées, voire surpeuplées, les villes deviennent pourtant aujourd'hui des lieux de solitude ou d'indifférence. Partagez-vous cette opinion ?

Sujet 2. Selon vous, la pratique du sport est-elle nécessaire à l'équilibre personnel ?

Sujet 3. Suivre la mode est souvent considéré comme le moyen de s'intégrer à un groupe, à une communauté.
Partagez-vous ce point de vue ?

Sujet 4. La lecture est-elle seulement un moyen de se distraire ?

Corrigés p. 236

19 Les mots de liaison

OBJECTIF • Articuler ses idées logiquement

SAVOIR

- Une rédaction traitant un sujet de réflexion doit exposer des arguments articulés les uns aux autres.
- Il ne faut en aucun cas se contenter de juxtaposer au hasard des idées. Il faut, au contraire, **composer**, c'est-à-dire relier les idées par un mot de liaison indiquant clairement le rapport qu'elles entretiennent.
- Une idée peut venir en **renforcer** une autre, ou bien la **nuancer** ou encore **indiquer ses causes, ses conséquences**…

SAVOIR FAIRE

• Articuler ses idées

Pour ajouter une idée	*aussi – également – d'autre part – de plus – en outre – de même – encore – par ailleurs – en effet*
Pour indiquer les causes	*car – parce que – puisque – en effet*
Pour indiquer les conséquences	*ainsi – c'est pourquoi – dès lors – donc – d'où – par conséquent – aussi*
Pour contredire ou nuancer	*mais – cependant – toutefois – néanmoins – cela dit – pourtant – en revanche*
Pour présenter une conclusion	*ainsi – donc – en bref – en définitive – en résumé – finalement – en conclusion – pour conclure*
Pour introduire un exemple	*en effet – ainsi – c'est ainsi que – c'est-à-dire – notamment*

• Distinguer les deux sens de *aussi*

Aussi n'a pas le même sens selon sa place dans la phrase. Il peut exprimer l'ajout ou la conséquence.

Lire permet de se cultiver, mais aussi de développer son imagination.
→ *aussi* exprime l'ajout.

Lire permet de se cultiver, aussi je lis le plus souvent possible.
→ *aussi* exprime la conséquence.

FAIRE

1 ★ **Complétez ce texte en choisissant parmi les trois mots de liaison proposés celui qui convient.**

(*de plus – ainsi – pourtant*) .... tous les chefs de ces expéditions scientifiques sont partis avec des instructions sans équivoque. (*de même – en effet – par conséquent*) .... Place s'est-il vu enjoindre de recueillir dans les fouilles qu'il pratiquerait [...] la plus grande quantité possible de sculptures, vases, bijoux.
Layard est soucieux de ne pas déplaire aux administrations du British Museum qui commanditent son expédition, une seule pensée l'anime : il veut (*en outre – en revanche – en effet*) .... rentabiliser ses fouilles.
Les ruines sont (*également – donc – toutefois*) .... considérées comme des mines de bas-reliefs et de bijoux propres à alimenter les musées européens.

Revue *Autrement*, « Cités disparues », © DR

2 ★ **Même exercice.**

Un jour, un Japonais a trouvé deux pots avec, à l'intérieur, des fragments de squelette d'un enfant ; il s'agit de la tombe d'un enfant mort il y a 6 000 ans : il a trouvé la tête, la colonne vertébrale, des côtes et une main. Dans cette tombe, ils n'ont pas trouvé de fleurs. (*en effet – cela dit – ainsi*) .... dans un site qu'on a découvert en Iraq, on a retrouvé trois squelettes d'hommes sans fleurs dans les tombes (*mais – ainsi – également*) .... avec des pollens de fleurs. On déposait (*également – en outre – donc*) .... peut-être déjà des fleurs dans les tombes. Les enfants sont mis dans des jarres et enterrés dans les maisons. (*par conséquent – car – en revanche*) .... les grandes personnes étaient enterrées à l'extérieur du village.

Revue *Autrement*, « Cités disparues », © DR

3 ★★ **Lisez attentivement les phrases suivantes. Complétez-les en proposant deux mots de liaison qui expriment le rapport existant entre les deux parties de la phrase.**

1. La fréquentation des cinémas a diminué { .... / .... } les gens passent de nombreuses soirées devant la télévision.

2. Les gens passent de nombreuses soirées devant la télévision { .... / .... } la fréquentation des cinémas a diminué.

3. La fréquentation des cinémas a diminué { .... / .... } quand on interroge les gens, tous affirment préférer voir un film au cinéma plutôt qu'à la télévision.

4. Les gens passent souvent leurs soirées devant la télévision, { .... / .... } ils disposent d'un choix de loisirs plus important que par le passé, par conséquent la fréquentation des cinémas a diminué.

4 ★★★ **Les phrases du texte suivant sont dans le désordre.**

1. Soulignez les mots de liaison (il n'y en a pas forcément dans toutes les phrases).

2. À l'aide des mots de liaison, rétablissez l'ordre du texte et indiquez, dans le tableau, le rôle de chaque phrase.

a. La pollution, le bruit, le manque d'espaces verts donnent aux citadins le besoin impérieux de changer d'air.
b. En effet, la majeure partie des Parisiens part au moins une fois dans l'année.
c. Les habitants de la campagne, en revanche, profitent plus facilement, tout au long de l'année, de la proximité de la nature.
d. Paris compte le pourcentage le plus élevé d'habitants qui prennent des vacances.
e. En résumé, on peut dire que le nombre d'habitants qui partent en vacances dépend largement de la densité du tissu urbain.
f. Ils ont par conséquent une approche des vacances très différente de celle des citadins.

Ordre initial	Rôle de la phrase
	Phrase d'introduction

Corrigés p. 237

LECTURE-ÉCRITURE

20 Rédiger un paragraphe argumentatif

OBJECTIFS • Structurer et justifier une réponse. Illustrer un argument

SAVOIR

• La présentation d'un paragraphe

Un paragraphe commence toujours par un **alinéa** et une **majuscule**.

• L'organisation d'un paragraphe

Un paragraphe se compose de plusieurs phrases qui s'enchaînent logiquement. Il s'organise en trois étapes.

- **Étape 1 :** présentation de **l'idée directrice**.
- **Étape 2 :** formulation des **arguments** illustrés par un (des) **exemple**(s) analysé(s). Les différents arguments doivent être articulés entre eux.
- **Étape 3 :** formulation d'un **bilan** rapide.

SAVOIR FAIRE

• Insérer un paragraphe dans un ensemble

Les différents paragraphes d'un devoir doivent être articulés par des connecteurs logiques comme les mots de liaison (voir le chapitre 19).

• Insérer une citation pour justifier un argument

Quand la question porte sur un texte, il faut s'appuyer sur des citations pour justifier sa réponse.

- La citation doit être écrite entre guillemets.
- Elle doit être insérée en respectant la syntaxe, notamment en utilisant un mot introducteur.

Question :
Comment La Fontaine donne-t-il de la vivacité à sa fable « Le corbeau et le renard » ?

Réponse :
La fable intitulée « Le corbeau et le renard » est rendue vivante grâce à plusieurs procédés. En effet, les animaux sont personnifiés puisque l'oiseau apparaît comme « Maître Corbeau », le quadrupède comme « Maître Renard » et que les protagonistes parlent.

Les temps grammaticaux participent aussi à la vivacité de la fable : on note un passage du passé simple (« tint »), au présent de narration (« le Corbeau ne se sent pas de joie » ; « il ouvre un large bec ») lequel permet au lecteur d'imaginer que la scène se passe sous ses yeux.

Enfin, l'alternance de vers courts, les octosyllabes, et de vers plus longs, les alexandrins, donne du dynamisme à l'ensemble. Par ces divers moyens, La Fontaine rend la lecture de cette fable très agréable.

FAIRE

1 ★ **Reportez le numéro des phrases dans le tableau selon qu'elles présentent un argument ou un exemple (il y aura quatre chiffres dans chaque colonne). Puis, reliez chaque argument à son exemple.**

1. Certains livres nous apportent une consolation quand nous vivons des moments difficiles et ils nous aident à supporter une situation ou à nous accepter tels que nous sommes.
2. Se plonger dans une encyclopédie, un dictionnaire, un atlas, un livre d'histoire permet de découvrir des civilisations différentes.
3. La lecture peut nous aider à réfléchir à nos problèmes.
4. La lecture apporte évasion et détente. C'est un passe-temps agréable.
5. La lecture d'un roman évoquant et analysant les rapports entre parents et adolescents peut nous permettre de voir plus clair dans les conflits qui nous opposent à nos parents.
6. Les BD, les romans policiers, les livres d'aventures, les récits de science-fiction sont autant de portes ouvertes contre l'ennui.
7. Julien Green s'est senti libéré de la souffrance que lui causait son homosexualité quand il a découvert que la littérature était remplie de personnages connaissant les mêmes attirances que lui : grâce à la lecture, il a compris qu'il n'était pas un monstre.
8. La lecture enrichit une culture, ouvre des horizons.

Arguments	Exemples

2 ★★ **Relisez le paragraphe argumentatif présenté dans le Savoir faire, puis répondez aux questions.**

1. Recopiez l'idée directrice et le bilan du paragraphe.

Idée directrice : ....

....

Bilan : ....

....

2. Combien d'arguments permettent de justifier la réponse ? ....
3. Recopiez, dans l'ordre, les articulations logiques qui permettent d'introduire chaque argument. ....

....

4. Pour chaque argument, soulignez en rouge ce qui relève de l'argumentation pure, en bleu les exemples analysés.

3 ★★★ **Composez un paragraphe argumentatif à partir de l'idée directrice, en rédigeant les arguments proposés et en illustrant chacun d'un exemple au moins. Vous n'oublierez pas le bilan.**

Idée directrice : Le sport, individuel ou collectif, aide un enfant à vivre au sein d'un groupe, à se socialiser.

Argument 1 + exemple(s) : En effet, (respect de l'adversaire...) ....

....

....

Argument 2 + exemple : Le sport permet aussi à l'enfant (existence de règles à respecter) ....

....

....

Argument 3 + exemple : Enfin, (esprit d'équipe et de solidarité) ....

....

Bilan : ....

....

Corrigés p. 237

LECTURE-ÉCRITURE

21 Le plan d'un devoir d'argumentation

OBJECTIF • Choisir le type de plan en fonction du sujet

SAVOIR

Un devoir d'argumentation doit toujours comporter :
- une introduction ;
- un développement en deux, trois ou quatre parties organisées en paragraphes ;
- une conclusion.

SAVOIR FAIRE

• Présenter un devoir

Il faut rendre l'organisation du devoir visible en sautant une ligne après l'introduction, entre les différentes parties et avant la conclusion.

• Choisir le plan d'un devoir d'argumentation

Il existe plusieurs types de plan pour répondre à un devoir d'argumentation.
Selon le sujet, un plan peut être :

• **thématique :** chaque partie traite un thème ;

Sujet : *Quels sont les bienfaits de la lecture ?*

Plan :

I. La lecture apporte l'évasion.

II. La lecture enrichit une culture générale.

III. La lecture permet une meilleure connaissance de soi.

• **analytique :** les différentes parties analysent les causes, les conséquences ;

Sujet : *La solitude est souvent considérée comme l'un des fléaux de la vie moderne. Qu'en pensez-vous ?*

Plan :

I. Présentation des différentes formes de solitude.

II. Analyse des causes de la solitude.

III. Propositions de solutions pour lutter contre la solitude.

• **critique :** les différentes parties analysent les avantages et les inconvénients avant de présenter votre réponse.

Sujet : *La ville est un lieu où l'on se perd. Partagez-vous ce sentiment ?*

Plan :

I. Présentation d'arguments en défaveur de la ville.

II. Présentation d'arguments en faveur de la ville.

III. Présentation de votre opinion.

FAIRE

1 ★ Formulez le sujet correspondant à ce plan.

I. L'école délivre des savoirs.
– L'élève apprend à maîtriser sa langue.
– Il acquiert culture générale et méthode de travail.

II. L'école est une société miniature.
– L'élève doit trouver sa place au sein d'un groupe.
– Il est confronté à un règlement qu'il doit respecter.
– Il apprend à vivre au milieu d'une communauté hiérarchisée.

III. L'école permet la construction d'une personnalité.
– L'élève découvre ses qualités et ses points faibles.
– Il apprend à tirer profit de l'émulation.
– Il peut découvrir l'échec.

2 ★★ Indiquez, pour chacun des plans suivants, s'il s'agit d'une démarche thématique, analytique ou critique.

Sujet 1 : La solitude est-elle, selon vous, source de richesse ou de souffrance ?

Plan :
I. Se retrouver seul permet de méditer, de prendre du recul, de développer son autonomie.
II. La solitude est aussi facteur d'isolement, de manque d'estime envers soi-même, de sentiment d'inutilité.
III. On peut apprécier les moments de solitude, à condition d'avoir, autour de soi, au moins quelques personnes à aimer.

Il s'agit d'un plan **a.** ❑ thématique.
b. ❑ analytique.
c. ❑ critique.

Sujet 2 : Quels sont les bienfaits du sport dans l'éducation d'un enfant ?

Plan :
I. Le sport encourage l'enfant à respecter son corps et peut avoir des conséquences positives sur sa nourriture, son poids...
II. Il favorise la ténacité, la volonté de se surpasser, la capacité à gérer un échec.
III. Il aide un enfant à se socialiser, à respecter des règles et autrui.

Il s'agit d'un plan **a.** ❑ thématique.
b. ❑ analytique.
c. ❑ critique.

3 ★★★ Pour chacun des sujets proposés, indiquez le type de plan choisi (thématique, analytique, critique) et le titre des différentes parties.

Sujet 1 : En quoi le sport contribue-t-il à l'éducation d'un enfant ?

Plan ....
I. ....
....
II. ....
....
III. ....
....

Sujet 2 : Les techniques permettant de communiquer avec le reste de la planète, de se déplacer vite et loin ont, en fait, anéanti la communication entre les hommes.
Que pensez-vous de cette vision du monde moderne ?

Plan ....
I. ....
....
II. ....
....
III. ....
....

Sujet 3 : Le cinéma n'est-il, pour vous, qu'un simple délassement ?

Plan ....
I. ....
....
II. ....
....
III. ....
....

Sujet 4 : Pensez-vous que la télévision abêtisse le téléspectateur ?

Plan ....
I. ....
....
II. ....
....
III. ....
....

Corrigés p. 237

22 L'introduction

OBJECTIF • Rédiger l'introduction d'un devoir d'argumentation

SAVOIR

L'introduction d'un devoir d'argumentation obéit à une construction stricte en trois étapes :

- **Étape 1 :** une phrase d'amorce conduit vers le sujet ;
- **Étape 2 :** le sujet est présenté et sa reformulation doit montrer que les problèmes sont compris ;
- **Étape 3 :** une dernière partie annonce la démarche suivie dans le devoir, c'est-à-dire le plan.

SAVOIR FAIRE

• Reconnaître les étapes

Sujet : *Le jeu vous paraît-il être une activité indispensable dans l'éducation d'un enfant ou d'un adolescent ?*

Nos emplois du temps opposent souvent les plages de travail à celles qui sont réservées au jeu.	→ Étape 1
On peut toutefois interroger cette répartition qui oppose le jeu au sérieux, l'improductif au productif et se demander si le jeu n'est pas une activité indispensable dans l'éducation d'un enfant, s'il ne constitue pas une étape essentielle d'apprentissage, si, loin d'être simplement futile, il n'est pas aussi formateur.	→ Étape 2
Le jeu, quand il a une dimension collective, socialise l'enfant ; et parce qu'il lui permet d'affronter un adversaire, il lui apprend à mieux se connaître.	→ Étape 3

• À éviter dans une introduction

- **Étape 1 :** éviter les phrases d'amorce trop générales et passe-partout (*L'homme, de tous temps…*).
Éviter de faire allusion au sujet (*Le problème posé par ce sujet est intéressant…*).
- **Étape 2 :** éviter les formules claironnantes (*Dans une première partie, j'analyserai…*).
L'annonce du plan doit être discrète.

• À quel moment rédiger l'introduction ?

Il est impossible de rédiger son introduction avant d'avoir :
– analysé le sujet en repérant les mots-clés et les sous-entendus ;
– recherché, au brouillon, les arguments et les exemples ;
– élaboré le plan.

1 ★ **Soulignez de trois couleurs différentes les trois étapes de cette introduction.**

Sujet : Pensez-vous que l'on puisse réussir sa vie sans avoir suivi d'études ?

Un échec scolaire est souvent considéré comme un handicap sérieux, voire insurmontable. Notre société, parce qu'elle souffre du chômage, tend souvent à faire de l'école (et de l'université) à la fois le meilleur refuge contre la société et le remède idéal pour mieux y entrer. L'école serait la panacée qui délivre du chômage en remettant des diplômes et, par là même, qui aide à réussir sa vie. Reste à savoir si c'est là le seul rôle de l'école et quel sens on attribue au mot « réussir ». Si l'école ouvre à l'individu une carrière professionnelle, il ne faut pas oublier que son rôle n'est pas strictement utilitaire et que, pour réussir sa vie, on doit aussi puiser à d'autres sources.

2 ★ **Pour chacun des sujets proposés, cochez la seule phrase d'amorce qui convienne et expliquez pourquoi les deux autres ne sont pas satisfaisantes.**

Sujet 1 : Quels sont, à votre avis, les bienfaits de la lecture ?

a. ❑ J'ai toujours détesté la lecture mais je reconnais qu'elle peut apporter certaines choses.

b. ❑ Dans notre société, la lecture est de plus en plus concurrencée par l'image.

c. ❑ Un écrivain a affirmé que la lecture est une fenêtre ouverte sur le monde.

Sujet 2 : La solitude peut représenter la plus grande richesse ou la plus grande douleur. Comment comprenez-vous cette phrase ?

a. ❑ Certains hommes font le choix de vivre seuls, retirés, loin de leurs contemporains.

b. ❑ N'ayant jamais eu à souffrir de la solitude (je vis au sein de ma famille et j'ai la chance d'être entouré d'amis), j'ai du mal à imaginer ce qu'elle peut apporter ou comment elle peut détruire.

c. ❑ C'est un sujet d'actualité dans la mesure où le célibat représente un mode de vie qui se banalise.

Sujet 3 : Pensez-vous que la télévision abêtisse le spectateur ?

a. ❑ Certaines chaînes de télévision consacrent un très grand temps d'antenne à diffuser de la publicité et n'hésitent pas à privilégier le divertissement à l'information.

b. ❑ La télévision offre des émissions suffisamment variées pour que celui qui ne veut pas s'abrutir devant des émissions stupides puisse le faire.

c. ❑ Les gens passent beaucoup de temps devant la télévision, ce qui les abrutit forcément.

3 ★★ **Relisez les introductions proposées (Savoir faire et exercice 1). Le plan est annoncé dans la troisième étape. Trouvez un titre pour chaque partie du plan.**

Introduction (Savoir faire)

I. ....

II. ....

Introduction (Exercice 1)

I. ....

II. ....

III. ....

4 ★★★ **Pour chacun des sujets suivants, rédigez une phrase d'amorce.**

1. Pensez-vous que l'adolescence soit le plus bel âge de la vie ?

....

....

2. À l'ère du satellite, de l'information et des communications, l'individu n'a jamais été aussi livré à lui-même. Partagez-vous cette vision de l'homme moderne ?

....

....

3. Aller au cinéma, n'est-ce, à vos yeux, qu'un délassement ?

....

....

5 ★★★ **Rédigez entièrement, en respectant les trois étapes, l'introduction correspondant au sujet suivant : Quels sont les bienfaits du sport dans l'éducation d'un enfant ?**

Corrigés p. 237

LECTURE-ÉCRITURE

23 Le genre autobiographique

OBJECTIF • Comprendre les enjeux de l'autobiographie

SAVOIR

• Définition

Le genre autobiographique concerne les textes dans lesquels une personne fait le **récit de sa propre vie**. C'est un genre qui ne s'est imposé que très lentement. Le mot *autobiographie* n'apparaît qu'au début du XIXᵉ siècle.

L'autobiographie est le seul genre où auteur, narrateur et personnage sont la même personne.

• Les différents types du genre autobiographique

• **L'autobiographie** (au sens restreint)

> « Récit rétrospectif en prose qu'une personne réelle fait de sa propre existence, lorsqu'elle met l'accent sur sa vie individuelle, en particulier sur l'histoire de sa personnalité. »
>
> Philippe Lejeune, *Le Pacte autobiographique*, © Le Seuil, 1975 coll. Points Essais, 1996.

C'est un genre assez récent puisqu'il apparaît avec *Les Confessions* de Rousseau (1770).

• **Les mémoires**

Les mémoires ont les mêmes caractéristiques que l'autobiographie au sens restreint mais la « vie individuelle » de l'auteur et « l'histoire de sa personnalité » s'effacent au profit du **contexte historique**. La **vie publique** est donc plus présente que la vie intime.

• **Le journal intime**

Contrairement à l'autobiographie au sens restreint, le récit n'est pas « rétrospectif » puisque l'écriture suit immédiatement l'événement. L'écriture est aussi beaucoup plus fragmentée puisque au jour le jour.

SAVOIR FAIRE

• Distinguer les deux niveaux d'écriture

L'autobiographie (au sens restreint) présente deux niveaux.

• Le **temps de l'histoire**, c'est-à-dire la vie passée de l'écrivain. Le *je* est alors celui du personnage (de l'enfant, puis de l'adolescent que fut l'écrivain…). Il s'agit du **je-narré**.

• Le **temps de l'écriture** qui renvoie au moment où l'écrivain raconte sa vie. Le *je* est alors celui de l'écrivain, plus âgé, plus expérimenté, qui se penche sur sa vie passée et parfois la commente, la juge… Il s'agit du **je-narrant**.

• Ne pas confondre différents genres

• **Autobiographie et biographie**

Dans une biographie, narrateur et personnage sont distincts : un narrateur raconte une vie qui n'est pas la sienne. La biographie est donc écrite à la troisième personne du singulier.

• **Autobiographie et roman autobiographique**

Le roman autobiographique a toutes les caractéristiques de l'autobiographie, mais l'auteur est distinct du narrateur-personnage : il donne vie à un personnage qui raconte sa vie.

1 ★ **Décomposez le mot *autobiographie*. Cherchez l'étymologie des trois éléments trouvés, et pour chacun d'eux, dressez une famille de mots.**

2 ★★ **Associez chaque titre du genre autobiographique à son auteur.**

1. *Mémoires d'Outre-tombe*
2. *Les Mots*
3. *Si c'est un homme*
4. *Mémoires d'une jeune fille rangée*
5. *Histoire de ma vie*
6. *Un sac de billes*
7. *Lambeaux*
8. *Enfance*
9. *Persepolis*

a. Joseph Joffo
b. Charles Juliet
c. Jean-Paul Sartre
d. Marjane Satrapi
e. Chateaubriand
f. Casanova
g. Simone de Beauvoir
h. Nathalie Sarraute
i. Primo Levi

3 ★★ Dans l'extrait suivant, soulignez :

– en bleu, les pronoms personnels à la première personne du singulier qui désignent le personnage ;
– en rouge, les pronoms personnels à la première personne du singulier qui désignent le narrateur.

Alors il se fâcha quelque peu, pour la forme, et me pria d'aller dans la cour répéter vingt fois de suite que « coudrier » est synonyme de « noisetier », puis de revenir le lui dire.

Ma stupidité avait mis en joie toute la classe. Si j'avais voulu me tailler un succès, il m'eut été facile, au retour de ma pénitence, lorsque M. Vedel, m'ayant rappelé, me demanda pour la troisième fois le synonyme de « coudrier », de répondre « chou-fleur » ou « citrouille ». Mais non, je ne cherchais pas le succès et il me déplaisait de prêter à rire : simplement j'étais stupide. Peut-être bien aussi que je m'étais mis dans la tête de ne pas céder ? Non, pas même cela : en vérité, je crois que je ne comprenais pas ce que l'on me voulait, ce qu'on attendait de moi.

[...] Toutes les semaines j'obtenais [un] zéro.[...] Inutile d'ajouter que j'étais un des derniers de la classe. Je le répète : je dormais encore ; j'étais pareil à ce qui n'est pas encore né.

André Gide, *Si le grain ne meurt*,
© Gallimard, 1924.

4 ★★★ **Pour chacun des extraits suivants, indiquez le nom de l'auteur, l'identité du narrateur et, si besoin, celle du personnage, puis indiquez s'il s'agit d'une autobiographie, d'un roman autobiographique ou d'une biographie.**
Puis parmi les textes autobiographiques, distinguez autobiographie, journal intime, mémoires.

1. Mon enfant est mort hier ; trois jours et trois nuits, j'ai lutté avec la mort pour sauver cette petite et tendre existence ; pendant quarante jours je suis restée assise à son chevet.

   Stefan Zweig, *Lettre d'une inconnue*,
   © Éditions Stock, 2009.

2. Tous les jeudis matin, jour sans classe, j'allais avec un cabas à la bibliothèque municipale. [...] On avait droit à deux livres à emporter par personne inscrite, alors j'avais inscrit papa et maman, ça me faisait, comptez avec moi, six bouquins à dévorer par semaine.

   François Cavanna, *Les Ritals*, 1978.

3. Mon père était avocat. Il avait épousé ma mère dans un âge assez avancé ; il en eut trois filles.

   Denis Diderot, *La Religieuse*, 1796.

4. Il existait un homme qui s'appelait Simon et qui proclamait douze fois par jour : « Je suis la puissance de Dieu ».

   Jean-Claude Carrière, *Simon le mage*,
   © Albin Michel, 1993.

5. Pourquoi ai-je choisi d'écrire ? Enfant, je n'avais guère pris au sérieux mes gribouillages ; mon véritable souci avait été de connaître ; je me plaisais à rédiger mes compositions françaises, mais ces demoiselles (les professeurs) me reprochaient mon style guindé ; je ne me sentais pas « douée ».

   Simone de Beauvoir,
   Mémoires d'une jeune fille rangée.
   © Éditions Gallimard, 1958.

6. Pendant les quinze heures que durèrent, au total, mes entretiens avec Staline, j'aperçus sa politique, grandiose et dissimulée. Communiste habillé en maréchal, dictateur tapi dans sa ruse, conquérant à l'air bonhomme, il s'appliquait à donner le change.

   Charles de Gaulle, *Mémoires de guerre*,
   tome III : « Le salut » (1954-1959), Plon, 1959.

7. 28 octobre 1898
   J'ai été heureuse, oui. Maintenant, j'en ai assez. Oh, pas des parties folles avec mon grand ami, pas de la gaîté ni de l'insouciance, non, mais de tous les autres, de ma grand-mère, de cette huître de Leconte de Lisle, de ma mère, surtout, surtout !

   Catherine Pozzi, *Journal de jeunesse*
   (1893-1906), Verdier, 1995.

Corrigés p. 238

24 La tragédie

OBJECTIF • Connaître les caractéristiques d'une tragédie

SAVOIR

• La tragédie antique

• La tragédie naît à l'époque de la Grèce antique (XVe siècle avant J.-C.). Ses origines restent obscures, elle serait liée au culte de Dionysos.

• Aristote, philosophe du IVe siècle avant J.-C., définit les effets qu'elle doit produire par la **catharsis** (purification) : grâce à la **terreur** et à la **pitié**, le spectateur doit se purger de ses propres passions, de ses propres excès, en les vivant par procuration.

• La tragédie au XVIIe siècle

• Le Grand Siècle admire l'Antiquité et fait du théâtre, et plus particulièrement de la tragédie, le genre phare de l'époque, en empruntant de nombreux mythes antiques et en adoptant certaines caractéristiques de la tragédie antique.

• **Corneille et Racine** sont les deux grands auteurs de tragédie du XVIIe siècle.

• Le devenir du genre

La tragédie disparaît comme genre théâtral spécifique au cours des siècles suivants. Aujourd'hui, ce genre n'existe plus mais le tragique, lui, c'est-à-dire une certaine vision de l'homme, a envahi tous les autres genres et perdure au théâtre sous la forme de la **farce tragique**, de la mise en scène de l'**absurde**.

SAVOIR FAIRE

• Connaître les caractéristiques d'une tragédie

• **Le conflit et la démesure**
Le conflit fonde la tragédie et se joue souvent entre membres d'une même famille. La démesure (de l'orgueil, de l'ambition, de la jalousie…) caractérise le héros.

• **Le dilemme et la délibération**
Le héros se trouve souvent confronté à un dilemme, à un choix difficile qui l'oblige à un renoncement. Le dilemme oppose souvent raison et sentiment, amour et devoir. Le héros doit délibérer (peser le pour et le contre, souvent au cours d'un monologue) pour trouver une solution.

• **La fatalité**
La volonté du héros se heurte à la force du destin, au poids de la fatalité.

• Comprendre la règle des trois unités, la bienséance et la vraisemblance

• Le théâtre classique obéit à la règle des trois unités : **unités d'action** (une intrigue linéaire), **de temps** (une intrigue de 24 heures au plus), **de lieu** (un seul décor).

• La **vraisemblance** doit être respectée, le spectateur doit pouvoir s'identifier au héros, c'est pourquoi, il n'est « ni tout à fait bon, ni tout à fait méchant » (Racine).

• La **bienséance** (règles de conduite) du XVIIe siècle interdit le sang versé (les épisodes sanglants sont rapportés dans un **récit** et non représentés sur scène).

FAIRE

1 ★ Complétez les phrases suivantes grâce aux rubriques Savoir et Savoir faire.

1. Cette pièce est une .... car le héros est écrasé par la .... : quoi qu'il fasse, le dénouement sera pour lui malheureux.
2. Ce personnage rencontre un ...., il doit choisir entre deux alternatives. Mais son choix est si difficile qu'il doit mener un monologue .... avant de prendre une décision.
3. La tragédie a des ambitions morales puisque par la .... qui éveille des sentiments de .... et de ...., le spectateur se trouve purifié.
4. Si l'action ne doit pas excéder 24 heures, c'est par souci de .... : en effet, si l'écart entre le temps de l'intrigue et le temps de la représentation est trop grand, le spectateur ne croira pas à ce qu'il voit.
5. Le récit permet d'évoquer sur scène les actes sanglants par souci de ....
6. Boileau résume la .... par les deux vers suivants : « Qu'en un lieu, qu'en un jour, un seul fait accompli / Tienne jusqu'à la fin le théâtre rempli. »
7. C'est le philosophe, ..., qui définit la fonction morale de la tragédie.
8. Le XVIIe siècle est surnommé le ....

2 ★★ Reliez chaque personnage de tragédie à la situation tragique qui est la sienne.

1. Œdipe •	• **a.** Elle aime Jason qui l'abandonne et elle tue leurs enfants par vengeance.
2. Antigone •	• **b.** Un oracle prédit qu'il tuera son père et épousera sa mère.
3. Phèdre •	• **c.** Elle est dévorée par une passion incestueuse pour le fils de son époux Thésée.
4. Juliette •	• **d.** Elle enfreint la loi qui prévoit la mort pour celui qui enterrera Polynice, son frère.
5. Macbeth •	• **e.** Il aime Hermione sans retour et accepte de tuer pour elle.
6. Médée •	• **f.** Il est dévoré d'ambition et, influencé par sa femme, tue pour régner.
7. Le Cid •	• **g.** Elle doit être sacrifiée pour apaiser la colère de la déesse Artémis.
8. Iphigénie •	• **h.** Pour venger son père, il tue le père de sa bien-aimée Chimène.
9. Oreste •	• **i.** Elle prend un poison qui doit faire croire à sa mort.

3 ★★ Trouvez le titre et l'auteur de chaque pièce évoquée dans l'exercice précédent. Que remarquez-vous ?

4 ★★★ Transformez le texte suivant en texte de théâtre, en respectant la règle du découpage des scènes et en introduisant des didascalies.

C'était un soir, j'attendais tranquillement, sous mon parapluie, que le temps s'éclaircisse, quand je fus brutalement abordé par-derrière. Je n'avais rien entendu. […] Une main me fit me retourner. C'était un gros fermier rubicond. Il portait un ciré, un chapeau melon et des bottes. […] On se regarda avec haine. C'était peut-être le même qui avait proposé si poliment de ramener mon fils et moi dans sa voiture. Je ne crois pas. Son visage m'était pourtant familier. […] Il portait une lanterne à la main, […] dans l'autre, il tenait une bêche. De quoi m'enterrer. Il me prit par le veston, au revers. […] Il m'injuriait. […] Je cherchai ce que j'avais pu faire, pour le mettre dans un tel état. […] Je finis par comprendre que je n'étais pas chez moi. J'étais sur ses terres. Qu'est-ce que je faisais sur ses terres ? […] Je ne perdis pas mon sang-froid. C'est un vœu, dis-je. J'ai une voix assez distinguée quand je veux. Elle dut l'impressionner. Il me lâcha. Un pèlerinage, dis-je, poursuivant mon avantage. Il me demanda où. La partie était gagnée.

Samuel Beckett, *Molloy*, © Éditions de Minuit, 1951.

Corrigés p. 238

25 La poésie

OBJECTIFS • Lire un poème, analyser un engagement

SAVOIR

• La versification

• Le **vers** peut être pair (**alexandrin** – 12 syllabes –, **décasyllabe** – 10 – et **octosyllabe** – 8 – sont les plus courants) ou impair.

• Les **strophes** les plus courantes sont : le **distique** (2 vers), le **tercet** (3), le **quatrain** (4), le **quintil** (5), le **sizain** (6), le **dizain** (10).

• Les **rimes** sont **plates** ou **suivies** (aabb), **croisées** (abab) ou **embrassées** (abba).

• L'**enjambement** enchaîne syntaxiquement deux vers sans pause. **Rejet** et **contre-rejet** sont deux formes particulières d'enjambement.

Petit-poucet rêveur, j'égrenais dans ma course
Des rimes. *Mon auberge était à la Grande-Ourse* (enjambement ; rejet : *Des rimes.*)
Arthur Rimbaud.

Hélas ! qu'as-tu donc fait aux nations ? ***Tu vins*** (contre-rejet : *Tu vins*)
Vers celles qui pleuraient, avec des mots divins. (enjambement)
Victor Hugo.

• La poésie engagée

On appelle **engagement** le fait qu'un auteur mette son œuvre au service d'une cause. L'engagement est possible par n'importe quel genre littéraire mais le pouvoir de la poésie à émouvoir son lecteur est si grand que certains auteurs font du poème une arme pour dénoncer des injustices ou défendre des causes. La poésie engagée invite le lecteur à s'indigner, réfléchir, voire agir.

Victor Hugo critique vivement Napoléon III (qu'il surnomme « Napoléon le Petit ») dans son recueil Les Châtiments, *publié en 1853.*

SAVOIR FAIRE

Quand on explique un poème, il faut être attentif à sa forme et l'interpréter, montrer comment la forme permet de souligner le sens, être sensible à la musicalité et au rythme.

• Interpréter des sonorités

La répétition d'une voyelle est une **assonance** ; celle d'une consonne est une **allitération**.

Pour qui sont ces serpents qui sifflent sur vos têtes ? (Jean Racine)

→ L'allitération en [s] évoque le sifflement. C'est une **harmonie imitative**.

Comme de longs échos qui de loin se confondent » (Charles Baudelaire)

→ Les assonances en [on] et [o] ainsi que l'allitération en [d] produisent des échos sonores à l'intérieur d'un vers qui évoque des « échos ».

• Connaître les armes de la poésie engagée

• **Le lyrisme**

Le lyrisme (expression de sentiments) permet d'installer un registre pathétique propre à apitoyer le lecteur, à susciter son indignation face au sort de ceux que le poème défend.

• **L'ironie**

Le poète peut aussi user de l'ironie pour attaquer et critiquer, faire une satire.

FAIRE

1 ★ **Retrouvez, grâce aux rimes et au rythme, la forme originelle de ce poème, « Colombine » de Verlaine. Les strophes sont des sizains.**

Léandre le sot, Pierrot qui d'un saut de puce franchit le buisson, Cassandre sous son capuce, Arlequin aussi, cet aigrefin si fantasque aux costumes fous, ses yeux luisant sous son masque, do, mi, sol, mi, fa, tout ce monde va, rit, chante et danse devant une belle enfant méchante dont les yeux pervers comme les yeux verts des chattes gardent ses appas et disent : « À bas les pattes ! » Eux ils vont toujours ! fatidique cours des astres, Oh ! dis-moi vers quels mornes ou cruels désastres l'implacable enfant, preste et relevant ses jupes, la rose au chapeau, conduit son troupeau de dupes.

2 ★★ **Faites le décompte des syllabes en les isolant par un trait vertical.**

HERMIONE

Qu'ont-ils fait !

ORESTE

Pardonnez à leur impatience :
Ils ont, je le vois bien, trahi votre vengeance.
Vous vouliez que ma main portât les premiers [coups.
Qu'il sentît en mourant qu'il expirait pour vous.
[...]

ORESTE

Non, non, c'est Hermione, amis, que je veux [suivre.
À son dernier arrêt je ne puis plus survivre.
Partez : j'ai fait le crime, et je vais l'expier.

PYLADE

Hermione, Seigneur ? Il la faut oublier. [...]
Et parce qu'elle meurt faut-il que vous mouriez ?

Jean Racine, *Andromaque*, 1667.

3 ★★★ **Lisez l'extrait de « Melancholia », poème de Victor Hugo paru dans *Les Contemplations* en 1856, puis répondez aux questions.**

Où vont tous ces enfants dont pas un seul ne rit ?
Ces doux êtres pensifs que la fièvre maigrit ?
Ces filles de huit ans qu'on voit cheminer seules ?
Ils s'en vont travailler quinze heures sous des meules ;
Ils vont, de l'aube au soir, faire éternellement
Dans la même prison le même mouvement.
Accroupis sous les dents d'une machine sombre,
Monstre hideux qui mâche on ne sait quoi dans l'ombre,
Innocents dans un bagne, anges dans un enfer,
Ils travaillent. Tout est d'airain, tout est de fer.
Jamais on ne s'arrête et jamais on ne joue.
Aussi quelle pâleur ! La cendre est sur leur joue.
Il fait à peine jour, ils sont déjà bien las.
Ils ne comprennent rien à leur destin, hélas !
Ils semblent dire à Dieu : « Petits comme nous sommes,
Notre père, voyez ce que nous font les hommes ! »

1. Quel aspect de sa société Hugo dénonce-t-il ?
2. Quels mots mettent en lumière la mauvaise santé des enfants ou leur vulnérabilité ?
3. Relevez les trois termes par lesquels Hugo désigne l'usine. Quelle figure de style les relie ? Quel est son effet ? Quels procédés soulignent la puissance de la machine.
4. Étudiez la présence du temps dans cet extrait : quels sont les différents aspects du travail des enfants que Hugo dénonce ?
5. Étudiez tous les effets de la parole des enfants au discours direct.
6. Quels sentiments Hugo veut-il éveiller chez ses lecteurs ? Justifiez votre réponse.

4 ★★★ **Lisez le poème de Verlaine intitulé « Monsieur Prud'homme », paru dans *Poèmes saturniens* en 1866, puis répondez aux questions.**

Il est grave, il est maire et père de famille,
Son faux-col engloutit son oreille, ses yeux
Dans un rêve sans fin flottent insoucieux
Et le printemps en fleurs sur ses pantoufles brille.

Que lui fait l'astre d'or, que lui fait la charmille[1]
Où l'oiseau chante à l'ombre et que lui font les cieux
Et les prés verts et les gazons silencieux ?
Monsieur Prud'Homme songe à marier sa fille,

Avec Monsieur Machin, un jeune homme cossu[2],
Il est juste milieu, botaniste et pansu
Quant aux faiseurs de vers, ces vauriens, ces maroufles[3],

Ces fainéants barbus mal peignés, il les a
Plus en horreur que son éternel coryza[4]
Et le printemps en fleurs brille sur ses pantoufles.

1. haie. 2. riche. 3. hommes grossiers. 4. rhume

1. Quelle classe sociale le personnage symbolise-t-il ? Quel trait de caractère le titre dénonce-t-il et par quelle figure de style ? Quelle expression fait écho à ce trait de caractère ?
2. Analysez le jeu de mots du premier vers. À quelles valeurs renvoient les deux mots de ce jeu ? Et quels échos trouvent-elles dans le poème ?
3. Caractérisez la question du second quatrain. Quel trait de caractère cette question met-elle en évidence ?
4. Relevez les quatre groupes nominaux par lesquels le poème désigne les poètes. Quel point de vue est ici adopté ?
5. Que veut dénoncer Verlaine par ce poème ?

Corrigés p. 238

6e

1 page 7

1 **a. (1re étape)** Relève tous les verbes à l'infinitif / **(2e étape)** et classe-les suivant leur groupe.
• **b. (1re étape)** En utilisant l'échelle graphique / **(2e étape)** puis l'échelle numérique /, calcule la largeur de la rue de la Victoire.
c. (2e étape) Complète le tableau suivant / **(1re étape)** après avoir effectué les opérations demandées.
d. (1re étape) Lis une fois le texte, / **(2e étape)** cache-le / **(3e étape)** puis réponds aux questions par oui ou par non.
e. (1re étape) / Après avoir dressé la liste des objets qui montrent la puissance du pharaon, / **(2e étape)** tu les dessineras / **(3e étape)** et tu indiqueras leur nom sous chaque dessin.

2 Ordre des consignes : 3, 5, 4, 1, 2.

4 Mets au féminin les groupes nominaux suivants, puis souligne l'adjectif qualificatif.

5 Dessine un oiseau puis décris cet oiseau.

2 page 9

1 **1.** Les alpinistes se lancent à l'assaut du flanc nord.
2. L'enfant se glissa hors de la maison (*ici, le CCL est difficilement supprimable*) et resta immobile.
3. Les enfants répondent à l'appel de leur nom.

2 **1.** Les footballeurs ont perdu (le match sous-entendu).
2. Delphine conduit (elle sait conduire, elle circule en voiture).
3. Cette femme buvait (c'était une ivrogne).

3 **1.** Des hirondelles ; elles ; le printemps – **2.** Claire ; des yeux émerveillés ; d'innombrables cadeaux ; la petite fille – **3.** une étrange galerie sombre – **4.** un loup aux yeux inquiétants.

4 Sous le buffet, la petite souris blanche grignote avec mille précautions un gros morceau de fromage.
Phrase minimale : La petite souris blanche grignote un gros morceau de fromage.

5 **1.** Leur téléviseur (GS) / capte (GV) / depuis hier (CC) / la nouvelle chaîne (GV).

2. Le papillon (GS) / attend l'hiver (GV).

3. Cet hiver, (CC) / j' (S) / ai vu une marmotte (GV).

4. L'avion (GS) / tourbillonne (GV) / comme une feuille morte (CC) / dans le ciel nuageux (CC (qui appartient au GV)).

5. Les enfants (GS) / pénétraient (GV) / avec prudence (CC) / à l'intérieur de la caverne (CC (qui appartient au GV)).

3 page 11

1 Phrases verbales : 2, 5.
Phrases nominales : 1, 3, 4, 6.

2 **1.** Entrée en scène de la France.
2. Triomphe des tricolores à Athènes.
3. Reddition des mutins à l'aube.
4. Réunion des députés demain à Strasbourg.
5. Vol des bijoux de la reine cette nuit.

3 **1.** Deux malfaiteurs ont été arrêtés à Paris.
2. Un enfant de 11 ans a courageusement sauvé son camarade qui se noyait.
3. Des méduses ont envahi la mer Méditerranée : la baignade est impossible.
4. Trois éléphanteaux sont miraculeusement nés cette nuit au zoo de Vincennes !
5. Les troupes américaines sont entrées triomphalement dans Paris.

4 **1.** DÉPART – **2.** DEMAIN – **3.** VISITE – **4.** TEMPLE – **5.** NOMBREUX – **6.** TRÉSORS – **7.** DÉCOUVRIR – **8.** HOSTILITÉ – **9.** POPULATION.

4 page 13

1

Interrogation totale	Interrogation partielle
2. – 5. – 6.	1. – 3. – 4.

2 **1.** Écrivez-vous une lettre ? Vous écrivez une lettre ! Écrivez une lettre. Vous n'écrivez pas une lettre.
2. Termines-tu ton travail après le déjeuner ? Tu termines ton travail après le déjeuner ! Termine ton travail après le déjeuner. Tu ne termines pas ton travail après le déjeuner.
3. Allons-nous voir un beau film ? Nous allons voir un beau film ! Allons voir un beau film. Nous n'allons pas voir un beau film.

4 Voici comment tu peux, par exemple, répondre :
Que fais-tu perché sur cet arbre ?
Et que tiens-tu dans ton bec, cher Corbeau ?
Où as-tu trouvé ce merveilleux fromage ?
Oh ! il te l'a offert ?
Non, mais je n'ai guère faim.
Plus vraiment.
De belles poules bien grasses.
Non, il n'en est pas question !
Je suis persuadé que tu vas chercher à m'attraper.
D'accord…
Puis-je te le confier un instant ?

5 **1. C'est un superbe bouquet de roses qu'**il m'a offert. – **2. C'est lui qui** m'a offert un superbe bouquet de roses. – **3. C'est moi qui** prendrai tes affaires à la laverie demain. – **4. C'est s'inquiéter de son absence qui** me paraît ridicule. – **5. C'est à toi qu'**il paraît ridicule de s'inquiéter de son absence.

5 page 15

1 COD : 1., 3. – Attribut du sujet : 2., 4.

2 Sujet : une immense plaine, son grand-père, Colette (groupes nominaux) – Attribut : un invalide (groupe nominal) ; il (pronom personnel) – COD : des gâteaux (groupe nominal) ; robuste (adjectif) – CC : derrière la montagne, dans une petite cabane, pendant des années, à vélo, en cachette (groupes nominaux) ; lui (pronom) ; là (adverbe).

3 COD : 2., 5. – Attribut du sujet : 3. – CC : 4. – Sujet du verbe : 1., 6., 7.

4
- Hier, j'ai découvert un trésor derrière la grotte.
- Ce trésor est dans un grand coffre.
- Celui-ci paraît lourd.
- Apporte-moi avant huit heures quelques bâtons de dynamite.
- Faire exploser le coffre est ma seule chance.

6 page 17

1

des : article indéfini	*des* : article défini contracté
N° 1. – 3. – 4. – 5.	N° 2. – 6. – 7.

2

du : article défini contracté	*du* : article partitif
N° 1. – 2.	N° 3. – 4.

3 Parfois, <u>les tribus indiennes ennemies</u> se réconciliaient et renonçaient <u>aux terribles guerres</u> qui les opposaient pour s'unir contre <u>les Visages Pâles</u>. Alors, leurs forces rassemblées leur permettaient de gagner <u>des batailles</u>. <u>Des fêtes extraordinaires</u> suivaient <u>ces valeureuses victoires</u>.

GN	Nom noyau	Déterminant	Adjectif(s) qualificatif(s)
1	tribus	les	indiennes, ennemies
2	guerres	aux	terribles
3	Visages	les	Pâles
4	forces	leurs	rassemblées
5	batailles	des	
6	fêtes	les	extraordinaires
7	victoires	ces	valeureuses

4 Les fêtes, splendides, semblaient ne devoir jamais s'achever. Les hommes allumaient des feux et dansaient au son des tam-tams en poussant des cris de victoire. Les squaws, <u>jeunes</u> et <u>vieilles</u>, cuisinaient durant des jours et des jours d'<u>énormes</u> plats dont les odeurs <u>parfumées</u> planaient au dessus de la tribu, <u>joyeuse</u>.

Adjectif qualificatif	Fonction
jeunes	épithète détachée du nom **squaws**
vieilles	épithète détachée du nom **squaws**
énormes	épithète du nom **plats**
parfumées	épithète du nom **odeurs**
joyeuse	épithète détachée du nom **tribu**

5 Les (hommes) : art. déf. – des (cavernes) : art. déf. contracté – le (soleil) : art. déf. – Des (prières) : art. indéf. – aux (dieux) : art. déf. contracté – Du (courage) : art. partitif – de la (ténacité) : art. partitif – ces (hommes) : dét. démonstratif – leurs (peurs) : dét. possessif – les (démons) : art. déf. – des (rêves) : art. déf. contracté.

7 page 19

1

Pronom	Nom ou GN représenté par le pronom
Celui-ci	le bois sombre
l'	la petite fille
elle	la petite fille
le	le bois sombre
elles	les ombres
celle-ci	sa peur
l'	la fillette

2 **1.** c. – **2.** b. – **3.** c. – **4.** c. – **5.** c. – **6.** a.

3 Parfois, elle se mettait à courir pour que **la** traversée dure le moins longtemps possible. Mais soudain elle s'arrêtait, aux aguets. Immobile, elle tendait **l'**oreille, car elle était persuadée d'avoir entendu **les** pas de quelqu'un qui courait derrière elle ! Elle n'entendait plus rien : **les** avait-elle imaginés ? Ou bien celui qui voulait **la** rattraper s'était-il arrêté en même temps qu'elle ? Elle se remettait à marcher en essayant précautionneusement de ne faire aucun bruit, mais chacun de ses pas faisait craquer **la** branche ou **les** feuilles mortes qui se trouvaient sous ses pieds. **La** peur finissait par **la** submerger.

4 **1.** Leurs – **2.** ∅ – **3.** leurs ; ∅ ; ∅ – **4.** leurs ; ∅ – **5.** leurs ; ∅ ; ∅.

5

	Nature	Fonction
1.	pronom personnel	COD du verbe *punir*
2.	pronom personnel	COI du verbe *penser*
3.	pronom possessif	sujet du verbe *peser*
4.	pronom personnel	COS du verbe *donner*
5.	pronom possessif	sujet du verbe *être*
6.	pronom démonstratif	COD du verbe *prêter*

8 page 21

1 **Réponses possibles :** noire : épithète de *nuit* ; belles : épithète de *fées* – grande : attribut du sujet *la première* – petite, impressionnante : attributs du sujet *la seconde fée* – immense : épithète de *coffre* – émerveillé : épithète détachée du nom *garçon* – jeune : épithète de *garçon* – isolé : épithète de *village* – endormis : épithète de *parents*.

2 **1.** Merveilleux : épithète du nom *magicien* ; bleue : épithète du nom *baguette*
2. Attentive : épithète détachée du nom *sorcière* ; petits : épithète du nom *coups* ; secs : épithète du nom *coups* ; transparentes : épithète du nom *fioles*.
3. Vilain : épithète du nom *canard* ; petit : épithète du nom *canard* ; beau : attribut du sujet canard ; gracieux : attribut du sujet *canard*.
4. Curieuse : épithète détachée du nom *fillette* ; précieux : épithète du nom *secrets* ; vieille : épithète du nom *fée*.

3 **1.** Ancienne : placé devant le nom, il signifie que c'était autrefois une boulangerie ; placé derrière le nom, l'adjectif signifie « vieille ».
2. Grand : un grand homme est un homme célèbre, illustre ; un homme grand est un homme de haute taille.
3. Curieux : un curieux chien est un chien étrange ; un chien curieux est un chien qui désire tout connaître.
4. Propre : placé devant le nom, il signifie que la maison lui appartient, qu'elle est à lui ; placé derrière le nom, il signifie « soignée ».

4 **1.** UTILES – **2.** DURES – **3.** LOURDE – **4.** FOLLES – **5.** FINES – **6.** SÈCHE – **7.** MALADROITE – **8.** ANXIEUSES – **9.** VERTES.

9 page 23

1

Verbes du 1er groupe	Verbes du 2e groupe	Verbes du 3e groupe
avouer	fleurir	aller
échanger	grossir	mourir
voyager	noircir	recevoir
		ouvrir
		mentir
		rejoindre
		revoir
		revenir

2 **1.** reçu ; commencerons – **2.** conçois – **3.** Commençons – **4.** berça ; commençait – **5.** reçois.

3 **1.** voyageons ; naviguons – **2.** Agis – **3.** mangerons ; mangeons – **4.** distingue – **5.** déménageront ; déménageons.

4 **1.** Ouvre la porte !
2. Mange tout ce qui est dans ton assiette !
3. Ne crois pas ce qu'il te dit !
4. Va t'en demain !
5. Prends tes affaires !
6. Ne cueille pas ces fleurs !

5 **1.** c. – **2.** b. – **3.** a. – **4.** b. – **5.** a. – **6.** c.

10 page 25

1 Je découds, tu découds, il découd, nous décousons, vous décousez, ils décousent.
Je démets, tu démets, il démet, nous démettons, vous démettez, ils démettent.
Je contribue, tu contribues, il contribue, nous contribuons, vous contribuez, ils contribuent.
Je crains, tu crains, il craint, nous craignons, vous craignez, ils craignent.
Je veux, tu veux, il veut, nous voulons, vous voulez, ils veulent.
Je revends, tu revends, il revend, nous revendons, vous revendez, ils revendent.
Je dépeins, tu dépeins, il dépeint, nous dépeignons, vous dépeignez, ils dépeignent.
Je prends, tu prends, il prend, nous prenons, vous prenez, ils prennent.
Je secoue, tu secoues, il secoue, nous secouons, vous secouez, ils secouent.
Je définis, tu définis, il définit, nous définissons, vous définissez, ils définissent.

2 Sort – montre – émet – pouvons – essaie – paraît – cache – veux – s'écrient – résous – crains – combat – perd – sait.

3

Présent d'actualité	Présent de vérité générale	Présent de narration
4. meurs **5.** crois	**2.** se dénudent **3.** sert ; faut	**1.** se gorge ; s'enfle ; fait **6.** se penche ; réveille

4 Le nom à trouver est celui du commissaire Navarro.

11 page 27

1 **1.** « Allai » est le seul passé simple.
2. « Pillez » est au présent.
3. « Pins » est un nom.
4. « Semblât » est au subjonctif et non au passé simple de l'indicatif.
5. « Peint » est le présent de peindre.
6. « Courrai » est le futur de courir.
7. « Récitations » est un nom.

2

Action non bornée	**3.** passaient – **4.** se promenaient ; cueillaient
Description	**5.** encadraient – **8.** représentait
Second plan	**2.** somnolait – **7.** grondait
Répétition	**1.** apercevaient, se mettaient – **2.** commençait

3 Sortit – mit – monta – aperçut – tomba – apparut – vit – courut – ramassa – reconnut – revint – entra – referma – dit – fit – s'approcha – s'envola – tournèrent – ouvrirent – burent – devinrent – s'enfuit.

4 **1.** Dansaient ; survint ; attrapa. – **2.** essayais ; arriva. – **3.** jouions ; éclata ; brisèrent ; courûmes ; dura. – **4.** était ; tombait ; rendait ; retentit ; fûmes.

12 page 29

1 Partirai – irai – irai – marcherai – sera – regarderai – arriverai – mettrai.
Victor Hugo exprime des actions qui se passeront dans l'avenir.

2 **1.** Il demanda si tu serais là.
2. Il répondit qu'il lui rendrait visite.
3. Il sut que tu atteindrais ton but.
4. Nous pensâmes que vous voudriez déjeuner.

5

Futur hypothétique ou imaginaire	**1.** partirions – **4.** ferais – jouerais – **8.** passerais
Information certaine	**5.** progresseraient
Demande polie	**3.** souhaiterions – **6.** pourriez
Futur dans le passé	**2.** parviendrait – **7.** repasserait

6 **1.** courrais – **2.** Accepterais – **3.** accompagneras – **4.** voudrais – **5.** apprécierait – **6.** enverra ; aura.

13 page 31

1 **1.** Dès que leurs chambres **furent** rangées – **2.** Dès que j'**ai terminé** – **3.** Quand le réparateur **sera venu** – **4.** dès que Céline **avait mangé** sa soupe.

2 **1.** Quand tu **seras arrivé** – **2.** Dès que l'élève **avait répondu** – **3.** Lorsque le chat **disparut** – **4.** J'ai le droit d'aller au cinéma lorsque j'**ai travaillé** sérieusement.

3 **1.** Quand le soleil se sera levé, il prendra la mer.
2. Il prenait le chemin du collège quand le réveil avait sonné sept heures.
3. Les hirondelles partent pour les pays chauds quand l'automne est arrivé.
4. Quand il aura neigé, j'irai skier.

14 page 33

1 Amusait – étaient – était – apparaissait – éclataient – se laissaient – attendait (ou attendaient).

2 Avaient dressé – avaient traversé – piétinaient –regardaient – se dressaient – était.

3 Envole–reste–attend–dressent–occupe–représente–chassent.

4 Un groupe de skieurs jetait des boules de neige.
– Toi et moi étions malades.
– Devant la grille, deux filles et un garçonnet étaient venus l'attendre.
– Plus tard Elisabeth et Isabelle étaient venues l'attendre.
– Depuis huit jours, les élèves, malgré l'avertissement du proviseur, descendaient les escaliers en riant.
– C'étaient elle et toi qui descendiez la piste.

15 page 35

1 **1.** Les enfants que j'ai surveillés étaient turbulents.
2. La route qu'il a empruntée était étroite et glissante.
3. Les points que Paul a gagnés en mathématiques sont nombreux.
4. Les étagères que grand-père avait construites étaient solides.
5. Le bouquet de roses qu'il m'a apporté était magnifique.
6. Les revues scientifiques que j'ai empruntées à la bibliothèque sont passionnantes.

2 **1.** Elle a cueilli des fraises et elle les a apportées à sa tante.
2. La glace que cet enfant a mangée a fondu.
3. Les tuyaux que le plombier a changés ont rouillé. **4.** Les livres et les cassettes que tu as apportés m'ont plu.

3 Tombées – paru – repartis – quittés – gardé – teint – venus – traqués – dissimulées – protégés.

4 La clef que tu m'as donnée hier ne convient pas. Les malles que j'ai découvertes sont toujours fermées. Toute la nuit je les ai regardées. Quels mystérieux secrets les pirates ont-ils cachés à l'intérieur ? Émilie sera déçue si les perles qu'elle a si longtemps cherchées ne s'y trouvent pas. Elle a d'ailleurs rêvé la nuit dernière que les coffres avaient encore disparu.

16 page 37

1 Monsieur Lagrange habitait près de la maison, avenue George Sand. Pendant les vacances de Noël, il partait à Paris et nous ramenait des livres. Cette année-là, il m'offrit *La Gloire de mon père* et *Le Petit Chose*.

2 L'erreur se situe à la ligne 4 : « Léo a vu sa petite sœur tomber, de sa fenêtre. » Léo, de la fenêtre de sa chambre, a vu tomber sa sœur dans la rue. Celle-ci n'est donc pas tombée du cinquième étage. La nouvelle n'a rien d'alarmant.

3 **1.** car – **2.** donc – **3.** c'est-à-dire – **4.** donc – **5.** c'est-à-dire – **6.** donc – **7.** car.

4 Avez-vous déjà vu une forêt brûler ? Quel spectacle effrayant ! Les arbres semblent se tordre avant de s'effondrer dans un gémissement terrible. Ainsi, une nuit, on entendit : « Au feu ! Au feu ! » Mon père se leva et, par la fenêtre de la chambre, aperçut au loin l'incendie. Devant la maison, un paysan gesticulait. Aucune hésitation : il fallait vite avertir les pompiers, la gendarmerie et les voisins. Il fallait aussi agir vite : prendre des seaux, mouiller la terre, empêcher l'incendie de progresser. Mon père réveilla toute la maisonnée et nous cria : « Vite ! Habillez-vous ! Venez avec moi… »

6 « Que faites-vous là, ma bonne femme ? dit la princesse.
– Je file, ma belle enfant, lui répondit la vieille qui ne la connaissais pas.
– Ah ! Que cela est joli ! reprit la princesse. Comment faites-vous ? Donnez-moi que je voie si j'en fais autant. »
Elle n'eut pas plus tôt pris le fuseau que, comme elle était fort vive, un peu étourdie et que d'ailleurs l'arrêt des fées l'ordonnait ainsi, elle s'en perça la main et tomba évanouie.

17 page 39

1 **1.** R1 : fleur ; R2 : flor – **2.** R1 : mar ; R2 : mer – **3.** R1 : voc ; R2 : voqu – **4.** R1 : car ; R2 : char.

2 Dé + verrou(ill) + age : action de déverrouiller, c'est-à-dire d'ôter le verrou.
Dé + raison(n) + able : qui est dépourvu de raison, c'est-à-dire de sagesse.
Re + conduct + ible : qui peut être conduit (effectué) de nouveau.
Mé + content + ement : le fait de n'être pas content.
Im + batt + able : qui ne peut être battu.
Trans + bord + ement : action de faire passer d'un bord (de navire, de train) à un autre.

3 Qui permet de se préserver du brouillard : **antibrouillard** – Qui manque d'ordre : **désordonné** – Qui est situé sous les tropiques : **subtropical** – Espace entre deux lignes : **interlignage** – Religion qui connaît plusieurs dieux : **polythéiste** – Qui est riche de plusieurs milliards : **multimilliardaire** – Qui est trop sensible : **hypersensible** – Nouvelle édition d'un livre : réédition – Situation entre deux personnes qui s'entendent mal : **mésentente** – Ouvrage relatant la vie de quelqu'un : **biographie** – Qui va plus vite que la vitesse du son : **supersonique** – Qui n'a qu'une seule jambe : **unijambiste** – Qui est sur le même ton : **monotone**.

18 page 41

1 **1.** étrennes – **2.** étroitement – **3.** étrusque – **4.** étude – **5.** étui – **6.** étuve.

2 **1.** manteau – **2.** cerveau – **3.** dévoré – **4.** dur – **5.** cœur – **6.** dévore – **7.** nage – **8.** dures.

3 Le sentier – école – empruntait – trajet – remarquait – le paysage – la nature était pourtant merveilleuse – craignait.

4 Clair : adj.
I. Qui est éclairé, reçoit de la lumière, qui n'est pas foncé. V. lumineux. *Ses yeux sont bleu clair. Cette salle a de grandes fenêtres, elle est très claire.*
II. Fig. Que l'on comprend facilement.
V. compréhensible. *Son exposé fut clair.*
Ant. : – sombre, obscur ;
– compliqué, incompréhensible.

5 **A.** COCASSE – **B.** SOLITAIRE – **C.** ÉCONOMES – **D.** AIMABLE – **E.** CHÂTIER – **F.** ALLONGER – **G.** RUSÉ.
Nom caché : Homère.

19 page 43

1

Niveau familier	**1.** (verbe familier) ; **3.** (verbe familier) ; **6.** (vocabulaire familier).
Niveau courant	**2.** ; **7.**
Niveau soutenu	**4.** (verbe recherché) ; **5.** (vocabulaire recherché).

2 **1.** Familier : se mettre en colère – courant : se rouler en boule.
2. Familier : c'est une personne idiote – courant : c'est un vrai fruit.
3. Familier : elle a eu un zéro – courant : la bulle désigne un objet et non une note.
4. Familier : cet engin n'a rien d'extraordinaire – courant : cet engin ne sert pas à briser des briques.
5. Familier : il n'a pas pu le supporter – courant : il n'a pas pu rentrer cette opération financière dans sa caisse.

3 **1.** un coup de flotte – **2.** se sustenter – **3.** tranquillité – **4.** fit des remontrances – **5.** vit – **6.** boulette.

4 **Exemple de corrigé :** Il était une fois une gentille petite fille. On l'appelait le Chaperon rouge. Un jour, elle décide d'aller voir sa grand-mère. « Sois prudente », lui dit sa mère. Mais la petite n'y prête pas attention. « Ne t'inquiète pas », lui répond-elle. Et la voilà qui se met en route. Juste au carrefour, elle se retrouve face au méchant loup. « Bonjour. Comment vas-tu ? » La petite fille ne pense pas à s'enfuir. Et clac ! le loup la mange. Il se présente chez la grand-mère et l'avale aussi. Mais quelle chance ! Non loin se trouve un chasseur. Il accourt et tire sur le loup. Et miracle ! La petite fille et sa grand-mère, qui n'étaient pas très futées, ressortent bien vivantes du gros ventre du loup.

5

Familier	Courant	Soutenu
zieuter	regarder	contempler
bousiller	casser	détériorer
se gourer	**se tromper**	se fourvoyer
bouffer	manger	**se restaurer**
bluffer	**tromper**	duper
casser les pieds	**gêner**	importuner
se balader	**se promener**	**flâner**

20 page 45

1 **Champ lexical de l'habillement :** habillé ; soulier de basket ; pantalon ; veston ; chapeau ; jambe de pantalon.
Champ lexical du corps humain : pieds ; tête ; visage ; sourire ; yeux ; lèvres ; unijambiste ; épaules.

2

Champ lexical de l'orage	Champ lexical de la pâtisserie	Champ lexical de l'eau
tonnerre – éclairs – obscurité – pluie – nuages – foudre – déluge – tonner – zébrer le ciel – tempête – flaque – déchirer le ciel	éclairs – tarte – flan – religieuses – sablés – crème – choux	ruisseau – étang – pluie – rivière – nuages – cascade – mare – déluge – couler – ruisseler – fleuve – flaque

3 **1.** lueur – **2.** amorcer – **3.** dureté – **4.** bise.

4 Pétrifiés – la maîtrise de nos nerfs – abominable – blême – horrifié – épouvantable – frayeurs.

21 page 47

1 **1.** injonctif – **2.** descriptif – **3.** narratif – **4.** argumentatif – **5.** explicatif – **6.** explicatif – **7.** injonctif – **8.** argumentatif.

2 **1.** Le vieux Tahitien refuse de tomber sous la domination de Bougainville et des Européens. Il se justifie en montrant que son peuple est heureux sans les Européens, qu'il est libre, que Bougainville n'a aucun droit sur eux. Il renverse la situation pour montrer au colonisateur européen ce que cela a d'injuste.
2. L'interlocuteur est désigné par : « toi » ; « chef des brigands » (ici Bougainville est comparé à un voleur, c'est donc méprisant) ; « t' » ; « tu ».

22 page 49

1 Personne grammaticale : la troisième personne ; temps du récit : passé simple et imparfait ; verbes d'action : « sortirent », « se lançait », « s'éloignait », « commencèrent-elles », « naviguaient », « lança », « déclencha » ; liens temporels : « un bel après-midi d'automne », « successivement », « d'abord », « comme », « dès », « après », « dès que », « et comme ».

2 **1.** Auteur : Michel Tournier.
2. Personnages : Gaspard et Barka Maï.
3. Narration à la troisième personne.
4. L'identité du narrateur ne peut être connue : il intervient dans le dernier paragraphe pour donner des explications sur le Nil et sur la connaissance que les hommes en avaient à l'époque des Rois Mages.

3 Extrait d'autobiographie : **2.** – Pour **1.**, **3.**, **4.**, auteur et narrateur ne sont pas la même personne. Pour **1.** et **3.**, l'auteur est un homme alors que le narrateur est une femme. Pour **4.**, le narrateur est un animal !

23 page 51

1 **Indications sur le ton :** « s'exclame » – **Sur les gestes :** « Pendant… voler. » ; « a saisi la main dans sa poche » ; « La chaisière se débat et va se sauver ; elle perd sa perruque. » ; « Il soulève légèrement sa moustache et sa perruque. » – **Sur les mimiques :** « magnanime ».

2 Souligner : *Il lui présente sa bourse, qu'il ne laisse pourtant pas aller ; et dans ses transports, il fait aller son bras d'un côté et de l'autre, et Scapin le sien pour avoir la bourse* – *tendant la main* – *retenant la bourse qu'il fait semblant de vouloir donner à Scapin* – *tendant encore la main.*

3 Voici les indications scéniques telles que les propose le texte de Pagnol. Bien entendu, les tiennes sont certainement différentes.
César (*il garde sa main sur le bouchon de la bouteille*) – Panisse (*très digne*) – Panisse (*grave et presque solennel*) – Panisse (*sévère*) – César (*il hausse les épaules*) – Panisse (*menaçant et cruel, il exhibe les souliers*) ; (*Cette menace précise met César hors de lui-même*) – Panisse (*sévère*) – (*César descend du comptoir. Le chauffeur veut se mettre entre eux.*)

24 page 53

1 **1.** Maî/tre /Cor/beau/, sur/ un/ ar/bre/ per/ché,
2. Te/nait/ en/ son/ bec/ un/ fro/mage.
3. Maî/tre/ Re/nard/, par/ l'o/deur/ al/lé/ché,
4. Lui/ tint/ à/ peu/ près/ ce/ lan/gage.

	Nombre de syllabes	Nom du vers
1.	10	décasyllabe
2.	8	octosyllabe
3.	10	décasyllabe
4.	8	octosyllabe

2

	Rime féminine	Rime masculine
1.		✗
2.	✗	
3.		
4.	✗	✗

3 Réponse **2.**

4 Et Bonjour, Monsieur du Corbeau.
Que vous êtes joli ! Que vous me semblez beau !
Sans mentir, si votre ramage
Se rapporte à votre plumage,
Vous êtes le Phénix des hôtes de ces bois.

• Nom du 5e vers : octosyllabe – Nom du 6e vers : alexandrin – Nom du 7e vers : octosyllabe –Nom du 8e vers : octosyllabe – Nom du 9e vers : alexandrin.

6 **1.** U/ne/ Gre/nou/ille/ vit/ un/ bœuf
2. Qui/ lui/ sem/bla/ de/ bel/le/ taille.
3. E/lle/ qui/ n'é/tait/ pas/ gros/se en/ tout/ co/mme un/ œuf,
4. En/vi/eu/se/ s'é/tend/, et/ s'en/fle, et/ se/ tra/vaille.
5. Pour/ é/ga/ler/ l'/ a/ni/mal/ en/ gros/seur.

	Nombre de syllabes	Nom du vers
1.	8	octosyllabe
2.	8	octosyllabe
3.	12	alexandrin
4.	12	alexandrin
5.	10	décasyllabe

25 page 55

1 **1.** Première personne ; récit.
2. Première personne ; récit ; description.
3. Troisième personne ; dialogue ; récit.

6e
5e
4e
3e
Corrigés

2 **1.** Décrivez une vieille dame.
2. Vous vous êtes égaré dans un quartier que vous ne connaissez pas. Racontez cette expérience en évoquant votre peur.
3. Deux jeunes gens décident de faire le tour du monde. Racontez les préparatifs de leur voyage.
4. Un rat des villes rencontre un rat des champs. Racontez les circonstances de leur rencontre puis imaginez leur conversation.

3 Cocher sujet 3.

4 **Sujet 1 →** La rencontre avec un loup et la conversation ; 1re personne ; Récit et dialogue.
Sujet 2 → L'atterrissage et la découverte de Paris en l'an 3000 ; 3e personne ; Récit et description.
Sujet 3 → La visite à un vieux cousin dans une île perdue de Bretagne ; 1re personne ; Récit et description.

26 page 57

2 **Introduction :** présenter les personnages et les circonstances.
Développement : décrire ce qui se passe avant la farce (l'endroit, le membre de la famille, la préparation de la farce) ; raconter le déroulement de la farce elle-même (introduite par « soudain », « tout à coup », « brusquement », etc.) ; s'attarder sur les réactions du personnage après la farce faite par les jumeaux (« alors », « à partir de ce moment », etc.)
Conclusion : en quelques lignes, les leçons tirées de cet épisode (« Depuis cette farce… »).

3 Mentionner dans le bon ordre les éléments suivants du parcours : la maison, le chemin, le pont au-dessus de la rivière, la forêt, le château en ruines, le puits.

27 page 59

1 **1.** Chemin de croix : parcours suivi par le Christ portant sa croix avant d'être crucifié.
2. Nectar : boisson des dieux.
3. Apollon : Dieu du soleil et de la poésie, symbole de beauté.
4. Pleurer comme une madeleine : en référence à Madeleine, dans la Bible, pécheresse, qui inonda de ses larmes les pieds de Jésus.
5. Narcissisme : attitude égoïste, en référence à Narcisse, personnage mythologique, fasciné par le reflet de son visage dans l'eau.
6. Labyrinthe : espace où l'on se perd, d'après le nom donné dans la mythologie à la prison dans laquelle fut enfermé le Minotaure (construite de manière à ce que personne ne puisse en trouver la sortie).
7. Talon d'Achille : point de faiblesse, en référence au seul point où l'on pouvait blesser le personnage d'Achille qui, nouveau né, avait été trempé dans le Styx par sa mère pour devenir invulnérable (sauf au talon par lequel elle le tenait).
8. Le Messie : le sauveur attendu par le peuple hébreu.

2 **1.** Jupiter : roi des dieux – Aquilon : dieu vent du nord – Éole : dieu maître des vents – Notus : le dieu vent du Sud – éther : substance légère située au-dessus de l'atmosphère – Junon : épouse de Jupiter.
2. Ce récit correspond à l'épisode du Déluge dans l'Ancien Testament (Genèse), au moment où les eaux débordèrent sur toute la Terre. Noé construisit une arche pour sauver l'espèce humaine et animale.
3. Aujourd'hui, le mot « déluge » désigne une pluie très importante.

3 Une métamorphose : changement d'une forme en une autre.

5e

1 page 63

1 **1.** étranger, loyer – **2.** ameublement.

2 **1.** Scientifique : nom ; savoir : nom – **2.** marche : nom – **3.** scientifique : adj. – **4.** marche : verbe ; parcours : verbe – **5.** parcours : nom – **6.** fort : adv. – **7.** tâche : nom – **8.** fort : adj. – **9.** Tâche : verbe.

3 Noms : laboureur, hurlement – Verbes : mange, regarder – Noms et verbes : demande, savoir, cours – Adjectifs : vert – Adjectifs et noms : rose, peureux – Adverbes : généreusement – Adjectif, adverbe ou nom : fort.

2 page 65

1 **1. a. Des** fleurs… **dès** l'arrivée du printemps… **des** fruits **dès** qu'ils ... – **b.** Il jeta les **dés**… **Dès** qu'il entendit **des** camarades… les 4 **dés**. – **2. Sûr** de son bon droit… posa **sur** lui… **sur** le sol…, Il était **sûr**… – **3. a. As**-tu remarqué… **a** maigri… Elle n'**a** plus… – **b. à** Marrakech… Elle **a** été… nous **a** accueillis **à** bras ouverts – **4. a. près** du trou… **prêt** à attraper… – **b.** Es-tu **prêt**… je t'attends **près**… – **5.** je viendrai **plus tôt**… Vers 15 heures **plutôt**… – **6. a. Les** as-tu… Je **les** ai laissées… – **b.** Je **l'ai** surpris… **les** cubes…

2 **1. a. N'y** va pas… **ni** Papy, **ni** Mamie… de **n'y** trouver qu'un **nid** de vipères… **n'y** seront pas… – **b. N'y** a-t-il pas… **ni** réponse, **ni** aucun bruit – **c.** Tu **n'y** peux… **Ni** toi, **ni** ta sœur **n'y** pouvez rien – **2. a. C'en** est fait… **sans** une égratignure… **s'en** félicita. – **b. sans** regarder… il **s'en** repentit… – **3. a. s'y** accroupit… **ci-gît**… Il fut **si** étonné… il ne **s'y** était – **b. Si** tu rentres… **si** fatigué… – **4. On** a frappé… **on n'**a entendu… **on** a poussé… **On n'**avait pas… **on** avait juste…

3 Farid aperçut un **peu** de **sang sur ses** baskets. « **C'en est** fini de mes belles baskets, **se** lamenta-t-il. **Et** maman va me gronder. » Il **se** demanda **où** il avait bien pu **se** tacher. Il était **sûr** de ne pas avoir saigné. Tout **à** coup, il comprit : **ce** n'était pas du **sang** ! **C'est** en cueillant des **mûres** qu'il **s'était** taché !

3 page 67

1 **Pronom relatif :** 2., 3., 4. – **Conjonction de subordination :** 1., 5.

2 **1.** [Il se demanda toute la journée] [comment il avait pu se perdre malgré son sens de l'orientation]. – **2.** [Il soupira d'aise] : [son cousin [que l'ambition dévorait] s'en allait enfin] ! – **3.** [Céline ne savait vraiment pas] [pourquoi Franck ne lui parlait plus]. – **4.** [Marie n'avait jamais imaginé] [que sa sœur bouderait aussi longtemps]. – **5.** [Quand elle aura fini de déménager], [tout ira mieux].

3 **1.** Quand le soir tombe, … – **2.** Lorsque le réveil sonne, … – **3.** … parce qu'un violent orage a eu lieu – **4.** Bien qu'il soit vieux, …

4 **1.** … qu'il peut réussir – **2.** … que la pluie claque sur le toit de la voiture – **3.** …que les prix seront augmentés – **4.** … que leur chanteur préféré sorte.

4 page 69

1 **1.** quatre cent vingt-sept – **2.** soixante et onze – **3.** huit cents – **4.** sept cent vingt-deux – **5.** quatre-vingt-dix-sept – **6.** mille neuf cents – **7.** six cent douze.

2 **1.** une belle robe longue – **2.** un bruit de tonnerre – **3.** surpris, l'enfant a sursauté – **4.** un ancien navire qui a disparu – **5.** le vieux manteau de mon oncle – **6.** captivés par la comédienne, les nombreux spectateurs qui étaient au premier rang.

3 **1.** Irritée – **2.** Assommés ; ombragée – **3.** Attentifs ; tendu ; bandés – **4.** Endormi(e) – **5.** Arrivés.

4 Noms : **1.** chien – **2.** vase. – **3.** Femme, balustrade – **4.** Homme, rue.
Expansions du groupe nominal : **1.** qui gardait la propriété : prop. sub. relative – **2.** de Chine : compl. de détermination – **3.** Appuyée : participe passé ou adj. épithète détachée de son balcon : compl. de détermination ; jeune : adj. qualificatif épithète ; qui fumait : prop. sub. relative – **4.** dont le chapeau était rabaissé sur le front : prop. sub. relative – Sombre : adj. qual. épithète.

5 page 71

1 **1.** deux chemises **blanches** à pois **rose vif** – **2.** chaussettes **marron**, paire **bleue** – **3.** robe **blanc cassé** – **4.** jupes **noires**, chemises **rouge écarlate** – **4.** meubles **orange** – **6.** vestes **crème** – **7.** yeux **émeraude** – **8.** voiture **bleu foncé**.

2 **1.** un **bel** édifice, de **belles** statues, de **beaux** parterres – **2.** Ce **vieil** homme, sa **vieille** femme, un **vieux** couple – **3.** La **nouvelle** année, de **nouvelles** résolutions, de **nouveaux** projets, une **nouvelle** vie, du **Nouvel** An.

3 Couleurs **vives** ou **sombres** – quelques gilets **noirs** – une robe **bleue** – des chemises **fleuries** – un chapeau **gris** (ou **noir**) – un ruban **noir** (ou **gris**).

4 Souligner : nouveaux, bl**eu**, gaies, anxieuses, grand, carré, théâtral, joyeu**x**, attentifs, timides, excités, barbu.

5 **1.** un vase arrondi – **2.** un enfant palot – **3.** un gâteau mou – **4.** un sens interdit – **5.** un pantalon sali – **6.** un sucre dissout – **7.** un cheveu roux – **8.** un pelage doux – **9.** un chantier public – **10.** un sens unique – **11.** un goût amer – **12.** un chandail vert.

6 Homme : habile ; efficace ; célèbre ; public ; énergique – Femme : habile ; efficace ; glaciale ; célèbre ; énergique.

6 page 73

1 **1. aussi** turbulents – **2. plus** amers – **3. moins** acides – **4. plus** agréable – **5. plus** heureux – **6. moins** froid.

CORRIGÉS

2 **Ordre :** 2. – 3. – 4. – 1.

3 Par exemple : **1.** La cigale est plus insouciante que la fourmi. – **2.** Le roseau est moins fort que le chêne. – **3.** La rose est aussi belle que la tulipe. – **4.** Le chien est moins indépendant que le chat.

4 **1.** Parmi les musiciens, Mozart n'est-il pas **le plus connu** ? – **2.** Certains airs qu'il a composés sont parmi **les plus célèbres** qui existent. – **3.** L'araignée fait partie des insectes **les moins appréciés**. – **4.** Il est déjà arrivé ! C'est le coureur **le plus rapide** du groupe. – **5.** Antoine est **le moins paresseux** de la classe.

5 Par exemple : **1.** Ton gâteau est absolument délicieux. – **2.** Paul est plus grand que son père. – **3.** Elle n'est pas la plus avare, elle a au moins donné quelque chose. – **4.** Ces deux acteurs sont aussi célèbres l'un que l'autre. – **5.** Le guépard est l'animal le plus féroce du zoo. – **6.** Ce clown est extrêmement drôle. – **7.** Cet exercice est moins facile que les précédents.

7 page 75

1 **CCL :** 1., 6. – **CC de manière :** 3. – **Complément d'agent :** 2., 4. – **COI :** 5.

2 **1.** En raison du mauvais temps : CC de cause – **2.** afin de finir ses exercices de mathématiques : CC de but – **3.** en glissant sur une plaque de verglas : CC de manière – **4.** De la lucarne du grenier : CCL – **5.** Puisque tu es de mauvaise humeur : CC cause – **6.** tellement il avait soif : CC de cause – **7.** que tout son jardin en est recouvert : CC de conséquence.

3 **Cause :** 1., 4. – **Conséquence :** 2., 3.

4 **1. Cause** : Comme il a neigé, il a descendu la butte en luge. **Conséquence** : Il a beaucoup neigé si bien qu'il a descendu la butte en luge. – **2. Cause** : Je suis patient car je suis de bonne humeur. **Conséquence** : Je suis de bonne humeur donc je suis patient. – **3. Cause** : Il se dépêche parce qu'il est en retard. **Conséquence** : Il est tellement en retard qu'il se dépêche.

8 page 77

1 **1.** Quand il **eut rangé** sa chambre – **2.** Dès que ma moto **sera réparée** – **3.** dès qu'il **s'était** levé – **4.** quand il **a fini** sa journée – **5.** Dès qu'il **aura** terminé.

2 **1.** Il **aura achevé** ses devoirs – **2.** quand il **était revenu** du bureau – **3.** Quand le valet **eut entendu** – **4.** lorsque j'**ai obtenu** de bons résultats – **5.** Il n'**aura** pas **fini** les travaux.

3 **1.** Quand il a fini son année scolaire, il part en vacances ; avait fini/partait ; eut fini/partit ; aura fini/partira. **2.** Quand il a mal travaillé, sa mère le punit ; avait mal travaillé/punissait ; eut travaillé/punit ; aura travaillé/punira. – **3.** Il se lève quand il a éteint son réveil ; se levait/avait éteint ; se leva/eut éteint ; se lèvera/ aura éteint. – **4.** Quand Mardi Gras est arrivé, ils se déguisent ; était arrivé/déguisaient ; fut arrivé/déguisèrent ; sera arrivé/déguiseront.

9 page 79

1 Les gâteaux que tu as **confectionnés** pour la boum de samedi étaient très **réussis**. En revanche, la viande que j'ai **cuisinée** était complètement **ratée**, je l'ai **laissée** trop longtemps au four. J'ai mieux **réussi** ma charlotte aux fraises. Heureusement !

2 **1.** Elles sont arriv**ées** tôt ce matin et ont réveill**é** leurs parents qui les ont accueilli**es**… Elles ont répond**u** de bon cœur. – **2.** Je rangerai les assiettes et les couverts qu'elles auront lav**és**. – **3.** Elle était arriv**ée**… elle avait été émerveill**ée**… – **4.** Les enfants que j'ai surveill**és** étaient turbulents. – **5.** Ma sœur a regard**é** la télévision. – **6.** Le match qu'ils ont remporté était palpitant. Ils ont admirablement jou**é**. Ils ont mérit**é** leur victoire.

3 **1.** Elle s'est lev**ée** et s'est lav**é** les mains. – **2.** Ils se sont bless**és** en bricolant une moto : ils se sont brûl**é** les mains et le visage. – **3.** Elle s'est effondr**ée** en apprenant la triste nouvelle. – **4.** Karim et Fatima se sont perd**us** dans la forêt. – **5.** Le prisonnier s'est échapp**é**. – **6.** Les élèves se sont réun**is**… – **7.** Un coup de feu a retenti, les oiseaux se sont envol**és**. – **8.** Les deux guenons se sont cherch**é** des poux.

10 page 81

1 tiendra – arrivera – serai – verrai – bondira – parcourra – sépareront – sourirai – jetterai – nouerai – pourrai – essuiera – appuierai – quitterons.

2 Le médecin **déclara** qu'il **repasserait** plus tard et qu'il **verrait** à ce moment… Je lui **dis** que je **serais** certainement absente mais que le père du malade **pourrait**… Il m'**indiqua** aussi qu'il **faudrait**… **devrait** boire régulièrement.

4 **1.** accompagnerai, verras, aimeras – **2.** voudrais – **3.** verrait – **4.** sera, choisira, permettra.

5 **Futur dans le passé :** pourrait, ferait, prendrait – **Action soumise à une condition/souhait :** J'accepterais, voudrait – **Information non certaine :** cheminerait – **Demande polie :** pourriez.

11 page 83

1 **Présent de l'indicatif :** il chante, vous chantiez – tu finis, ils finissent – je joue, nous jouons – nous venons, ils viennent – il meurt, ils meurent – je crois, vous croyez – nous sommes, ils sont – tu entends, il entend. – **Présent du subjonctif :** qu'il chante, que vous chantiez – que tu finisses, qu'ils finissent – que je joue, que nous jouions – que nous venions, qu'ils viennent – qu'il meure, qu'ils meurent – que je croie, que vous croyiez – que nous soyons, qu'ils soient – que tu entendes, qu'il entende.

2 **1.** que tu **écrives** – **2.** que tu **t'appliques** – **3.** que tu **fasses**, que tu **progresses** – **4.** que les chiens **soient** inquiets, que Papa et toi **alliez** – **5.** sans que leurs parents **connaissent** – **6.** Bien que les parents en **veuillent**, **soient** vexés – **7.** Afin que je **puisse**, il faut que tu **nettoies** – **8.** qu'elle lui **dise**.

3 **Présent de l'indicatif :** 3., 4. – **Présent du subjonctif :** 1., 2., 5., 6., 7.

12 page 85

1 **Phrases à la voix passive :** 2., 4., 5., 8.

2 **1.** sera dévoré : futur – **2.** avait été surpris : plus-que-parfait – **3.** était brisée : imparfait – **4.** fut intrigué : passé simple – **5.** a été agacée : passé composé – **6.** n'aura pas été suivi : futur antérieur – **7.** eut été interpellé : passé antérieur – **8.** est apprécié : présent.

3 Souligner : **2.** par l'averse – **4.** par un ruisseau bordé de fleurs multicolores – **6.** par Vincent.

4 **1.** La voiture avait défoncé le muret. – **2.** Amélie et son petit frère ont préparé cette succulente salade de fruits. – **3.** Il a composé quelques contes.

5 **1.** Tous les documents demandés par la mairie ont été envoyés par moi ce matin. – **2.** De la patience et de l'obstination auront été demandées par ce projet. – **3.** Il a bon appétit, tout ce qui lui est présenté est englouti par lui. – **4.** Des fleurs avaient été envoyées par Paul à sa mère.

13 page 87

1 **1.** N'ayant retrouvé – **2.** Portant peu d'argent – **3.** une Espagnole s'appelant Paloma – **4.** Ne l'ayant vue qu'une fois – **5.** Parmi les arbres poussant – **6.** La cueillette ayant eu lieu – **7.** S'étant aspergées d'eau – **8.** La citerne contenant.

2 **1.** une soirée dansant**e** – **2.** des eaux dormant**es** – **3.** l'eau courant**e** – **4.** L'horloge parlant**e** – **5.** film amusan**t**.

3 **1.** En chaussant ses skis – **2.** En rentrant chez elle – **3.** En regardant souvent des films en VO – **4.** En confrontant différents témoignages – **5.** En mettant sa main dans le sac – **6.** En nous installant sur la terrasse.

4 **Participe présent :** 1., 3., 4. – **Adjectif verbal :** 2., 5.

14 page 89

1 **1.** feu – **2.** bouche – **3.** froide – **4.** feu – **5.** bouche – **6.** froide – **7.** feu – **8.** froide – **9.** froid.

2 Anglais : 5, 11 – arabe : 1, 6, 8 – italien : 9 – grec : 7,10 – latin : 2, 3 – espagnol : 4.

3 Certainement/assurément – étreindre/embrasser – insolence/impertinence – angoisse/peur – manœuvrer/actionner – peureux/craintif – contrôler/surveiller – clair/limpide.

4 **1.** L'amour rend aveugle. – **2.** Tu tombes bien, j'ai quelque chose à te demander. – **3.** Cette bonne odeur aiguise mon appétit. – **4.** Paul dévore des livres durant toutes ses vacances.

5

	synonyme	antonyme
habile	adroit	gauche, maladroit
paix	calme, tranquillité	guerre, conflit
pareil	semblable, identique	différent
mouiller	humidifier	sécher, essuyer
courage	témérité, bravoure	peur, lâcheté, couardise
violemment	brutalement	calmement, avec douceur

15 page 91

1

	Récit	Description	Dialogue	Je	Il
Sujet 1	✗		✗	✗	
Sujet 2	✗	✗		✗	
Sujet 3	✗		✗		✗

2 **1.** Vous êtes un billet de banque. Racontez quelques épisodes de votre vie. – **2.** C'est la rentrée. Imaginez le dialogue de deux élèves de 6e.

3 Vous faites un voyage en bateau, la tempête fait rage. Faites le récit de cette aventure et décrivez la violence de la tempête.

16 page 93

1 Simultanéité de deux actions : 1, 5, 7. – Antériorité d'une action par rapport à l'autre : 2, 3, 4, 6.

2 **1.** soudain elle s'aperçut qu'elle avait été cambriolée. – **2.** brusquement les lions se mirent à rugir et s'échappèrent de la scène. – **3.** tout à coup il ressentit une forte crampe dans la jambe.

3 L'homme marchait tranquillement dans la rue en lisant son journal lorsque les lacets de ses chaussures se défirent brusquement. Il trébucha et entra en collision avec un passant.

4 **1.** Il lit tout en mangeant. Pendant qu'il lit, il mange. – **2.** Il mange, puis il lit. Quand il a fini de manger, il lit.

17 page 95

1 **Verbes à l'imparfait :** s'ennuyait (durée) – rendait (répétition) – trouvait (répétition) – éclairaient (description) – permettait (condition) – tombait (durée) – tendait (durée).

2 **1.** Les nuages **assombrissaient** le ciel, soudain un rayon de soleil **déchira** la masse nuageuse. – **2.** À chacune de ses visites, il **apportait** … car grand-mère **adorait** ces fleurs. Ce jour-là, il **arriva** les mains vides. – **3.** Il s'**apprêtait** à… quand le téléphone **sonna**.

3 Il **était** sept heures, par un soir très chaud, ... Père Loup **s'éveilla**..., **se gratta**, **bâilla** et **détendit** ses pattes... qui **raidissait**... Mère Louve **était** étendue... qui **se culbutaient** en riant, et la lune **luisait**... où ils **vivaient** tous.

4 Les voyageurs **montèrent** dans l'autobus. On **était** serré. Un jeune monsieur **portait** sur sa tête un chapeau qui **était** entouré d'une tresse [...] Il **avait** un long cou. Il se **plaignit** auprès de son voisin des heurts que ce dernier lui **infligeait**. Dès qu'il **aperçut** une place libre, il se **précipita** vers elle et s'y **assit**. Je l'**aperçus** plus tard, devant la gare Saint Lazare [...] et un camarade qui se **trouvait** là lui **fit** cette remarque : il **fallait** mettre un bouton supplémentaire [à son pardessus].

18 page 97

1 Cet homme était un bandit [...].
Il s'approcha de Fortunato et lui dit :
« Tu es le fils de Mateo Falcone ?
– Oui.
– Moi, je suis Gianetto Sanpiero. Je suis poursuivi par les collets jaunes. Cache-moi car je ne puis aller plus loin.
– Et que dira mon père si je te cache sans sa permission ?
– Il dira que tu as bien fait.
– Qui sait ?
– Cache-moi vite ; ils viennent.
– Attends que mon père soit revenu.
– Que j'attende ? Malédiction ! Ils seront là dans cinq minutes. Allez cache-moi ou je te tue. »
Fortunato lui répondit avec le plus grand sang froid :
« Ton fusil est déchargé et il n'y a plus de cartouche dans ta carchera.
– J'ai mon stylet.
– Mais courras-tu plus vite que moi ? »
Il fit un saut et se mit hors d'atteinte.

2 Il arriva épuisé mais radieux :
« Maman, je suis embauché, je pars dans trois semaines en Corée ! »
La mère le regarda d'un air songeur. Elle était heureuse que son fils ait la possibilité de mener sa vie comme il l'entendait mais son cœur se déchirait à l'idée de perdre son seul fils.
« En Corée, murmura-t-elle.
– Oui, il riait comme un enfant, je n'y crois pas encore, j'ai l'impression de rêver.
– La Corée, c'est loin. »
La joie disparut du visage du jeune homme.
« Oui mère, je sais, c'est très loin. Nous nous manquerons. »

3 C'est toi Julie ? – Ah ! Comment vas-tu ? – Je m'ennuie un peu. – Quoi donc ? – Avec plaisir ! On pourrait proposer à Lucas. – D'accord. On y va avec ta voiture ? – Alors je viens en bus et passe te prendre.

4 Je l'attendais avec inquiétude. Il m'avait promis d'être là dès le coucher du soleil. Or la nuit était tombée depuis longtemps. Je tendais l'oreille à chaque bruit de moteur.
– Te voilà enfin ! m'écriais-je en courant vers lui.
– Je suis tombé en panne.
– Tu aurais dû m'appeler pour me prévenir, protestai-je. J'étais folle d'inquiétude.
Il se laissa tomber dans un fauteuil. Il me regarda d'un air las : « J'ai voulu t'appeler mais la batterie de mon téléphone était déchargée. »
Je me décidai à lui sourire et lui proposai de passer à table.

5 « Veux-tu retourner là-bas ?, lui demandai-je.
– Mais je ne peux pas nager jusque là-bas, répondit-il en souriant.
– Je te fabriquerai un canot, promis, lui dis-je.
– C'est génial ! s'exclama-t-il enchanté, je suis d'accord mais il faut que tu viennes aussi. Tu verras, mes frères ne te mangeront pas, au contraire, quand je leur aurais raconté que tu m'as sauvé la vie et que tu as tué mes ennemis, ils feront grand cas de toi. »

19 page 99

1 **1.** Robinson répondit que c'était Tenn, **leur** bon chien qu'**il** avait reconnu aussitôt avec **son** poil fauve, **son** aboiement, **sa** fidélité, **ses** crocs aigus et **ses** yeux noisette.
2. Robinson s'écria que c'était bien la première fois depuis **son** arrivée qu'**il** était gêné par des bruits de voix.

2 Je lui dis de n'avoir aucun doute, que j'**étais** réellement un homme, que je n'**avais** avec moi qu'un esclave mais que nous **disposions** d'armes.

3 **1.** Elle se demandait où elle **avait mis** le beurre. **2.** Nous apprîmes qu'il **était** arrivé depuis trois jours. **3.** Elle leur demanda pourquoi **ils étaient** en retard. **4.** Ils lui demandèrent si leur voiture **était** réparée.

4 « Pierre dit à Sophie qu'il te détestait, qu'il te trouvait prétentieuse. Il prétendit que tu prenais toujours ton petit air supérieur pour lui parler et qu'il ne le supportait pas. Il ajouta que tu l'avais invité à ton anniversaire, mais qu'il ne viendrait pas et qu'il te dirait le lendemain qu'il refusait d'être l'ami d'une crâneuse comme toi.
Sophie lui répondit qu'il n'avait pas tort, mais qu'elle ne te connaissait pas encore assez bien pour savoir si elle acceptait ou si elle refusait d'être ton amie et qu'elle irait à ton anniversaire. Elle dit aussi que, de toutes façons, elle aimait les fêtes et qu'aller chez toi lui permettrait de mieux savoir qui tu étais. »

20 page 101

1 KNOCK – LE TAMBOUR

KNOCK. – De quoi souffrez-vous ?
LE TAMBOUR. – Attendez que je réfléchisse. Il rit. Voilà. Quand j'ai dîné, il y a des fois que je sens une démangeaison ici. Il montre le haut de son épigastre. Ça me chatouille. Ou plutôt ça me gratouille.
KNOCK, d'un air de profonde concentration. – Attention ne confondons pas. Est-ce que ça vous chatouille ou est-ce que ça vous gratouille ?
LE TAMBOUR. – Ça me gratouille. Il médite. Mais ça me chatouille bien un peu aussi.

3 **1.** Panisse vient demander à Honorine la main de sa fille Fanny, mais la mère croit que la demande en mariage est adressée à elle-même !
2. Le *vous* de la première réplique désigne, dans l'esprit de Panisse, Fanny et sa mère. Honorine, quant à elle, croit que Panisse ne s'adresse qu'à elle puisque les deux personnages se vouvoient.
3. « HONORINE. – Oui… dimanche… Justement Fanny doit aller passer la journée à Aix, chez ma sœur, et elle ne reviendra que le soir… Je n'aurai même pas besoin de lui dire où je suis allée.
PANISSE (*surpris*). – Elle ne viendra pas avec nous ? »

21 page 103

1 **1. Forme :** bombée – courbe – renflée…

2. Couleur : transparence : translucide – limpide – limpidité – claire… brillance : briller – scintiller – luire – luisante – étinceler…
3. Comparaisons selon la forme : une goutte d'eau est arrondie comme une larme, une perle, une graine… ; **selon la couleur :** une goutte d'eau brille comme un diamant, du verre, un ver luisant…

2 **1.** glisser, couler, courir, filer, dévaler, descendre – **2.** suspendre, osciller, se balancer, pendre – **3.** s'allonger, s'étirer, se tendre, parler – **4.** se détacher, tomber, s'échapper – **5.** éclater, s'écraser, s'éparpiller, se briser.

3 **En face** de la porte d'entrée est installé le lit **au pied** duquel se trouve une descente de lit. **Tout au fond**, **adossée** au mur **recouvert** de posters, la chaîne Hi-Fi, **devant** laquelle gisent **pêle-mêle** quelques disques, fait entendre une musique rythmée. **De part et d'autre** de la chaîne Hi-Fi, les fleurs rouges des géraniums égaient la chambre. **À droite**, les deux fenêtres laissent généreusement pénétrer la lumière. Et **faisant face** aux fenêtres, disposé légèrement **en biais**, trône un bureau **surmonté** d'une lampe.

22 page 105

1

Champ lexical de la grosseur	Champ lexical de la maigreur
replet – graisse – ventripotent – potelé – trapu – dodu – gros – bouffi – joufflu – obèse – ventru – boursouflé – bourrelet – corpulent – embonpoint	gracile – sec – malingre – rachitique – décharné – émacié – maigreur – squelettique – grêle – fluet – efflanqué – sveltesse – mince

2 **1.** d. – **2.** b. – **3.** e. – **4.** a. – **5.** c.

3 **1.** f. – **2.** h. – **3.** i. – **4.** d. – **5.** b. – **6.** c. – **7.** e. – **8.** a. – **9.** g.

4 **1.** gourmandise – **2.** politesse – **3.** orgueil – **4.** spontanéité – **5.** sincérité – **6.** hypocrisie – **7.** sérénité – **8.** pudeur – **9.** audace – **10.** générosité.

5 **1.** vengeance – **2.** vexation – **3.** pardon – **4.** amélioration – **5.** convoitise – **6.** envie – **7.** reproche – **8.** dissimulation.

23 page 107

1 **1.** une enluminure – **2.** historique – **3.** médiévale – **4.** un plan d'ensemble mettant en scène plusieurs personnages – **5.** l'esprit saint – **6.** descriptive.

2 **1.** Raconter : il s'agit d'une illustration d'une fable de La Fontaine (« Le Lion et le Rat »). – **2.** Faire réfléchir : par opposition à la violence de la guerre, une jeune femme seule tient une fleur devant la masse de soldats armés. – **3.** Vendre : l'image fait rêver (piscine, hôtel), on peut comprendre que la photo vend un voyage.

3 **1.** Contre-plongée, puisque le personnage présent lève les yeux et regarde « le plafond » depuis le bas – **2.** Zoom, puisqu'on passe d'un plan large sur « la petite vallée de Verrière » à un plan rétréci concernant l'entrée de la ville, puis la « grande rue » avant d'aboutir à un gros plan sur « un grand homme » – **3.** Plongée, car les éléments (« toits », « cheminées »…) sont vus de très haut : de la « plate-forme » sur laquelle débouche l'escalier en colimaçon du « clocher ».

24 page 109

1 **1.** Le/ Loup/ re/prit/ : « Que/ me/ fau/dra/-t-il/ faire ? »
2. – Pres/que/ rien/, dit/ le/ Chien,/ don/ner/ la/ chas/se aux/gens
3. Por/tants/ bâ/tons/, et/ men/di/ants ;
4. Flat/ter/ ceux/ du/ lo/gis,/ à/ son/ Maî/tre/ com/plaire :
5. Moy/en/nant/ quoi/ vo/tre/ sa/laire
6. Se/ra/ for/ce/ re/liefs/ de/ tou/tes/ les/ fa/çons. [= de nombreux restes variés]

Vers	Nombre de syllabes	Nom du vers
1	10	décasyllabe
2	12	alexandrin
3	8	octosyllabe
4	12	alexandrin
5	8	octosyllabe
6	12	alexandrin

2 Fin de chaque vers :
– Strophe 1 : blême, glaçons, thème, saisons.
– Strophe 2 : sûre, chevrotants, mesure, temps.
– Strophe 3 : perruque, tremblant, nuque, blanc.

3 baladins – jardins – grises – églises – devant – rêvant – résigne – signe – carrés – dorés – sages – passage.

4 alors – beaux – si – minuscules – enfin – très (car « inquiet » compte trois syllabes : in/qui/et).

4e

1 page 113

1 <u>Archéologue</u> : étudie scientifiquement les civilisations anciennes – <u>zoologue</u> : étudie les animaux – <u>géologue</u> : étudie la constitution de la Terre – <u>anglophobie</u> : attitude de celui qui déteste l'Angleterre (ou les Anglais) – <u>graphologie</u> : étude scientifique de l'écriture – <u>biographe</u> : écrit la vie d'une personne – <u>bibliophile</u> : aime les livres.

2 **Polynésien :** paréo, tabou – **italien :** baldaquin, gouache, savate, ballon, parapet, balustrade, alarme – **arabe ou persan :** aubergine, douane, talc, azur, coton, pastèque, taffetas, assassin, abricot – **aztèque :** cacao, chocolat, cacahuète – **grec :** scarabée, opium, sceptre, cratère, céramique, agonie.

3 Chronomètre – chronographe – chronobiologie ; parricide – infanticide – homicide (ou insecticide).

4 **historiographe** : écrivain chargé d'écrire l'histoire de son temps – **anglophile** : aime les Anglais (ou l'Angleterre) – **anthropologue** : étudie l'homme ou les sociétés humaines – **ludothèque** : lieu où sont entreposés des jeux mis à la disposition du public – **égyptologue** : un spécialiste de l'Égypte – **claustrophobie** : crainte de l'enfermement.

5 (Garden-party) la fête dans le jardin ; (toast) verre ; (barbecue) l'appareil de cuisson ; (living-room) le salon ; (barman) le serveur ; (drink) verre ; (goal) gardien de but ; (coach) entraîneur ; (parking) parc de stationnement ; (bus) le car ; (week-end) la fin de la semaine ; (match) partie.

6 Foi < *fides* (lien) → fidèle, fidéliser. Cordial < *cordialis* (qui a pour racine *cor* : cœur) → cœur, courage. Équestre < *equus* (cheval) → équidé, équitation. Cavalcade < *cavalcata* (mot italien qui vient lui-même du latin *caballum*, cheval) → cavaler, cavalier.

2 page 115

1 Més + entente : le fait de ne pas s'entendre – dis + qualification : le fait de ne plus être qualifié – in + logique : qui n'a pas de logique – mal + chance : une mauvaise chance, absence de chance – ir + responsable : qui ne se conduit pas en être responsable – ir + remédiable : qui est sans remède – dés + illusion : le fait de ne plus avoir d'illusion – in + espérée : que l'on n'espérait plus.

2 **1.** illisible – **2.** incompréhensible – **3.** compréhensive – **4.** méconnaissable – **5.** admirable – **6.** attentionné – **7.** attentif – **8.** admiratifs.

3 **1.** innombrable – **2.** inodore – **3.** irrespirable – **4.** illégal – **5.** innommable.

4 Morsure – reconnaissance – suggestion – surgissement – médisance – prédiction – méditation.

5 **1.** prévisions – **2.** désintéressement – **3.** vulgarisation – **4.** réglage.

6 Pédestre – mensuel – livresque – estival – manuel – scolaire – floral – dominical – chevaleresque.

3 page 117

1 Un *fantaisiste* : qui agit d'une manière originale – un élève *fantaisiste* : qui n'est pas sérieux – une *fantaisie* : un caprice – le *fanatisme* : l'intolérance – *fanatiquement* : en faisant preuve d'intolérance.

2 **1.** c et e – **2.** a et f – **3.** b et g – **4.** d, h et i.

3 **1.** qui agit de façon polie – **2.** devenir gros – **3.** autoriser – **4.** une autorisation – **5.** un bateau de pêche – **6.** qui se conduit comme un enfant – **7.** excentricité – **8.** hâtivement – **9.** obliger – **10.** découragé.

4 **1. aveugler** = sens figuré ; perte momentanée de la vue due à l'éclat du soleil. – **2.** image : les mots sont comparés à des **flèches** : ils blessent. – **3. troupeau** permet d'assimiler les élèves à des animaux ayant un comportement de groupe : c'est une image. – **4. traduire** : le babillage de l'enfant est comme une langue étrangère, incompréhensible pour la plupart.

5 **Clarté : 1.** précision **2.** qualité de ce qui est compréhensible – **éclaircir : 1.** expliquer **2.** rendre moins compliqué – **clairement : 1.** de manière compréhensible **2.** intelligiblement – **clair : 1.** facile à comprendre **2.** précis et compréhensible.

4 page 119

1 **1.** Donc – **2.** car – **3.** car – **4.** donc.

2 **1. a.** Le chien de la maison : *de la maison*, complément du nom *chien* – **b.** *De la maison*, CCL du verbe *a aperçu* et on peut le déplacer : *De la maison, il a aperçu le chat en train d'attaquer le chien.* – **2. a.** Certains enfants dormaient, mais pas tous. **b.** Tous les enfants dormaient. – **3. a.** Le père tombe *du haut de l'escalier* (CCL du verbe *tomber*). – **b.** *Elle* se tient en haut de l'escalier et, de là, voit son père tomber. *Du haut de l'escalier* est CCL et on peut le déplacer : *Du haut de l'escalier, elle a vu…* – **4. a.** *Sale* qualifie *gris*. Au féminin, on n'accorde pas : *elle porte une robe gris sale.* **b.** C'est le cache-nez qui est sale. Au féminin : *une robe grise, sale.*

3 **1.** – une chaise dont on avait coupé les pieds – **2.** – je crois bien qu'il avait mis dans sa poche un vieux pistolet – **3.** – d'être ministre de ceci ou de cela, directeur de ceci ou de cela –.

4 Remplacer un mot grossier : 2, 4. Énumération incomplète : 1, 6. Hésitation : 3, 7. Sous-entendu, appel à l'imagination : 5, 8.

5 cinq jours**.** d'énergie**,** d'esprit**,** maladresse **?** non**.** parlé**.** réprimer**.** à part **? …** chambre**…** stupide **!** redouté**…** nuit-là**.** plus**.** lit**.** couloir**.** épiait**…**

5 page 121

1 **1.** mêmes – **2.** même – **3.** même – **4.** mêmes ; même ; mêmes – **5.** même – **6.** mêmes – **7.** même – **8.** même ; même – **9.** mêmes, mêmes.

2 **1.** Quelles – **2.** Quel – **3.** quel – **4.** Quels – **5.** quelle – **6.** Quelles.

3 **1.** tous – **2.** tout – **3.** toute, toute – **4.** tous – **5.** toute – **6.** toutes – **7.** tout – **8.** tout – **9.** tout, toutes – **10.** Tous.

4 **1.** Quelle que – **2.** quelque – **3.** quelques – **4.** quelque – **5.** Quelles que – **6.** quelques – **7.** quelque – **8.** Quelques, quelque – **9.** quelle que – **10.** quelques.

5 **1.** quelque – **2.** toutes, mêmes – **3.** mêmes – **4.** même – **5.** quelques-uns, même – **6.** tout.

6 page 123

1 **1.** On n' ; On – **2.** On n' – **3.** On ; On n' – **4.** on – **5.** On n' ; on n' – **6.** On.

2 **1.** est, et, ai – **2.** es, es – **3.** est, ai, et, ai – **4.** est – **5.** est, et – **6.** et, et.

3 **1.** les, les, lait – **2.** l'est – **3.** l'ai – **4.** l'es – **5.** les, les – **6.** l'est – **7.** Les, laits, les.

4 **1.** l'as, là – **2.** là, la – **3.** La, l'a, la, la – **4.** Las, l'a, la – **5.** l'a, la, l'a, là – **6.** l'as – 7. la, la.

5 **1.** Quand, Quant – **2.** Qu'en – **3.** quand, quand, Quant – **4.** Qu'en, quand, qu'en.

6 **1.** ait, est, et – **2.** est, et – **3.** est, ai, ai – **4.** aies – **5.** es, ai, est, es – **6.** aie, est. – **7.** est, est, et – **8.** Aie – **9.** aient, aient, est.

7 page 125

1 **1.** Il garde – **2.** Elle jeta , affronter – **3.** Il a hérité, ne peut pas l'entretenir. – **4.** Il s'occupa – **5.** Cet enfant doute – **6.** Il ne parle plus à ses parents.

2 **1.** Il dîne, essaie, ne comprend pas, il lit, sa vue baisse, il distingue. – **2.** Comme minuit approchait, le carrosse redevint – **3.** Les jours passent, il s'ennuie, tourne. Il semble. il prend, le feuillette, le repose. Son esprit vagabonde.

3 **Transitifs directs :** dévorer, regarder, demander, renvoyer, lire, écouter, haïr. – **Transitifs indirects :** douter, téléphoner, obéir, nuire. – **Intransitifs :** venir, s'interroger, courir, voyager, dormir.

4 **1.** le jardin, le retour du beau temps. – **2.** de l'eau – **3.** à son amie malade. – **4.** sang et eau, son marathon. – **5.** rien ni personne, de lui. – **6.** à son frère des explications. – **7.** sa leçon, ses exercices. son camarade Paul. – **8.** une énorme brindille. – **9.** aux gens attablés, des renseignements – **10.** du temps.

5 **1. a.** Je descends les bouteilles à la cave. **b.** Je descends à la cave. – **2. a.** J'ai changé ma façon de voir les choses. **b.** Il a changé ! Je ne l'ai pas reconnu. – **3. a.** Il a joué la mauvaise carte. **b.** Il a joué au scrabble. **c.** Le bois a joué, la porte ne ferme plus. – **4. a.** La publicité abuse les consommateurs. **b.** Tu abuses de ma patience ! – **5. a.** Je pense que nous ne tarderons pas à le voir arriver. **b.** Je pense à lui. – **6. a.** Il a volé de l'argent dans le porte-monnaie de ma grand-mère. **b.** Les oiseaux volent gracieusement dans le ciel. – **7. a.** Il court très vite. **b.** Il n'est pas prudent de courir deux lièvres à la fois.

8 page 127

1 **1.** Il faisait – **2.** Il s'agit – **3.** Il paraît – **4.** Il neige ! Il faudrait – **5.** Il arrive – **6.** il reste.

2 **1.** réciproque – **2.** essentiellement pronominal – **3.** passif – **4.** réfléchi – **5.** réfléchi – **6.** réciproque.

3 **1.** Le même itinéraire est pris par le car chaque matin. – **2.** J'ai été réveillé par la sonnerie du téléphone. – **3.** Impossible : absence de COD. – **4.** Impossible : absence de COD. – **5.** Les mesures adoptées furent refusées par l'opinion publique. – **6.** Les deux précédents textes avaient été rejetés par le Sénat.

4 **1.** Tournure pronominale → voix active : On porte cette robe uniquement lors d'une soirée. – **2.** Tournure personnelle → tournure impersonnelle : Il s'abattit une pluie torrentielle. – **3.** Voix passive → voix active : On a retrouvé une petite chienne blanche devant l'église. – **4.** Voix active → voix passive : Une bonne méthode est recommandée aux élèves. – **5.** Tournure impersonnelle → tournure personnelle : Des obus pleuvaient.

5 **1.** évanouies ; réveillées – **2.** doutés – **3.** échappés – **4.** saluées – **5.** appréciés – **6.** menti – **7.** écorché.

9 page 129

2 **1.** *couches :* subj. ; *somnoles :* ind. – **2.** *lève :* subj. ; *gêne, déplace :* ind. – **3.** *tombe :* subj. ; *pose :* ind. – **4.** *voyagent :* ind. ; *souhaite :* subj. – **5.** *s'organise :* subj. – **6.** *penses :* ind. ; *trouve, répare :* subj.

3 **1.** coure – **2.** coure – **3.** court – **4.** cours – **5.** meure – **6.** meurs.

4 **1.** ai ; ai – **2.** es ; ait – **3.** aies ; es – **4.** est ; aient ; est – **5.** aie ; ai – **6.** ait.

5 **1.** échouassions – **2.** bût – **3.** mette – **4.** vinsses – **5.** coure – **6.** ayons – **7.** fassent – **8.** résolve – **9.** disions – **10.** soient – **11.** tienne.

6 **1.** Le verbe de la principale exprime un souhait. – **2.** valeur d'impératif – **3.** et **4.** Le verbe de la principale exprime un sentiment. – **5.** expression d'une prière.

10 page 131

1 **1.** *On **l'**appelle « la grosse pomme »*, donc *« la grosse pomme »* est attribut du COD *New York*. – **2.** *Les touristes **le** garderont* ; donc *merveilleux* est épithète du nom *souvenir*. – **3.** *L'organisateur **l'**a nommée*, donc *animatrice* est attribut du COD *Mlle Fleet*. – **4.** *L'organisateur **l'**a trouvée*, donc *nouvelle* est épithète du nom *animatrice*. – **5.** *Je **la** trouve trop grande*, donc *trop grande* est attribut du COD *la ville*. – **6.** *Il essaie de **l'**enfiler*, donc *trop petit* est épithète du nom *pantalon*.

2 **Attributs du sujet :** **1.** le meilleur joueur de l'équipe – **2.** logique – **3.** meilleur joueur de l'année – **4.** excellente – **5.** délégués de classe – **6.** caissier. **1.** On considère Pierre comme … – **2.** Les journaux ne jugent pas cette victoire logique. – **3.** On a élu Julien… – **4.** On a trouvé l'équipe excellente aujourd'hui. – **5.** Leurs camarades ont élu Magali et Farid… – **6.** Le directeur l'a laissé caissier malgré…

3 **1.** attribut du COD ou épithète (cet homme est jugé coupable ; cet homme coupable est jugé) – **2.** attribut du COD ou épithète (je le crois sincère ; je le crois) – **3.** attribut du COD ou épithète (le professeur l'estime travailleur ; le professeur l'estime) – **4.** attribut du COD ou épithète (il l'a trouvée raisonnable ; il a trouvé cette élève – qu'il cherchait) – **5.** COD ou attribut du COD *un nouveau* (un nouveau responsable a été nommé ; c'est un nouveau qui a été nommé responsable du club).

4 Ex. : On a élu le maire député (attribut du COD). – On a élu le maire – etc.

11 page 133

2 **1.** la victoire de ses amis ; son abandon de la compétition – **2.** la prochaine opération de la star et l'annulation de tous ses concerts – **3.** le sauvetage de l'équipage ; la disparition en mer de tous les membres – **4.** de l'absence de sa mère ; une promenade près du lac.

3 **1.** impossible. – **2.** J'entends la porte claquer. – **3.** Je sens l'automne arriver bientôt. – **4.** Je les ai entendus passer. – **5.** Elle estime avoir raison. – **6.** Impossible.
La transformation est impossible en 1 et en 6 car les trajets représentent 2 personnes différentes. En 5, le sujet est le même : la transformation est possible. En 2, 3 et 4, les sujets sont différents mais sont précédés de verbes de perception (*entendre*, *sentir*) : la transformation est donc possible.

4 **1.** qu'il ne vienne. – **2.** qu'il réussisse. – **3.** que le retour de vacances sera difficile. – **4.** que les voitures partent. – **5.** que les délégués soient nommés.

5 **1.** Je sens que l'hiver vient. – **2.** Je crains que je ne sois malade. – **3.** Impossible. – **4.** J'estime que je me suis trompé. – **5.** Il croit qu'il deviendra champion du monde. – **6.** Nous entendons que le train arrive en gare.

12 page 135

1 **1.** 1 + 2 (action de la sub. antérieure à celle de la principale). – **2.** 1 + 1 (actions simultanées). – **3.** 2 + 1 (action de la sub. postérieure). – **4.** 1 + 1 (actions simultanées). – **5.** 1 + 2 (action de la sub. antérieure).

2 **1.** viennes – **2.** a fini – **3.** auras – **4.** se mettaient – **5.** soit – **6.** s'acheva.

3 **1.** Je vous expliquerai le barème avant que vous ne fassiez votre devoir. – **2.** Vous sortirez après que je vous aurai donné le paquet. – **3.** Tu prendras ton bain pendant que je repasserai ton chemisier.

4 B + C + A + D + F + E + G + H + I/J + K/L + N + M + P + O.

5 **1.** Le chat s'enfuit après que le chien a aboyé. – **2.** Je vais au cinéma pendant que tu travailles. – **3.** Elle sera de retour avant qu'il ne soit endormi. – **4.** Le dîner commença dès que la cloche eut sonné. – **5.** Il restait dehors jusqu'à ce que sa mère l'appelât.

13 page 137

1 **1.** … si bien que son ami est obligé de porter ses bagages. – **2.** … parce qu'il a trop neigé cette nuit. – **3.** … de telle sorte qu'il faut allumer les bougies. – **4.** … puisqu'il souhaite la victoire de son équipe. – **5.** Il est triste au point que rien ne peut le dérider.

2 **1.** parce que les élèves sont turbulents. – **2.** Pierre a décidé de ne pas travailler, si bien qu'il ne réussit pas son devoir. – **3.** Les souris dansent parce que le chat s'enfuit. – **4.** Parce qu'il mange trop – **5.** L'élève se met à pleurer si bien que.

3 Cause : **1.**, **2.** – Conséquence : **4.** – But : **5.**, **6.**, **8.** – Comparaison : **3.**, **7.**

4 **1.** Florence m'a retenu longtemps pour que je rate mon train. – **2.** Tu marches vite pour que je ne puisse te suivre. – **3.** Elle prit la voie rapide pour que nous ne fussions pas en retard. – **4.** Il communiqua le résultat d'une voix basse pour que je ne puisse le comprendre.

5 **1.** Tu étais trop jeune à cette époque pour qu'il se souvienne de toi (conséquence). – **2.** Il renonça à lui expliquer davantage cet exercice parce qu'il était trop énervé (cause). – **3.** Il venait d'arriver si bien qu'il ne comprit pas les raisons de son chagrin (conséquence). – **4.** Il doit renouveler sa garde-robe parce qu'il a grandi (cause).

14 page 139

1 totalement – longtemps – beaucoup – soudain – soudainement - aussitôt – gracieusement.

2 constamment – sûrement – habilement – abondamment – harmonieusement – suffisamment – conformément – annuellement – imprudemment – essentiellement – instamment – hardiment – évidemment – vaillamment – anciennement – sévèrement – horizontalement – consciemment – solennellement.

3 bref – mou – amer – fréquent – vertical – heureux – docile – futile – méchant – habituel – apparent – actuel – fou.

4 **1.** complète le verbe « marchaient » – **2.** complète l'adjectif « doué » – **3.** complète l'adjectif « habillée » – **4.** complète l'adverbe « trop » – **5.** complète le verbe « avança » – **6.** complète le verbe « jouaient » – **7.** complète l'adverbe « facilement » – **8.** complète toute la phrase. – **9.** complète le verbe « écoutèrent » – **10.** complète l'adjectif « gentille » – **11.** complète l'adverbe « sagement » – **12.** complète toute la phrase ; complète le verbe « ont saccagé ».

5 *Entourer :* **1.** cher – **2.** chère – **3.** fort – **4.** forts – **5.** soudains – **6.** soudain – **7.** idiot – **8.** haut et fort – **9.** clairs – **10.** clair – **11.** soudain.

15 page 141

1 **1.** dramaturge – **2.** mémorialiste – **3.** diariste – **4.** romancier – **5.** nouvelliste – **6.** fabuliste.

2 **Texte 1** : pathétique – **Texte 2** : tragique – **Texte 3** : lyrique – **Texte 4** : épique – **Texte 5** : comique – **Texte 6 :** pathétique.

16 page 143

1 **1.** Tu es ; on ne parle que de ton départ. [...] On ne peut comprendre que tu puisses quitter tes femmes, tes parents, tes amis, ta... ; elle te demande son fils, que tu lui as, dit-elle, enlevé. Pour moi, mon cher Usbek, je me sens ; que tu fais. – **2.** et **3.** En bleu, les marques renvoient au locuteur : Rustan. En rouge, elles renvoient au destinataire : Usbek. – **4.** Le locuteur est à Ispahan. – **5.** Le destinataire est à Erzeron.

2 Énoncés ancrés dans l'énonciation : **2.**, **3.**, **4.**, **5.**, **6.** – Énoncés coupés de l'énonciation : **1.**

3 **2.** indice d'énonciation – **3.** indice d'énonciation, indice d'énonciation, renvoie à un élément de l'énoncé (ces petites filles et ces petits garçons) – **4.** indice d'énonciation – **5.** renvoie à un élément de l'énoncé (Inès et Caroline) – **6.** indice d'énonciation / indice d'énonciation / renvoie à un élément de l'énoncé (ces hurlements et ces bruits).

4 **Indices concernant la présence du locuteur** : **3.** Regarde ; **4.** Nous, nous ; **6.** Je – **Les intentions du locuteur** : **2.** – **La présence du destinataire** : **3.** Regarde ; **6.** tu – **Le lieu** : **3.** dans le jardin – **Le moment** : **4.** cette année ; **6.** Depuis deux bonnes heures.

17 page 145

1 **1.** Retz / Fallet / Kafka – **2.** Retz / la mer / une simple voix – **3.** texte 1.

3 **Englober le lecteur** : « ... nos passions dans nos veines endormies ». – **Exprimer son sentiment** : « Hélas ! ». – **Expliquer** : « Je veux parler de... ». – **Exprimer une vérité d'ordre général** : « qu'on rencontre... » ; « que toute jeune fille... » ; « cette beauté... monde ».

18 page 147

1 **1.** D'Alembert, au nom des auteurs de l'***Encyclopédie***. – **2.** Texte extrait de l'***Encyclopédie***, du discours préliminaire, sorte d'introduction qui précède l'œuvre elle-même (ce que suggère le verbe *commencer*). – **3.** Le sujet du texte est la présentation de l'ouvrage. Il s'agit de donner des renseignements sur son organisation et son contenu.

2 **1.** La vie théâtrale. – **2.** XVIIIe siècle. – **3.** La Comédie-Française (dans différents lieux), le théâtre des Italiens (Hôtel de Bourgogne), l'Opéra, les théâtres de foire. – **4.** Comédie-Française : tragédies et comédies en vers. Opéra : chant et danse. Théâtre des Italiens : pièces plus fantaisistes. – **5.** le pouvoir et l'Église – **6.** Il n'y a plus de spectateurs sur scène : les banquettes y sont supprimées en 1759 ; installation de sièges au parterre, là où les spectateurs devaient rester debout.

4 **1.** Diderot – **2.** parce que certains articles remettent en cause le pouvoir absolu du roi et les croyances de l'Église. – **3.** Les sacrements du mariage, l'enterrement religieux et l'enterrement dans la terre du cimetière. – **4.** L'Église assimile le jeu au mensonge et à la séduction. – **5.** À la prostitution. – **6.** Balcon, baignoire, poulailler, corbeille.

19 page 149

1 **Texte 1 :** les images télévisées violentes ne conviennent pas aux enfants. – **Texte 2 :** l'amitié est source de bienfaits. – **Texte 3 :** l'informatique est une innovation technique utile à l'homme.

2 **1.** La souris parle, puis le chat. – **2.** Elle est peu nuisible pour le logis et trop maigre pour être mangée. – **3.** Peu efficaces : le chat reste insensible et la tue.

3 **1.** « La guerre est un fruit de la dépravation des hommes » (l. 1). – **2.** Prospérité, ordre et bonheur ; la paix est donc plus utile aux hommes que la guerre. – **3.** La guerre apporte ruine et désordre.

20 page 151

1 midi précise, la veille, Depuis le matin, bientôt, Quelques minutes avant midi, peu à peu, Midi, pendant que, en même temps.

2 **1.** Réponse **c.** Le 1er paragraphe narre des événements antérieurs à l'événement : « la veille » et le plus-que-parfait « avait été chargé » prouve que cette étape est déjà achevée ; « depuis le matin » et l'imparfait « vomissaient » résument les heures qui précèdent. – **2.** *Soudain* : si on veut insister sur la brutalité du son. *Alors*, *à ce moment*, *en même temps*... : si on veut reprendre l'idée donnée en ouverture (« La fonte devait avoir lieu à midi précise »). – **3.** « pendant que » et « en même temps » – **4.** Trois événements : le tremblement du sol, la montée des tourbillons de fumée, la destruction du moule.

3 *Souligner :* Au-dessus de nos têtes, sous nos pieds, À quelques mètres de nous, puis, dans la longueur de la salle, au milieu de sa largeur, Autour des quatre premiers, autour des trois derniers.

4 **1.** Ariane ment souvent, aussi plus personne n'a confiance en elle. – **2.** Il aime voyager, j'adore aussi... – **3.** Il adore méditer..., il aime aussi s'amuser... – **4.** Paul est malade, aussi il doit... – **5.** Il tient à guérir..., aussi il suit... – **6.** Il espère passer en seconde générale, aussi il apprend... et il fait aussi toujours les... – **7.** Agathe adore Pauline, elle apprécie aussi énormément Viviane, aussi elle veille...

5 En effet, alors que, De plus, parce que, tandis que.

21 page 153

1 Quand l'autobus est arrivé, j'ai monté dedans. À ce moment, j'ai vu un citoyen qui m'a saisi l'œil : j'ai vu son long cou et j'ai vu la tresse autour de son chapeau. Peu de temps après / Ensuite, il s'est mis à pester contre son voisin qui lui marchait sur les pieds. Puis il est allé s'asseoir. [Après avoir pesté contre ... il est allé s'asseoir.] Plus tard, je l'ai revu cours de Rome. Il était, à ce moment-là, avec un copain qui lui disait : tu devrais faire mettre un autre bouton à ton pardessus.

2 Le texte 2.

22 page 155

1 **Texte 1** : externe – **Texte 2** : interne (on suit le regard de Gervaise, on ne voit que ce qu'elle voit) – **Texte 3** : omniscient.

2 **1.** point de vue interne (« nous ») – **2.** point de vue interne (« le nouveau ») – **3.** narrateur (je = « le nouveau ») – **4.** Il voit les réactions de ses nouveaux camarades ; il connaît ses propres sentiments ; il ne voit pas que les élèves ont des habitudes ; il ne sait pas que le professeur est un homme d'esprit – **5.** gêné, maladroit, timide ; la surprise, l'étonnement, le désarroi.

3 La phrase **1.** car le nouveau ne connaît pas les habitudes – **3.** Ce sont les autres qui le considèrent comme un pauvre garçon – **4.** Lui, le nouveau, sait pourquoi il a agi ainsi – **5.** Le récit doit être écrit à la 1re personne.

23 page 157

1 **1.** Devant son jardin ou dans un verger puisqu'il « enjamba la cloison ». – **2.** Non, car la suite se situera à l'intérieur de la pêche et non dans le jardin. – **3.** b – **4.** Passé simple (+ imparfait pour les descriptions) – **5.** a, b, d et e – **6.** a.

2 **Narrateur** : je – **Point de vue** : interne – **Registre du texte** : épique – **Niveau de langue** : soutenu – **Temps grammatical** : passé simple et imparfait dans le récit – **Lieu** : l'Afrique – **Personnages** : Patricia, une fillette, et le narrateur – **Sentiments** : curiosité et peur devant l'étrange.

3 Seule la réponse **3.** convient. **1.** La présence du chat ne convient pas à l'Afrique. **2.** Niveau de langue familier. **4.** Récit à la 3e personne alors qu'il faut la 1re.

24 page 159

1 **Colère** : emportement – exaspération – rage – courroux – fureur – rogne – irritation. **Haine** : détestation – hostilité – antipathie – aversion – répulsion – abomination. **Déception** : désappointement – désenchantement – déconvenue – déboire.

2 **1.** hostilité ; rupture. **2.** émerveillement ; spectateur d'un spectacle. **3.** déception ; découverte de la maison (de vacances, reçue en héritage…). **4.** entrain, enthousiasme ; départ.

3 A. 4 – B. 3 – C. 2 – D. 5 – E. 1.

4 **1.** La seule vue des épinards suscite en moi un profond dégoût. Pouah ! des épinards ! – **2.** Zinedine Zidane est pour moi le plus grand joueur de football de ces dernières années. Quel merveilleux athlète que Zinedine Zidane ! – **3.** C'est pour moi une grande satisfaction que d'avoir eu la meilleure note. Quelle joie ! J'ai eu la meilleure note ! – **4.** La vue de cette araignée monstrueuse m'a plongé dans une frayeur sans nom. Horreur ! Un monstre velu !

5 **1.** arrogant – **2.** critiquer / dénigrer – **3.** désir / convoitise – **4.** vaniteux – **5.** méprisable – **6.** aimer excessivement – **7.** méprisant et brutal.

25 page 161

1 **1.** [L'école délivre des savoirs mais est aussi le lieu d'apprentissage de la vie en communauté.] = **idée directrice** – [En effet…, …l'obligent à vivre.] = **arguments et exemples** – [Ainsi, l'école permet … il vivra.] = **bilan.** **2.** [La ville réunit un grand nombre d'habitants. Pourtant, c'est un espace de grande solitude.] = **idée directrice** – [L'anonymat de la foule … rencontrer réellement les gens.] = **arguments et exemples** – [On peut donc dire que la grande ville rend parfois l'individu presque invisible et peut manquer d'humanité.] = **bilan.**

2 **1.** Le sport permet à l'enfant de découvrir l'effort et la ténacité, de comprendre que rien ne s'obtient sans qu'on y mette les moyens de la réussite. – **2.** Les bienfaits de la lecture concernant la maîtrise de la langue sont nombreux.

3 **1. Argument 1 :** Internet sollicite les adolescents et occupe une grande partie de leur temps libre. **Argument 2 :** D'une manière générale, les progrès technologiques offrent aujourd'hui un nombre de loisirs beaucoup plus importants que par le passé : chaînes de télévision qui émettent 24 h sur 24, téléphone portable, jeux vidéo… Auparavant, la lecture était le lieu presque unique où l'on pouvait se réfugier. – **2. Argument 1 :** La télévision suppose une certaine passivité, il arrive même qu'elle ne soit qu'un bruit de fond lors d'un repas. C'est donc souvent par facilité que les gens l'allument et non forcément dans le but de s'instruire ou de réfléchir. **Argument 2 :** Les programmes sont souvent tournés vers la distraction : jeux, séries, émissions de télé-réalité… **3. Argument 1 :** il doit participer en acceptant les règles du jeu et les décisions de l'arbitre. **Argument 2** : il doit savoir passer la balle à un coéquipier mieux placé que lui pour marquer.

Argument 3 : il doit apprendre à s'entendre avec tous les membres de son équipe.

26 page 163

1 arguments : **1**, **2** et **6** – exemples : **3**, **4** et **5** – **1-5** ; **2-3** ; **6-4**.

2 **1.** Exemple 3. – **2.** exemples 1 et 2.

3 Ex. : **1.** : de nombreuses crevasses, recouvertes par la neige en hiver, sont invisibles.

3e

1 page 167

1 **1.** passé composé passif. **2.** futur passif. **3.** futur antérieur actif. **4.** imparfait passif. **5.** passé simple passif. **6.** futur antérieur passif. **7.** passé composé actif. **8.** plus-que-parfait passif.

2 **1.** *Arrêter* : transitif direct – *passer pour* : attributif. **2.** *montrer* : double construction. **3.** *partir* : intransitif. **4.** *sursauter* : intransitif. **5.** *demander* : double construction – *pouvoir* : transitif direct. **6.** *écrire* : double construction. **7.** *s'adresser* : transitif indirect. **8.** *appeler* : transitif direct. **9.** *profiter* : transitif indirect – *faire* : double construction. **10.** *renvoyer* : transitif direct.

3 **1.** Le spectacle *fut* longuement *applaudi* par les spectateurs. **2.** La maison *avait été* entièrement *repeinte* par Jean. **3.** La nuit *fut illuminée* par un éclair blanc qui *fut aperçu* par Marc. **4.** Des arbres *avaient été arrachés* par la tempête, des tuiles *emportées*, le jardin *dévasté*. **5.** Papa viendra et je *serai soulevé* de terre par lui.

4 **1.** On *avait* déjà *cambriolé* quatre fois la bijouterie. **2.** Bien que ses amis l'*aient accueilli* chaleureusement… **3.** Le médecin lui *aura prescrit* ces médicaments. **4.** La petite troupe *dévora* rapidement le dîner. **5.** Ses élèves *aiment* cette institutrice.

5 **1.** Verbes impersonnels : a.-b.-d.-g. Constructions impersonnelles : c.-e.-f.-h. **2.** Trois élèves manquent ce matin – Sortir est impossible – Un grand malheur m'est arrivé – Se pencher par la fenêtre est dangereux.

2 page 169

1 **1.** Éveillé tous les matins par le roucoulement des pigeons.
tous les matins : CC de temps – par le roucoulement des pigeons : Complément d'agent

2. connaissant parfaitement la région – parlant le japonais.
parfaitement : CC de manière – la région : COD – le japonais : COD

3. nous indiquant la route à suivre.
nous : COS – la route à suivre : COD

4. se faufilant à toute vitesse entre les pierres.
à toute vitesse : CC de manière – entre les pierres : CC de lieu

5. appuyé à la balustrade de son balcon – longeant le canal.
à la balustrade de son balcon : Complément du participe passé – le canal : COD

6. distribuant du pain aux pigeons.
du pain : COD – aux pigeons : COS

2 **1.** Pierre, reçu premier… une fête … réunissant tous ses amis. **2.** une Italienne rencontrée… **3.** une comédienne sachant danser **4.** Le livre lu par Marc… **5.** une voiture zigzaguant… **6.** un cadavre ayant longtemps séjourné dans l'eau.

3 **Participes présents : 1.** frémissant. **2.** étouffant. **5.** dormant. **6.** gênant. **Adjectifs verbaux : 3.** souriant, frétillant. **4.** excellent. **6.** bruyant, agaçant.

4 **1.** remuant – poussant – perçants. **2.** regardant. **3.** accablants. **4.** riant – se bousculant – souriants. **5.** vacants. **6.** vaquant.

5 mouvant – mû ; bénissant – bénit ; absolvant – absout ; incluant – inclus ; résolvant – résolu ; acquérant – acquis ; échéant – échu ; joignant – joint.

6 suffocant – suffoquant – fatigant – fatiguant – négligent – négligeant – précédent – précédant.

3 page 171

1 **1.** Il a été construit trop rapidement. **2.** Elles ont été vendues… **3.** Elle est rapidement propagée. **4.** Elles seront portées longues… **5.** Il est mangé froid.

2 **1.** Il se prenait dans un verre d'eau. **2.** Elles s'observent… **3.** Il s'est terminé… **4.** Elle se vidait… **5.** Elles s'assemblent.

3 Il s'est jeté du 5e étage. – Ils se jetèrent des insultes. L'éléphant s'asperge d'eau. – Les enfants se sont aspergés de peinture. Il se tient droit. – Les amoureux se tiennent par la main. Elle se voit dans un miroir. – Ils se voient tous les matins au bureau. L'athlète se parle pour s'encourager. – Sophie et moi, nous nous parlons durant des heures au téléphone.

4 Essentiellement pronominaux : 1, 5, 6. Pronominaux à sens réfléchi : 10. À sens réciproque : 2, 3, 8. À sens passif : 4, 7, 9.

5 **1.** COI **2.** COD **3.** COI **4.** COS **5.** COD **6.** COD **7.** COS **8.** COD **9.** COI **10.** COS.

4 page 173

1 **1.** Il l'a entendu. **2.** Je l'ai empruntée. **3.** Ils les ont dérobés. **4.** Qui me l'a envoyée ? **5.** Paul la lui a tendue.

2 Photographiées – admiré – visités – vue ; brûlée – blessé – blessés – brûlées.

3 **1.** Il a été arraché par un orage. **2.** Elles seront racontées par grand-père. **3.** Les pas… sont effacés par la mer. **4.** Plusieurs kilos… avaient été saisis par la police.

4 **1.** *que* remplace *les chatons*, COD du verbe *regardés*. **2.** *les* remplace *les oiseaux*, COD du verbe *entendus*. **3.** *qu'* remplace *les peupliers*, COD de l'infinitif *abattre*. **4.** Le participe passé de *laisser* suivi d'un infinitif reste invariable : laissé. **5.** *qu'* remplace *les voleurs*, COD de l'infinitif *arrêter*. **6.** Le participe passé de *faire* suivi d'un infinitif reste invariable : fait. **7.** *que* remplace *les soldats*, COD du verbe *vus*.

5 **1.** Repassée – pliée – rangée. **2.** aperçue – chargée – contenté. **3.** montré – ratées. **4.** enivrée – roulé. **5.** adressées – agressées. **6.** demandé – attendus – arrivés – excusés. **7.** prêtés – lus. **8.** loué. **9.** succédés (sens réfléchi). **10.** brossé – douchée – couchée.

5 page 175

1 **Intrus** : je crois/nous crions – nous plions / je suce – je laisse – je passe – je glisse – je hisse.

2 **1.** on puisse. **2.** on dise… on sache. **3.** tu aies. **4.** je sois. **5.** tu me croies. **6.** il faille. **7.** nous payions… tu ailles. **8.** tu souries.

3 **I.** aient **II.** ries **III.** organise **IV.** lises **V.** fassiez **VI.** libérassions **VII.** vive **VIII.** criions **IX.** tînt **X.** éprouvât **XI.** tusses **XII.** aie **XIII.** éprouvasse **XIV.** veuille. **a.** arrivions. **b.** aille. **c.** faille. **d.** rasât. **e.** veniez. **f.** nie. **g.** tirasse. **h.** vinsses. **i.** ait. **j.** susse.

6 page 177

1 ordre, défense : 5. souhait : 1. – 3. – 4. supposition : 2.

2 Phrases correctes : **1.** sois. **2.** est parti. **3.** sait/sache. **4.** dise.

3 **1.** vînt. **2.** disparût. **3.** eût échoué. **4.** me remarquât / m'eût remarqué.

4 **1.** subjonctif. **2.** subjonctif. **3.** subjonctif. **4.** indicatif. **5.** subjonctif. **6.** subjonctif. **7.** subjonctif. **8.** indicatif. **9.** subjonctif. **10.** indicatif. **11.** subjonctif.

5 **1.** tu vas. **2.** il me croie, il ne me croit pas. **3.** il coure. **4.** il sourie. **5.** il meurt, qu'il meure.

7 page 179

1 Je conquerrais – nous conquerrions – j'aurais conquis – nous aurions conquis ; je projetterais – nous projetterions – j'aurais projeté – nous aurions projeté ; j'essuierais – nous essuierions – j'aurais essuyé – nous aurions essuyé ; je plierais – nous plierions – j'aurais plié – nous aurions plié ; j'accourrais – nous accourrions – je serais accouru – nous serions accourus ; je nourrirais – nous nourririons – j'aurais nourri – nous aurions nourri ; je viendrais – nous viendrions – je serais venu – nous serions venus ; je mourrais – nous mourrions – je serais mort – nous serions morts ; je jouerais – nous jouerions – j'aurais joué – nous aurions joué ; je prévoirais – nous prévoirions – j'aurais prévu – nous aurions prévu ; je me noierais – nous nous noierions – je me serais noyé – nous nous serions noyés ; je pourrais – nous pourrions – j'aurais pu – nous aurions pu ; je lèverais – nous lèverions – j'aurais levé – nous aurions levé.

2 **1.** Elle m'annonça qu'elle serait… **2.** Il pensa que le soleil brillerait… aussitôt que la perturbation se serait éloignée. **3.** J'espérais que… aurait donné… l'empêcherait… **4.** Il commença… et n'atteindrait… qu'après que le convoi serait passé… **5.** Nous nous demandâmes si nous pourrions…

3 Je parcourais : active, indicatif, imparfait ; Il serait blessé : passive, conditionnel présent ; Nous aurions été battus ; passive, cond.passé 1re forme ; Ils eussent mangé : active, cond. passé 2e forme ; J'aurai voulu : active, indicatif, futur antérieur ; Nous logerions : active, cond. présent ; Il eut fini : active, indicatif, passé antérieur ; Tu serais tombé : passive, cond. présent.

4 **Imaginaire – rêve** : 1, 6. **Incertitude** : 4. **Atténuation** : 2, 3, 5.

5 Potentiel : 2. – 3. – 4. / Irréel du présent : 1. – 5. – 6.

6 Vous pouvez commencer ainsi : « Dans le monde que je voudrais voir exister un jour, les hommes mangeraient tous à leur faim … » Soyez attentif aux accords des sujets et des verbes. N'hésitez pas à imaginer des technologies nouvelles permettant de vaincre les fléaux actuels. Pensez à mêler progrès techniques et progrès moraux.

8 page 181

1 **Opposition** : 1, 2, 6. **Concession** : 3, 4, 5.

2 **1.** Louis est sage tandis que sa sœur est turbulente. **2.** Bien que Sophie mange avec appétit, elle reste maigre. **3.** Il se plaint de sa solitude alors qu'il ne sort jamais. **4.** Elle est joyeuse quand son époux est bougon. **5.** Quoiqu'il fasse chaud, il enfile un pull pour sortir. **6.** Si impatients de rentrer qu'ils soient, ils doivent attendre de longues heures qu'un métro se présente en raison de la grève.

3 **1.** Bien qu'il ait travaillé… **2.** … alors qu'il doit finir son exercice. **3.** Quand il aurait dû fuir… **4.** Quoiqu'il soit courageux… **5.** Quand bien même ils tremblent de froid… **6.** … si accablée qu'elle soit de chagrins.

4 **1.** À condition que tu travailles plus et que tu te montres plus sérieux… **2.** À supposer que tu t'adresses au syndicat d'initiative… **3.** … si son entourage n'avait pas été compréhensif et chaleureux. **4.** En admettant que nous prenions la route dès le lever du jour…

5 **1.** Si tu te dépêches… **2.** Si la dispute familiale s'était apaisée… **3.** Si la sonnerie n'eût pas retenti… **4.** Si tu te levais plus tôt… **5.** Si je me lève plus tôt…

6 **1.** … nous ne nous fussions pas perdus. **2.** … vous vous réconcilierez. **3.** … je n'aurai pas progressé… **4.** … les gens se montreraient plus aimables. **5.** … ils progresseront.

9 page 183

1 **Temporel** : 4, 5. **Causal** : 1, 3, 7. **Comparatif** : 2, 6.

2 **Temporel** : 1, 2, 4. **Opposition** : 3, 5.

3 **Temps** : 3. **Cause** : 7. **Conséquence** : 1. **But** : 2. **Comparaison** : 4, 6. **Opposition** : 8. **Condition** : 5.

4 **1.** … bien qu'il ait le vertige. **2.** … avant qu'il sache qui est coupable. **3.** Après qu'il a dormi... **4.** … pour qu'un entretien lui soit accordé. **5.** Étant donné qu'il pleut... **6.** … comme s'il était un enfant. **7.** Qu'il pleuve ou qu'il fasse beau... **8.** Dès que le soleil se lève…

10 page 185

1 **Adverbes** : 1, 2, 5, 6. **Béquilles du subjonctif** : 4, 7. **Conjonctions de subordination** : 3, 8.

2 **1.** qu'. **2.** que. **3.** que – que. **4.** que. **5.** que – qu'. **6.** que – que.

3 **1.** L'homme que j'observe marche péniblement. **2.** Choisissez un partenaire que vous appréciez. **3.** La souris que le chat a attrapée a réussi à se sauver. **4.** La tarte que tu as préparée et que nous avons dévorée était délicieuse.

4 **1.** que – que. 2. que – que. **3.** que – que. **4.** que – qu' – qu'.

5 **1.** Que l'air est pur ! **2.** Que l'air soit pur ici ne m'étonne pas. **3.** Que l'air soit purifié ! **4.** L'air que nous respirons est pollué. **5.** Comme l'air est pur et que nous faisons du sport, nous sommes en forme. **6.** L'air ne peut que nous faire du bien. **7.** L'air est bien plus pur ici qu'en ville.

6 **1.** conjonction de subordination – élément de négation restrictive – conjonction de reprise. **2.** béquille de subjonctif – pronom relatif – béquille de subjonctif. **3.** conjonction de subordination – pronom relatif – élément de négation restrictive – élément d'une comparaison. **4.** conjonction de subordination – pronom relatif – élément de négation restrictive – pronom interrogatif. **5.** adverbe – pronom relatif – pronom interrogatif.

11 page 187

1 **1.** Leur – leur – leurs – leur. **2.** leurs – leur – leurs. **3.** leur – leur. **4.** leur – leurs – leur – leur.

2 **1.** Quelle – qu'elle. **2.** Qu'elles – qu'elles – quelles. **3.** quel – quelle. **4.** Quel – Quel – Quels. **5.** qu'elles – qu'elles – quelles.

3 **1.** sures – sur – sûr – surs – sûre. **2.** dû – due – dû – du – dus – dut – dû – due – du. **3.** crû – cru – crues – cru – crû – crue – crus – cru – crut. **4.** murs – mûres – mûres – mûrs – mur – mûres – mur – mûres – mûrs.

4 **1.** quelque. **2.** Quelque – quelques. **3.** Quel que. **4.** Quelques – quelques. **5.** quelles que – quelques. **6.** quelque. **7.** Quels que. **8.** Quelque. **9.** quelques – quel que.

12 page 189

1 **1.** lyrique ; **2.** pathétique ; **3.** fantastique ; **4.** pathétique ; **5.** comique ; **6.** épique ; **7.** Lyrique.

2 **1.** épopée. **2.** fabuliste – fabulateur – affabule. **3.** épistolier – épistolaire. **4.** lyre. **5.** romancier – romanesque. **6.** pitoyable – apitoie.

3 Vous adapterez la gravité de la chute au registre (dans le registre comique la chute est sans conséquences graves, tandis que dans le registre pathétique on peut imaginer une fin moins heureuse).

13 page 191

1 **1.** Nous verrons quelles sont les caractéristiques d'une tragédie. **2.** On peut se demander si ce texte propose une vision séduisante du bonheur. **3.** Il sera judicieux de se demander quels arguments Voltaire propose pour condamner la guerre. **4.** Nous verrons comment cette pièce de théâtre parvient à émouvoir le spectateur. **5.** Nous pourrons nous demander si ce texte est un réquisitoire ou un plaidoyer. **6.** Il faut se demander à quel genre ce texte appartient.

2 **1.** Si elle avait eu deux sous, elle serait entrée boire la goutte. Peut-être qu'une goutte lui aurait coupé la faim. Ah ! Elle en avait bu des gouttes ! Ça lui semblait bien bon tout de même. **2.** Pour identifier les limites du discours indirect libre : le verbe « songeait » précède le DIL et joue quasiment le rôle de verbe introducteur de discours. La formule qui termine le passage (« Et, de loin, elle regardait ») permet de comprendre qu'on sort de ses pensées pour reprendre un point de vue extérieur. Dans les pensées retranscrites au DIL on note des marques d'oralité : « la goutte » (terme familier pour désigner l'alcool), « Ah ! » (interjection), une ponctuation expressive (2 points d'exclamation).

3 **1. Discours indirect libre** : Quel plaisir a-t-il eu depuis qu'il est au monde. **Discours direct** : « Quel plaisir ai-je eu depuis que je suis au monde ? ». **Discours indirect** : Il se demande quel plaisir il a eu depuis qu'il est au monde. **2. Discours indirect libre** : C'était vrai, cela ; elles devraient avoir un chien, quand ce ne serait que pour donner l'éveil. Pas un gros chien, Seigneur! Que feraient-elles d'un gros chien ! Il les ruinerait en nourriture. **Discours direct** : « C'est vrai, cela ; nous devrions avoir un chien, quand ce ne serait que pour donner l'éveil. Pas un gros chien, Seigneur ! Que ferions-nous d'un gros chien ! Il nous ruinerait en nourriture. ». **Discours indirect** : Elles affirmèrent que c'était une bonne idée d'avoir un chien, ne serait-ce que pour donner l'éveil mais qu'elles ne voulaient pas d'un gros chien parce qu'elles ne sauraient qu'en faire et qu'il les ruinerait en nourriture. **3. Discours indirect libre** : Ils allaient en terre étrangère / Chercher quelque secours contre le peuple chat ; / Ratopolis était bloquée : / On les avait contraints de partir sans argent. **Discours direct** : « Nous allons en terre étrangère chercher quelque secours contre le peuple chat ; Ratopolis est bloquée : on nous a contraints de partir sans argent. » **Discours indirect** : Ils dirent qu'ils allaient en terre étrangère chercher quelque secours contre le peuple chat, que Ratopolis était bloquée et qu'on les avait contraints de partir sans argent.

4 **Discours direct** : « C'est ma faute, c'est ma faute ! » **Discours narrativisé** : il entendit madame Bufferand qui parlait dans la salle à manger. Il n'entendait pas très bien parce que les dames ne parlaient pas tout haut, elles chuchotaient. Madame Bufferand parlait de la gare. Et puis on parla de lui, le petit garçon. Madame Bufferand répondit des mots, mais quelque chose mouillait son chuchotement. **Discours indirect libre** : Oui, disait-elle, oui, lui aussi : il cherchait à apercevoir sa femme dans un compartiment, ils l'ont reconnu. Grands dieux, dit l'autre dame, il n'avait donc pas pu s'empêcher... Non, dit madame Bufferand, il n'a pas pu, qui donc aurait pu ? Heureusement, disait la dame, heureusement que madame Bufferand était là.

14 page 193

1 **1.** « Madame » (2 fois) et « vous » renvoient au destinataire. **2.** « oui » « c'est un malheur dont il faut me plaindre et non un crime à me reprocher » ; la phrase entre guillemets est une citation de la lettre de madame Francueil ; « pardonnez-moi ».

3. Rousseau se justifie d'avoir abandonné ses enfants : il évoque ses « maux », sa « misère », le « malheur » ; prend « la nature » comme excuse et voit les avantage de cet abandon : « ils en deviennent plus robustes ». **4.** Il espère éveiller la compassion.

2 **1.** Implicite : la demande non formulée que le destinataire aille le vider. Mais si un tour de corvée a été établi, il peut être un reproche à celui qui ne l'a pas vidée ; ou encore une critique concernant celui qui aurait dû la vider. **2.** Impatience et agacement du locuteur qui attend le destinataire, lequel se fait attendre. Ou critique d'une activité jugée inutile. **3.** Le destinataire est rarement élégant, ou le locuteur le taquine quant à quelque projet de séduction. **4.** Litote destinée à faire comprendre que celui dont on parle boit trop. **5.** Demande implicite : éteint le radiateur ou ouvre la fenêtre.

3 **1.** Le destinataire est une femme (adjectifs au féminin), jeune (« Quand vous serez bien vieille ») et « belle ». Elle a repoussé les avances de Ronsard (« fier dédain »). **2.** Le poète courtise la jeune femme (il évoque son « amour », les « vers » dans lesquels il « célèbre » sa beauté). **3.** Il est vexé, humilié et soucieux de se venger en soulignant la brièveté de sa beauté et en la peignant « vieille » (2 occurrences) dans une position peu élégante (On passe de « assise » à « accroupie ») ; il se console en évoquant les regrets certains qu'elle éprouvera (« Regrettant mon amour »). **4.** Impératifs : « vivez, n'attendez [pas] », « cueillez ». Il espère faire fléchir la cruelle et obtenir ses faveurs.

15 page 195

1 **Situation** : retrouvailles après une abscence du père. **Personnages** : Père : espagnol, milieu social modeste, généreux, fantaisiste, affectueux. Mère : discrète, silencieuse. Enfants : le narrateur admire, aime son père. **Décor** : lieu : station d'autobus. « mystérieux colis ficelé dans un papier rouge ». **Époque** : actuelle. **Pers. gram.** : *je* : fils (ou fille). **Temps** : passé simple et imparfait. **Ton** : admiratif, plein de tendresse et de gaieté. **Registre de langue** : correct + familier dans les dialogues. **Procédés d'écriture** : récit + dialogue.

2 Vous serez attentif à bien réutiliser tous les éléments mis en valeur dans le tableau de l'exercice 1. Vous pouvez ici sortir du cadre spatial et suivre la famille jusque chez elle afin de mettre en scène l'ouverture du paquet mystérieux. Il ne faudra pas oublier de reprendre « amigos » dans les paroles que vous attribuerez au père.

3 Les éléments soulignés sont : mains tremblantes – écrivain – lettre – souvenir – enfant du voisinage – jeune fille – femme rencontrée dans un établissement de nuit – tendres souvenirs – vase bleu – vide pour la première fois le jour de son anniversaire – frayeur – quelqu'un venait de mourir – immortel amour – amante invisible.

16 page 197

1 **1.** Point de vue externe : la narration ne mentionne que ce qui est visible (éléments et personnages en présence, couleur, gestes). **2.** Focalisation interne du point de vue du père : la narration évoque ses sentiments (« attendri »), ses sensations (« qui se glissait dans la sienne »), ses pensées (le temps depuis la dernière promenade au discours indirect libre : « Voilà ... promenade »), son souci de discrétion.

2 **1.** Il était accroupi sur son lit et j'étais assis sur une chaise devant la table. Je lui faisais face les deux mains sur les genoux. J'avais gardé mon vieux feutre et je bavardais. Il m'a interrogé sur mon chien alors j'ai raconté, j'adore parler de mon chien, et je lui ai dit que je l'avais eu à la mort de ma femme. **2.** J'ai tourné le commutateur et Meursault a cligné des yeux. Je lui ai proposé d'aller dîner au réfectoire mais il a refusé. Alors je lui ai proposé une tasse de café au lait, il a accepté, je suis sorti un moment et suis revenu avec le plateau.

3 **Éléments à souligner en bleu :** On frappa à la porte ... trois hommes entrèrent qui se présentèrent ... comme officiers de police ... je souris ... je souhaitais la bienvenue ... le cri ... c'était moi qui l'avais poussé dans un rêve. Le vieux bonhomme était en voyage dans le pays. Je promenais les visiteurs par toute la maison. Je les invitais à chercher, à bien chercher. J'apportais des sièges dans la chambre ... j'installais ma propre chaise ... ils s'assirent et causèrent de choses familières auxquelles je répondis gaiement ... je devenais pâle ... je bavardai plus abondamment ... je respirai laborieusement ... je causai plus vite ... je me levai ... j'arpentai çà et là le plancher lourdement à grands pas. J'agitais la chaise sur laquelle j'étais assis et la faisait crier sur le plancher. ... les hommes causaient, souriaient plaisantaient ... Misérables (jusqu'à la fin). **Éléments à souligner en rouge :** Quand j'eus fini tous ces travaux il était quatre heures. Je descendis ouvrir avec un cœur léger – car qu'avais-je à craindre maintenant ? Avec la folle audace d'un triomphe parfait ... car qu'avais-je à craindre ? ... sur l'endroit même qui recouvrait le corps. ... je sentis que ... et je souhaitai leur départ. Il me semblait que mes oreilles me tintaient ... pour me débarrasser de cette sensation. C'était un bruit sourd étouffé, fréquent, ressemblant beaucoup à celui que ferait une montre enveloppée dans du coton. ... mais le bruit croissait ... mais le bruit dominait toujours incessamment ... je ne pouvais plus supporter longtemps ces sourires hypocrites ! Je sentis qu'il fallait crier ou mourir.

17 page 199

1 **Thèse :** « Les images... comportement. » – **Arg. 1 et ex. :** « D'une part... modèle. » **Arg. 2 et ex. :** « Mais si... par elles. » **Arg. 3 et ex. :** « D'autre part... dialogue. » **Conclusion :** « Voilà pourquoi... subir. »/ D'une part – Ainsi – Mais – En effet – D'autre part – en effet – Voilà pourquoi.

2 C – A – B – F – E – D.

3 La mixité sociale à l'école est indispensable et pleine de vertus.

18 page 201

1 4.

2 2.

3 1.

4 **1.** Bien-être, vie harmonieuse dans laquelle les joies sont nombreuses et capacité à surmonter les difficultés puisqu'une vie dépourvue de difficultés ou de chagrins n'est guère possible. **2.** Être à l'aise financièrement permet **a.** : de vivre sans le souci des fins de mois difficiles. **b.** d'accéder à des plaisirs qui agrémentent la vie : logement agréable, beaux objets, sorties, cultures, voyages... **c.** une reconnaissance sociale. **3.** L'amour et une famille. Des passions. De l'intérêt pour les autres, s'épanouir en leur étant utile.

5 **Sujet 1.** mots-clés : ville – solitude – indifférence/ pistes : la ville est aussi un lieu de culture, de rencontres, de découvertes./sujet : La ville permet la rencontre, l'échange avec des gens d'horizons différents, elle ouvre les portes de la culture. Mais c'est aussi un lieu de solitude où la communication est difficile. **Sujet 2.** mots-clés : sport – équilibre/pistes : le sport concerne avant tout le corps, non l'esprit. D'autres passions peuvent apporter un équilibre : la musique, la peinture.../sujet : L'homme « sain de corps et d'esprit » a besoin, pour conserver son équilibre, d'entretenir l'un et l'autre. Il doit donc pratiquer un sport. **Sujet 3.** mots-clés : mode – moyen de s'intégrer à un groupe./ pistes : la manière de s'habiller est aussi une façon d'affirmer sa personnalité, ne pas suivre la mode peut être une façon de refuser l'engouement pour les marques./sujet : Porter un vêtement n'a pas simplement une fonction utilitaire. Il est évident qu'on ne s'habille pas seulement pour se protéger du froid. On peut choisir de s'habiller comme untel pour signifier que l'on partage certaines valeurs. Peut-on échapper à ce phénomène ? **Sujet 4.** mot-clés : lecture – distraire/pistes : la lecture permet aussi de s'instruire, de découvrir d'autres êtres, d'autres coutumes... / sujet : La lecture est certes un moyen d'évasion et de distraction, mais elle comporte bien d'autres richesses.

19 page 203

1 Ainsi... par conséquent... en effet... donc.

2 Cela dit... mais... donc... en revanche.

3 **1.** En effet/parce que. **2.** si bien que/par conséquent. **3.** pourtant/toutefois. **4.** de plus/en outre.

4 **1. b.** en effet. **c.** en revanche. **e.** en résumé. **f.** par conséquent. **2.** Ordre du texte : d., b., a., c., f., e. – **d.** phrase d'introduction **b.** Renforcer, expliquer. **a.** Indiquer les causes. **c.** Comparer. **f.** Indiquer les conséquences. **e.** Phrase de conclusion.

20 page 205

1 Argument – exemple : 1, 7 – 3, 5 – 4, 6 – 8, 2.

2 **1. Idée directrice** : La fable intitulée « Le corbeau et le renard » est rendue vivante grâce à plusieurs procédés. **Bilan** : Par ces divers moyens, La Fontaine rend la lecture de cette fable très agréable. **2.** 3 arguments. **3.** En effet – aussi – Enfin. **4. Argument 1** : En effet les animaux sont personnifiés puisque l'oiseau apparaît comme « Maitre Corbeau », le quadrupède comme « Maitre Renard » et que les protagonistes parlent. Les temps grammaticaux participent aussi à la vivacité de la fable : on note un passage du passé simple (« tint »), au présent de narration (« le Corbeau ne se sent pas de joie » ; « il ouvre un large bec ») lequel permet au lecteur d'imaginer que la scène se passe sous ses yeux. Enfin l'alternance de vers courts, les octosyllabes, et de vers plus longs, les alexandrins, donne du dynamisme à l'ensemble.

3 **Argument 1** : En effet le sport développe le respect d'autrui en imposant le salut de l'adversaire au début et à la fin d'une rencontre. Les équipes de foot échangent leur maillots à la fin d'un match, les adversaires des arts martiaux s'inclinent au début et à la fin du combat, les joueurs de tennis se serrent la main ; ces différents gestes apprennent à l'enfant à ne pas prolonger la lutte au-delà du cadre du jeu et à savoir renoncer à l'agressivité. **Argument 2** : Le sport permet aussi à l'enfant d'accepter les règles d'une communauté : il apprendra à arriver à l'heure, découvrira qu'il est puni quand il transgresse une règle puisque chaque sport prévoit des sanctions : carton jaune ou rouge au foot, « prison » au hockey sur glace, élimination pure et simple d'un candidat qui refuse de se plier aux règles sans lesquelles un sport, un groupe, une société ne peut exister. **Argument 3** : Enfin la pratique d'un sport favorise le développement de l'esprit d'équipe. Il faut en effet savoir compter sur ses coéquipiers, passer la balle à celui qui est mieux placé pour mettre un but, se montrer bienveillant à l'égard de celui ou celle qui n'a pas été très performant, se réjouir ensemble d'une victoire, se consoler ensemble d'une défaite. **Bilan** : Le sport aide donc bien l'enfant à vivre au sein d'un groupe : l'équipe, le terrain de foot, de tennis ou autre fonctionnent comme une micro-société. Un enfant sportif saura donc mieux évoluer, s'intégrer dans la société quand il sera adulte.

21 page 207

1 L'école n'est-elle qu'un lieu d'acquisition de connaissances ?

2 **Sujet 1.** c. **Sujet 2.** a.

3 **Sujet 1.** Plan thématique : **I.** Le sport développe le corps. **II.** Le sport développe le caractère. **III.** Le sport initie à la vie sociale. **Sujet 2.** Plan analytique : **I.** Description des moyens de communication. **II.** Causes de l'absence de communication. **III.** Solutions. **Sujet 3.** Plan thématique : **I.** Le cinéma est un délassement. **II.** Le cinéma apporte aussi culture, information. **III.** Le cinéma aide à construire une personnalité en l'enrichissant. **Sujet 4.** Plan critique : **I.** La télévision abêtit. **II.** La télévision enrichit. **III.** Opinion personnelle.

22 page 209

1 **1re étape :** Un échec... insurmontable. **2e étape :** Notre société... « réussir ». **3e étape :** Si l'école... sources.

2 **Sujet 1 :** c. **Sujet 2 :** a. **Sujet 3 :** a. Les deux autres propositions ne conviennent pas car elles utilisent déjà les termes du sujet au lieu de permettre d'arriver à eux.

3 **I.** Le jeu initie à la vie sociale. **II.** Le jeu permet de former une personnalité / **I.** L'école apporte les savoirs nécessaires à un métier. **II.** L'école est un lieu d'échanges culturels, sociaux, amicaux. **III.** L'école de la vie.

4 **1.** Une vie est composée de différentes étapes dont la durée varie selon les civilisations et qui comptent l'enfance, l'adolescence et l'âge adulte. **2.** L'insertion de l'homme au sein de sa communauté a profondément changé ces derniers temps en raison de l'explosion des moyens de communication. **3.** Notre civilisation offre à l'homme un nombre incalculable de moyens de se distraire.

5 (Étape 1) L'éducation d'un enfant est une tâche complexe et vaste à laquelle bien des personnes et des activités peuvent contribuer. (Étape 2) L'éducation physique et sportive peut intervenir favorablement dans ce cadre, et elle offre de nombreux bienfaits, la première étant que c'est une discipline vers laquelle un enfant est souvent spontanément porté : quel enfant ne prend pas plaisir à se dépenser, à courir, nager, jouer avec une balle ? (Étape 3) Le sport incite indiscutablement l'enfant à devenir un adulte respectueux de son corps, de son équilibre alimentaire ; il lui permet aussi de développer bien des qualités personnelles qui l'aideront à se montrer tenace à l'école et dans sa vie professionnelle ; enfin une activité sportive favorise l'épanouissement de la sociabilité d'un enfant.

23 page 211

1 *auto* = « soi-même »/*bio* = « vie »/*graphie* = écriture. Famille de *auto* : automobile – autodictée – autocollant – autodiscipline... / Famille de *bio* : biologie – biologiste – biologique – biographie – biodégradable... / Famille de *graphie* : graphologie – graphologue – graphisme...

2 1e – 2c – 3i – 4g – 5f – 6a – 7b – 8h – 9d.

3 « ... et me pria d'aller ... Si j'avais voulu ... il m'eut été facile ... m'ayant rappelé, me demanda ... je ne cherchais pas ... il me déplaisait ... j'étais stupide ... je m'étais mis dans la tête ... je crois que je ne comprenais pas ce que l'on me voulait, ce qu'on attendait de moi ... j'obtenais ... j'étais un des derniers ... Je le répète : je dormais encore ; j'étais pareil .... »

4 **Texte 1.** Auteur : Zweig / narrateur : une mère / roman autobiographique. **Texte 2.** Auteur : Cavanna / narrateur : Cavanna / personnage : Cavanna enfant / autobiographie. **Texte 3.** Auteur : Diderot / narrateur : une des trois sœurs / roman autobiographique. **Texte 4.** Auteur : Carrière / narrateur : Carrière / personnage : Simon / biographie. **Texte 5.** Auteur : de Beauvoir / narrateur : de Beauvoir / personnage : de Beauvoir enfant / autobiographie. **Texte 6.** Auteur : de Gaulle / narrateur : de Gaulle / autobiographie. **Texte 7.** Auteur : Pozzi / narrateur : Pozzi / autobiographie. **Classement des textes autobiographiques :** autobiographie : 2, 5, 6. Mémoires : 6. Journal intime : 7.

24 page 213

1 **1.** tragédie – fatalité. **2.** dilemme – délibératif. **3.** catharsis – terreur – pitié. **4.** vraisemblance. **5.** bienséance. **6.** règle des trois unités. **7.** Aristote. **8.** Grand Siècle.

2 1b – 2d – 3c – 4i – 5f – 6a – 7h – 8g – 9e.

3 **1.** *Œdipe roi*, Sophocle. **2.** *Antigone*, Sophocle ou Anouilh. **3.** *Phèdre*, Euripide, Sénèque ou Racine. **4.** *Roméo et Juliette* et **5.** *Macbeth*, Shakespeare. **6.** *Médée*, Euripide, Sénèque, Corneille ou Anouilh. **7.** *Le Cid*, Corneille. **8.** *Iphigénie*, Racine **9.** *Andromaque*, Racine. On remarque que de nombreuses pièces du XVIIe siècle sont reprises d'auteurs antiques.

4 **Scène 1** DUPONT. – *La scène représente un champ, éclairé par la lune. Un homme debout, est immobile sous son parapluie.* DUPONT. – Quel temps ! Il ne me reste plus qu'à attendre que la pluie cesse. **Scène 2** DUPONT, RELOU *(Il entre, une lanterne dans la main droite, une bêche dans l'autre, il est habillé d'un ciré, d'un chapeau melon et de bottes.)* RELOU *(il pose lourdement sa main sur l'épaule de Dupont.)*. – Que fais-tu là ? *(Les deux hommes se regardent haineusement)* DUPONT. – *(à part)* On dirait le fermier qui nous a poliment proposé à mon fils et à moi, de nous ramener dans sa voiture. *(Fort)* Je ne fais aucun mal, vous venez m'enterrer ou quoi !? RELOU *(il saisit Dupont par le revers du veston et le secoue.)*. – Ordure ! fumier ! T'as rien à faire ici ! T'es chez moi ! Qu'est-ce que tu fais sur mes terres ? DUPONT *(d'une voix distinguée)*. – C'est un vœu. RELOU *(il lâche le veston de Dupont)*. – Ah ? DUPONT. – Un pèlerinage. RELOU. – Où ?

25 page 215

1

« Léandre le sot,
Pierrot qui d'un saut
De puce
Franchit le buisson,
Cassandre sous son
Capuce,

Arlequin aussi,
Cet aigrefin si
Fantasque
Aux costumes fous,
Ses yeux luisant sous
Son masque,

Do, mi, sol, mi, fa,
Tout ce monde va,
Rit, chante
Et danse devant
Une belle enfant
Méchante

Dont les yeux pervers
Comme les yeux verts
Des chattes
Gardent ses appas
Et disent : « À bas
Les pattes ! »

Eux ils vont toujours !
Fatidique cours
Des astres,
Oh ! dis-moi vers quels
Mornes ou cruels
Désastres

L'implacable enfant,
Preste et relevant
Ses jupes,
La rose au chapeau
Conduit son troupeau
De dupes. »

2 Qu'ont/-ils/fait !/
Par/do/nnez/à/leur/im/pa/ti/ence
Ils/ont/,je/le/vois/bien/,tra/hi/vo/tre/ven/geance.
Vous/vou/liez/que/ma/main/por/tât/les/pre/miers/coups.
Qu'il/sen/tît/en/mou/rant/qu'il/ex/pi/rait/pour/vous ;
Non,/non,/c'est/Her/mi/o/ne,a/mi/,que/je/veux/suivre.
À/son/der/nier/a/rrêt/je/ne/puis/plus/sur/vivre.
Par/tez : /j'ai/fait/le/crime,/et/je/vais/l'ex/pi/er.
Her/mi/o/ne/, Sei/gneur/? Il/la/faut/ou/bli/er.[...]
Et/par/ce/qu'e/lle/meurt/faut/-il/que/vous/mou/riez ?

3 **1.** Hugo dénonce le travail des enfants qu'il voit comme une forme d'esclavage. **2. Mauvaise santé** : *fièvre, maigrit, pâleur*. Mise en relief par une exclamative hyperbolique (*Aussi quelle pâleur* !). Métaphore de la mort qui les guette (*Ils sont déjà bien las ; la cendre est sur leur joue*). **Vulnérabilité** : *doux, ces filles de huit ans, seules, innocents, anges, ils ne comprennent rien, petits*. **3.** *Prison, bagne, enfer* = gradation qui rend l'usine de plus en plus atroce et souligne l'enfermement. **Puissance de la machine** : métaphore filée de la dévoration (*dents, monstre [...] qui mâche, fer, airain, meules*. Obscurité menaçante : voir la rime *ombre – sombre*. **Contraste** : *sous les meules – sous les dents*. Les enfants sont en position de soumission ; antithèses entre *innocents* et *bagne*, entre *anges* et *enfer* : sort injuste.

4. Présence du temps : *quinze heures, de l'aube au soir, éternellement, jamais* en anaphore. Associé à l'univers normal de l'enfance : le loisir (*on ne s'arrête*) et le jeu (*on ne joue*). Opposition : *à peine jour - déjà bien las*. Hugo dénonce la durée des journées de travail, la répétition (C'est un travail mécanique : un même mouvement qui transforme l'enfant en machine), l'incompatibilité entre enfance et travail. **5. Discours direct** : la plainte en direct = effet pathétique. La prière à Dieu = preuve que les hommes sont sourds. Hugo donne la parole à ceux à qui la société ne la donne pas : il porte la parole des opprimés. **6. Sentiments** : pitié par le pathétique. Honte (le lecteur est interpelé par les questions du début) ; « les hommes » sont désignés comme coupables par les enfants or le lecteur de l'époque en fait partie. Indignation.

4 **1. Classe sociale** : la bourgeoisie. **Trait de caractère** : la prudence, qui est phonétiquement proche du nom *Prud'homme* (*juste milieu*). **2** *Maire, père* : jeu de mots avec « mère ». **Valeur du mot maire** : symbole du pouvoir ; **échos** : cossu - pansu (= richesse). **Valeur du mot père** : symbole de la famille ; **échos** : famille - marier sa fille. **3.** C'est une question rhétorique qui sous-entend sa réponse : rien ! Et qui révèle l'insensibilité du bourgeois. **4** *Faiseurs de vers, vauriens, maroufles, fainéants barbus mal peignés* relèvent du point de vue du bourgeois. **5.** Verlaine dénonce le sort fait au poète, le divorce entre une société bourgeoise et la sensibilité poétique. À rapprocher de l'expression « poètes maudits » forgée par Verlaine pour résumer le statut de l'artiste à l'époque.

MIXTE
Papier issu de sources responsables
FSC® C022030
www.fsc.org

N° projet : 10190920
Dépôt légal : mars 2013
Imprimé en Italie
par BONA

Crédits photographiques : p. 102 Chapelle Sixtine, Vatican, Rome. BIS/Ph. Coll. Archives Nathan – p. 103 h Bibliothèque nationale de France, Paris. BIS/Ph. Coll. Archives Larbor – p. 103 bas g Ph. © AKG-images – p. 103 bas m © T/Marc RIBOUD – p. 103 bas d DR.
Création maquette : Dimitri Maj et Josiane Sayaphoum
Création couverture : François Roche
Mise en page : Irilys